SPANISH-AMERICAN
WOMEN WRITERS

GARLAND REFERENCE LIBRARY
OF THE HUMANITIES
(VOL. 356)

SPANISH-AMERICAN WOMEN WRITERS
A Bibliographical Research Checklist

Lynn Ellen Rice Cortina

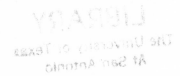

GARLAND PUBLISHING, INC. • NEW YORK & LONDON
1983

Library of Congress Cataloging in Publication Data

Cortina, Lynn Ellen Rice.
  Spanish-American women writers.

  (Garland reference library of the humanities ;
v. 356)
  Includes index.
  1. Spanish American literature—Women authors—
Bio-bibliography. I. Title. II. Series.
  Z1609.L7C66 1983   016.86'09'9287   82-48281
  [PQ7081]
  ISBN 0-8240-9247-3

Cover design by Laurence Walczak

Printed on acid-free, 250-year-life paper
Manufactured in the United States of America

To Olivia Augusta

CONTENTS

INTRODUCTION

This bibliography is the product of five years of work. The main objective was to gather the name; pseudonym, if any; country of birth; vital dates; literary works, both published and unpublished, then where, by whom, and when; participation in literary circles, magazines, journals, newspapers, etc.; and any other facts relating to literary or any other achievements of a professional nature that might be useful to anyone's preliminary research on Spanish-American women writers, or women authors in general. Entries are organized by country but are numbered sequentially throughout the book. The index of names at the end of the work refers to the number of the entry rather than to the page number where it appears. This system makes it easier for researchers to find a name in the checklist.

The method I employed consisted of a thorough reading of general reference works such as literary histories of Latin America, dictionaries of important persons in the region, etc., and carefully preparing a list of important women, whether obviously writers or not. Then I systematically read, country by country, literary histories, anthologies and critical works, bibliographies and publishers' publications on the literary marketplace in order to draw up a list of women writers which would form the basis for the checklist. The list drawn from general reference sources was then checked against the information found in the one prepared from individual country sources to supplement it. The usefulness of having already included in the general reference list women who are not necessarily known as authors is that they usually turn out to also have exhibited a literary interest. In other cases they have for political reasons founded journals, reviews, newspapers, etc., which have aided upcoming women writers by helping them break into print. It has been my idea that a checklist of many possibilities for future research would emerge and my hope that scholars interested in Spanish-American women's literary production would find the list useful because it would attempt to provide a context of literary activity to the works of individual women writers.

This type of a systematically collected checklist, though basic in appearance, does not exist. Consequently, a great deal of work on and talk about Spanish-American women writers is being done in a vacuum. It is impossible to determine the worth, importance, or influence of any of these women who have labored in the literary field if we are unaware of who they were and are.

In recent years there has been an interest in the topic of Spanish- and Latin-American women writers. This interest has produced several useful bibliographies such as the *Bibliography of Hispanic Women Writers* by Norma Alarcón and Sylvia Kossnar, published in 1980 by Chicano-Riqueño Studies, Bloomington, Indiana, in the Chicano-Riqueño Studies Bibliography Series, Number 1. This bibliography was taken from the MLA International Bibliography, 1922–1978. They have placed in alphabetical order writers from Latin America as well as Spain. This bibliography is most useful in that it gives the reader a clear notion of which women have been written on and helpful in that the reader saves much library time when looking for the articles. Graciela Corvalán has edited *Latin American Women Writers in English Translation: A Bibliography*, published by the Latin American Studies Center, California State University, Los Angeles, 1980, in their Latin American Bibliography Series, Number 9. This bibliography is excellent in that it identifies the writers in English translation. Also available is Lucía Fox's *Women Novelists of Spain and Spanish America*, published by Scarecrow Press, Metuchen, New Jersey, 1980. Naomi Lindstrom's article "Feminist Criticism of Latin American Literature: Bibliographic Notes," *Latin American Research Review*, Volume XV, Number 1, pages 151–159, adds a new perspective to the field as does much of her work. Finally I should mention Meri Knaster's *Women in Spanish America: An Annotated Bibliography from Pre-Conquest to Contemporary Time* (Boston: G.K. Hall, 1977), though her work does not focus on literary women.

When I began this project in 1975, none of these works existed in print. The topic that I believed to be manageable then had to be narrowed as time passed and the number of entries grew. From Hispanic, I went to Latin American, and from there, having excluded Brazil and Haiti, to Spanish American. I excluded United States writers because they did not always write in Spanish, because they were included in some measure by the Alarcón–Kossnar *Bibliography*, and because they deserved particular attention. Since my sources were standard and my travel limited, I decided not to list them in the book. The length of the book would have to be tripled, and little would be gained by enumerating histories and anthologies of literature as well as biographical dictionaries and other similar reference works. There is little doubt in my mind that this work suffers from two problems. First it is generally biased toward writers from the larger urban centers of Spanish America, and, second, it is, in spite of my efforts, incomplete. Not only did I have to narrow the scope of this project, but it also became quite clear that if inclusion would be limited to those for whom I could provide all relevant details previously noted, then there would be very few entries in the checklist: thus the numerous incomplete entries. My purpose in offering it for publication is to set a beginning standard in the search for more complete information about Spanish-American women writers. For the moment, it is the most complete source-book available to researchers in the field.

At this point I would like to state that all omissions and/or errors of any nature are solely my responsibility. It remains then for me to acknowledge my indebtedness to those who have assisted me directly in the compilation of this book. The Faculty Development Committee of Carroll College has been most generous on two separate occasions; without their continued support and interest, the manuscript would never have been typed. A deep debt of gratitude is due to the staff of the Carroll College Library: to Paul Starr, Director; to James Van Ess, Reference Librarian; and to Russell Evans, Catalog Librarian, who cheerfully processed many stacks of inter-library loan requests. Needless to say, this constant, excellent support made the project possible. My great thanks as well to the many typists who labored long and faithfully: Eileen Bartos, Eleanor Hardin, Edna Maldonado, Maria Ramirez, Leonor Romero, Todd Walker, and Frances Watkins. Lastly I must acknowledge the patience and understanding of my good friend Rodolfo who has good humoredly endured these five years, as well as express my appreciation for his most valuable assistance.

Spanish-American
Women Writers

CHECKLIST BY COUNTRIES

ARGENTINA

1. Abella Caprile, Margarita (1901-1960)

Poetry: Nieve. Buenos Aires: Otero, 1919. 50 poems.
Perfiles en la niebla. Agencia General de Librería y
Publicaciones, 1923. Sombras en el mar. Buenos Aires:
Agencia General de Librería y Publicaciones, 1930. Sone-
tos. Burges: 1931. Lo miré con lágrimas. Colección Po-
etas de España y América. Buenos Aires: Losada, 1950.
Ultimas poesías. Buenos Aires: Comisión Argentina de
Publicaciones e Intercambio, 1938. A collection of 50
poems selected by the author from Nieve, Perfiles en la
niebla and Sombras en el mar. Geografías. Buenos Aires:
Librería del Colegio, 1936. Notes of a traveler.
Ensayos. Dantas Lacombe, 1916. She also published in
both national and foreign newspapers and magazines.

2. Absatz, Cecilia

Feiguele y otros cuentos.

3. Adler, María Raquel (1901-   )

Poetic prose: Revelación. Buenos Aires: 1922.
Poetry: Místicas. Buenos Aires: Tor, 1923. Cánticos
de Raquel. Buenos Aires: Tor, 1925. La divina tortura.
Buenos Aires: Tor, 1927. De Israel a Cristo. Buenos
Aires: L.J. Rosso, 1933. Buenos Aires ciudad y poesía.
Buenos Aires: Imp. Mercatali, 1936. Sonetos de Dios.
Buenos Aires: Librería del Colegio, 1937. Canción del
hombre y la ola. La Plata: Imp. E. Libro, 1938. Nues-
tra Señora de Luján. Buenos Aires: Published by the
author, 1938. El libro de los siete sellos. Buenos
Aires: Edit. Huemel, 1940. Llave del cielo. Buenos
Aires: "La Facultad", 1943. Veneración. Buenos Aires:
Talleres Gráficos "Maggiolo Hnos.", 1950.
Prose: Pan bajado del cielo. Buenos Aires: L.J. Rosso,
1934. Sacred one act play. Isnelda Lambertini. Miracle
of divine love. De la tierra al cielo. Buenos Aires:
Edit. Serviam, 1936. Literary criticism.

3

4. Aguirre, Dora de

    El estanque. Novel.

5. Alamis Robledo de Candia, Blanca

    Flores de Bosque. (between 1940-1950)

6. Alcoba Martínez, Amalia (1906-   )

    Tres conferencias sobre el régimen forestal argentino.
    La Plata: Talleres Gráficos Di Jorgi y Casado, 1940.
    She also writes poetry but she has not published any.

7. Alcorta, Gloria (20th century)

    En la casa muerta. El hotel de la luna y otras impos-
    turas. Novel. Noches de nadie. Short stories. La
    pareja de Núñez. Novel. She also wrote poetry in
    French. La prison de l'enfant. Borges, 1935.

8. Aliaga Rueda, María

    Las sombras de las alas. 1922. Poetry. "La canción
    para los niños argentinos." Musical composition for
    children.

9. Aliaga Sarmiento, Rosalba (20th century)

    El milagro de las rosas. 1922. Bajo el tenor. 1924.
    Paris mago. 1929. Freda Malover. 1932. Novel. Lo que
    se lleva la vida. 1937. Short stories. Amor brujo.
    Mis fantasmas. Una mujer siglo XX. She contributed to:
    La Nación, La Novela Semanal, and El Suplemento.

10. Almeyra, María Delfina (20th century)

    Regalo, fábulas infantiles. Rosario: Tipo-lito Pomponio,
    1937. Poetry.

11. Altomare de Pereyra, Emilia (1891-   )

    Cantos de hoy. 1929. Poetry.

12. Alvarez Valdés, Sara

    Canciones para Malvamar. Buenos Aires: Viau y Zona, 1936.

13. de Alvear, Elvira Argentina (20th century)

    Reposo. Borges, 1934. Poetry.

14. Anchorena de Acevedo, Inés

    Costa romántica. Short stories. La mujer errante y
    otros cuentos.

15. Andrade, Agustina (1861-1891)

    Lágrimas. 1878. Poetry. From 1877 she contributed to
    Album Poético Argentino. She also published works in
    La Tribuna.

16. Andrade de Argote, Lola

    Caer de pétalos. 1947. Verses.

17. Arengo Etcheverry, Virginia

    En el jardín de infantes. Paraná: Published by the
    author, 1848. Children's poetry.

18. Argüello, María Enriqueta (1909-   )
    Poetry.

19. Arsamasseva, Margarita

    Yenia. Tiempo turbio.

20. Arzón, Anadale

    Reportaje al paraíso. Poetry.

21. Avellaneda, Elena (1904-   )

    La flauta de cristal. Buenos Aires: Tor, 1928. Poetry.

22. Azlor, Clementina Isabel (-1946)

    Poetry: Ritmos en el camino. Buenos Aires: Tor, 1929.
    Eslabones. Buenos Aires: Porter Hnos., 1934. Gajo
    serrano. Buenos Aires: Porter Hnos., 1935. Río abajo.
    Buenos Aires: Porter Hnos., 1937. Novena de primavera.
    Buenos Aires: Porter Hnos., 1939. Reválida de cielo.
    García Santillán, 1947.
    Short stories and poetry: Milagros de Nuestra Señora y
    Reyes. García Santillán, 1935.
    Text. Atalaya. Buenos Aires: Kapelusz y Cía. En camino.
    Buenos Aires: Kapelusz y Cía. Enseñanza de la redacción.
    1940. Essay.

23. Badal del Olmo, María Antonieta

    Niebla joven. Buenos Aires: Edic. Fontefrida, 1941. Poetry.

6   Argentina

24. Banchs de Ledesma, Amalia

    Racimos. Buenos Aires: A. Baiocco and Co., 1940. Poetry.

25. Barletta, Leonidas (1902-   )

    Prose: El amor en la poesía y en la vida de Juan Pedro
    Colón. Destino cabal de la obra de Lope de Vega. Des-
    tinos humildes. María Fernanda. Odio. Los pobres. 1925.
    Relatos de otros tiempos y de esta tierra. Royal circo.
    La vida. Vidas perdidas. Vientos trágicos.
    Poetry: Canciones agrias. Vigilia para una pasión.
    Director of "Teatro del Pueblo" and of the literary mag-
    azine Conducta. She contributed to La Prensa. Some
    bibliographic critiques by Barletta appeared in Nosotros.

26. Barthalot, Irene (1902-   )

    Del jardín de mis recuerdos. 1922. Poetry. She also
    wrote poetry in French.

27. Barra de los Llanos, Emma   (19th century)
    pseudonym: César Duayen

    Eleanora. Novel. El manantial. Mecha Iturbide. Novel.
    Oraziella. Stella. Novel.

28. Barrandeguy, Ema

    Poemas. Yunque. Poetry.

29. Barrenechea, Ana María (1913?-   )

    Essayist and critic.

30. Bazán de Cámara, Rosa (1892-   )

31. Bertolé, Emilia (1900(3)-   )

    Poetry: Espejo en sombra. Buenos Aires: Imp. Mercatali,
    1927. Estrella de humo. Announced in 1941 but it was
    not published- She contributed to La Nación and Noso-
    tros. She was awarded the Minicipal Prize for Painting
    in 1921 for her painting "Violetas".

32. Bertolé de Cané, Cora María

    El amor. La ciudad distante. Poetry. Después de Clarisa.

33. Betnaza, María Enriqueta (1909-   )

    Poetry: Rosas del alba. 1924. Santa Fe: Maubé. La fiesta
    de los sueños. Buenos Aires: Tor, 1927.

34. Biagioni, Amelia (1916-   )

   Las cacerías. Poetry: El humo. La llave. Sonata de
   soledad.

35. Biedma, María Isabel

   She writes in French. Le réveil. Buenos Aires: Agencia
   General de Librería y Publicaciones, 1926.

36. Blanco Amores, Carmen (20th century)

   Poetry: Raíz desnuda. La voz bajo el ciprés.

37. Blanco Amores de Pagella, Angela (20th century)

   Hombres con su dolor. El retrato. Short stories.
   Poetry: Para tu soledad. Silencio entero.

38. Bombola, Susana (20th century)

   El cuadro de Anneke Loors. Short stories. Los lagares.
   Morna. La predicción de Bethsabé. Tres domingos.

39. Bonazzola, Alcira (1904-   )

   Poetry: El alma desnuda. Buenos Aires: Agencia General de Librería y Publicaciones, 1923. El hechizo de
   una sombra: poemas de amor y dolor. Buenos Aires: Tor,
   1928. Horas de sosiego. Buenos Aires: Maucci Hnos.,
   1921. El jardín del ensueño. En pos de la fama. Raquel
   Sueño azul.

40. Bonder, Sara

   "Otros tiempos."W La Nación, 1949. Estos tiempos.
   Buenos Aires, 1950. (Colección Angel).

41. Borja, Cecilia

   Ala y canción. Buenos Aires: Librería del Colegio, 1935.
   Children's poetry. Mariposas. In collaboration with
   Luisa B. de Sanguinetti. Buenos Aires: A. Kapelusz y
   Cía., 1943. Text. Semillitas. Buenos Aires: La Co-
   operadora Gráfica de la Enseñanza Isely y Cía., 1927.
   Children's theater.

42. Bosco, María Angélica (1917-   )

   El arte de amar: el hombre. Carta abierta a Judas.
   Cartas de mujeres. El comedor de diario. Novel.
   ¿Dónde está el cordero? Novel. Historia privada.

La muerte baja en el ascensor. Short stories. La muerte
soborna a Pandora. La Negra Vélez y su ángel. La trampa. Novel.

43. Bottinelli Lacoste, María del Carmen

Letanías lauretanas. Buenos Aires: 1949. Poetry.

44. Bourguet, Lola S.B. de (1890-   )

Poetry: Renglones cortos. 1916. Arco de sándalo.
Buenos Aires: Agencia General de Librería y Publicaciones, 1925. Agua clara. Buenos Aires: Agencia General de Librería y Publicaciones, 1927. Campanillas
azules. 1930. Children's poetry.
Prose: Crisanthemas. (sic), 1903. Novelettes. Los
expósitos. 1907. Novel. Clarinadas. 1910. Patriotic
anecdotes. La mujer en la epopeya argentina. 1916.
Monograph. Flor de ceibo. 1928. Agua mansa. 1928.
Panoramas. Didactic prose. Espigando. Buenos Aires:
Edit. Independencia, 1942. Scholastic anthology for
the sixth grade.

45. Brumana, Herminia (1901-1954)

Cabezas de mujeres. Cantos a las mujeres argentinas.
Esclava en el día de libertad. Greía. La Grúa. Short
stories. Mosaicos. Nuestro hombre. Obras completas.
Tizas de colores. She contributed to El Hogar, Mundo
Argentino, La Nación.

46. Bullrich, Silvina (1915-   )

Abnegación. La aventura interior. Bodas de cristal.
Los burgueses. El calor humano. Carta a un joven cuen-
tista. El compadrito, su destino.... Verse in prose.
La creciente. Entre mis veinte y treinta años. El he-
chizero. Novel. Historia de un silencio. Historias
inmorales. Short stories. Un hombre con historia.
Short stories. Mal don. Mañana digo basta. Novel.
Mientras los demás viven. Un momento muy largo. Los
monstruos sagrados. Los pasajeros del jardín. La re-
doma del primer ángel, crónica de los años 40. Saloma.
Novel. Los salvadores de la patria. Será justicia.
Teléfono ocupado. Te acordarás de Taorima. La tercera
visión. Tres novelas: Bodas de cristal, Mientras los
demás viven, Un momento muy largo. Su vida y yo. Novel.

47. Bunge de Gálvez, Delfina

Historia y novena de Nuestra Señora de Lourdes. 1916.
Los imágenes del infinito. Buenos Aires: Cooperativa
Editorial "Buenos Aires", 1922. El tesoro del mundo.
Buenos Aires: 1923. Essays. Oro, incienso y mirra.
1924. Short stories. Los malos tiempos de hoy. Buenos
Aires: Cooperativa Editorial "Buenos Aires", Ltda., 1926.
Tierras del mar azul. Buenos Aires: Edit. América Uni-
da, 1928. Journeys. El reino de Dios. Buenos Aires:
Librería Santa Catalina, 1934. Essays. Iniciación
literaria. Buenos Aires: Ed. H.M.E., 1935. Graded
readings. La belleza en la vida cotidiana. Santiago de
Chile: Ercilla, 1936. Essays. Viaje alrededor de mi
infancia. Buenos Aires: Imp. López, 1938. Memoirs.
La vida en los sueños. Buenos Aires: Emecé editores,
1943. Prose. Las mujeres y la vocación. Buenos Aires:
Edit. Poblet, 1943. Prose. Cura de estrellas. Buenos
Aires: Emecé, 1949. Anthology of both French and Span-
ish prose and verse. It first appeared in La Nación,
4 Nov., 1949. She also wrote in French. Simplement.
Paris: Ed. Lemene, 1911. La nouvelle moisson. Buenos
Aires: Cooperativa Editorial "Buenos Aires", 1918.

48. Bustos, Julia (1903-   )

Children's poetry: Los temas eternos. Buenos Aires: Imp.
Mercatali, 1928. Juan sin miedo. Buenos Aires: Ferrari
Hnos., 1931. El país de los niños buenos. 1939. Pinto.
Prose: El buceador de almas. 1934. Adler. Short sto-
ries depicting life in Buenos Aires. Lirulí. Pinto,
1939. Musical comedy. César Carrizo. Literary works.
Juguetería. Illus. Salvador Magno. Buenos Aires: Edit.
Independencia, S.R. Ltda., 1942. A reader. She con-
tributed to: Crónica Educacional, El Hogar, Mundo Argen-
tino, La Prensa, Rosalinda, Anales de Córdoba, Ideas de
San Luis.

49. Bustos de Quiroga, Avelina

"Resplandor." Nosotros, 1928. "Vibraciones." Nosotros,
1942.

50. Caballero, Teresa (20th century)

Cuentos: Nueve cuentos y una invitación. La telaraña.

51. Calandrelli, Susana (1904-   )

Poetry: Al trasluz de las horas. 2nd. ed., Buenos Aires: Imp. Rodríguez Geles, 1925. La verdad y el sueño.

She also wrote poetry in French. Carillons dans l'ombre.
1922. Prose: Cuentos alucinados. 1932. Curso de geo-
grafía elemental. Buenos Aires: Uribe Muñoz, 1932.
Nuevo curso de historia argentina. 2nd ed. Buenos Aires:
A. Kapelusz y Cía., 1941. El dios desconocido. Buenos
Aires: Emecé, 1948. Historic novel. A la sombra del
gran templo. Novel. Andresito y Perequillo. Buenos Aires: Crit. Children's stories. Breve vida de Nuestro
Señor Jesucristo. Pinto. Cuentos Alucinados. Pinto.
El chango del altiplano. El manuscrito de Silvia Gallus.
Pinto. La Palabra que no se pronuncia. Pinto. El reloj
de ébano. El rumor del mundo. Pinto. El tesoro escon-
dido. Buenos Aires. Short stories. She contributed
to: Caras y Caretas, El Hogar, La Prensa.

52. Calny, Eugenia (20th century)

El agua y la sed. Clara al amanecer. Novel. La madri-
guera. Theater. Las mujeres virtuosas. Short stories.

53. Calo Berro, Ofelia

El árbol joven. Buenos Aires: Tor, 1924. The first
part is in Spanish, the second in French.

54. Candegabe, Nelly (1927-   )

En el linde de los espejos. Poetry. El pan de ceniza.
La piel distante.

55. Canto, Estela (1920?-   )

Los espejos de la sombra. Short stories. El estanque.
El hombre del crepúsculo. La hora detenida. Isabel
entre las plantas. El muro de mármol. La noche y el
barro. Los otros, las máscaras. El retrato y la
imagen. Novel.

56. Capmany Puccio, Mireyra (20th century)

Cuentos del monte desamparo.

57. Carlo, Adela di (20th century)

En espera de la hora. Published by the author. It first
appeared in La Nación, 26 July, 1949.

58. Carnelli, María Luisa (1900-   )

Poetry: Versos de una mujer. Buenos Aires: Imp. E.
Menéndez, 1923. Rama frágil. Buenos Aires: Imp. E.

Menéndez, 1925. Poemas para la ventana del pobre. Buenos Aires: El Inca, 1928. Mariposas venidas del horizonte. Buenos Aires: El Inca, 1929.

59. Cartosio, Emma de (1924-   )

El arenal perdido. Criaturas sin muerte. Cuando el sol
selle las bocas. Cuentos del ángel que bien guarda.
Elegías analfabetas. En la luz de París. La lenta mi-
rada. Madura soledad. Illus. Victor L. Rebuffo. Buenos Aires: Peuser, 1948. Tonticanciones para Grillito.
Poetry.

60. Cascallares Gutiérrez, Isabel (1889-   )

Poetry: En el valle. 1921. (Pseudonym: Quena.) Reliquia.
1923. Received an award from the Biblioteca del Consejo
Nacional de Mujeres. Serranos. 1926. Second prize
in the contest organized by the Asociación de Arte Nati-
vo "Eurit mia". They were later included in Poemas
serranos. Buenos Aires: Talleres Gráficos Isely y Cia.,
1928. It included a prologue by Carlos Mobria Massey,
who is a writer of gaucho themes. Cinco canciones. In
collaboration with Apolo Ronchi. Paysandú, 1947.

61. Castellanos, Carmelina de (20th century)

La puerta colorada. Short stories.

62. Castellanos Solá, Elsa

Cruz y sol. Poetry. Appeared in La Nación.

63. Castillo Pillado, Laura del

Mandato. Rosario: Edit. Ruiz, 1948.

64. Castro Cambón, Vicenta (1883-1928)
     pseudonym: La Ciega de Morón

Poetry: Rumores de mi noche. 2nd ed. Buenos Aires:
Sociedad Editorial Argentina, 1926. Y cantando lo haré.
Buenos Aires: Minerva, 1929. El libro de Quique. Buenos Aires: Minerva, 1929. Selection of verses and fables
for children. Cajita de música. Buenos Aires: Agencia
General de Librería y Publicaciones, 1938. She founded
the Argentinian Library for the Blind.

65. Centeno del Campillo, Lucrecia (1863-   )

Poetry of the patriotic tradition. One book of poems.

66. Cherara, Nélida

    Intimidad. Rosario: Edit. Ruiz, 1942.

67. Chouhy Aguirre, Ana María   (1918-1945)

    Alba gris. 1938. Homenaje. Los días perdidos. Buenos
    Aires: Losada, 1947. In 1942 she founded the magazine
    Verde Memoria along with Juan Rodolfo Wilcock.

68. Ciega de Morón, La. See Castro Cambón, Vicenta.

69. Claps, Rosa

70. Colt de Hume, Blanca   (1879-   )

    Poetry: Flores silvestres. 1916. Lullabies. El alma
    de la tarde. 1918. Lullabies. El jardín del ensueño.
    1919. Lullabies. La lámpara en las sombras. 1924.
    Lullabies. Consejos maternales. 1929. Children's
    poetry. Canciones de cuna. Buenos Aires: Librería del
    Colegio, 1932. Children's poetry. Rosas de mi senda.
    Buenos Aires: Ferrari Hnos., 1940. Selection of poetry
    chosen from previous books. Incienso de oración. Bue-
    nos Aires: Edit. Difusión, 1941.

71. Collinet Hebe, Gladys

    Albor. 1943. Appeared in La Nación. Visión indígena.
    Buenos Aires: 1947. Huiña y Hüayna (Eternally young).
    Poetic, vocal and choreographic evocation in a prologue,
    one act, and two scenes. The prose is by Manuela Yáñez,
    the poetry by Hebbe (sic) Gladys Collinet, the music by
    Manuela Yáñez and Pedro Lufía.

72. Contreras, Victoria

    Trompo dormido. Lanzarotti Rivera, 1938. Children's
    poetry.

73. Cordiviola, Cleopatra

    Pasando las horas. 1918. Guía de maestros. 1941.
    She contributed to: Caras y Caretas, Fray Mocho, El
    Hogar, La Nación, La Razón.

74. Córdova Menéndez, Carmen

    Humo entre nubes. Buenos Aires: Published by the
    author, 1948.

75. Cortinas, Laura

Como el mundo quiere. Play, adaptation of the novel Mujer. El hombre nuevo. Novel. Mujer. Novel. La niña de las trenzas negras. Novel. Teatro de amor. La vidente.

76. Crosa, Josefina (1905-   )

Caras y Caretas. She introduced the feminist section called Tijerazos. She published poetry prolifically in magazines and periodicals.

77. Cuéllar, Aída (1942-   )

Diálogo con el ausente. Verses. 1959-1961.

78. Dantas Lacombe, Mercedes (1888-   )

Cofre de armonías. Selection from Alemany Villa. De mi senda. Buenos Aires: Imp. Mercatali, 1925. Estudio histórico y filosófico de la fábula. Doctoral thesis.

79. Delpolio, Matilde (1904-   )

Poet. She began publishing in periodicals in 1921.

80. De Valls, Julia A.

Vibraciones.

81. Di Carlo, Adela

Prose: La canción de la aguja. Cómo encontrar la felicidad en el matrimonio. Trabajo.

82. Domínguez, María Adela

Diez poemas. 1935. La muerte habitada. Illus. R. Castagno. Buenos Aires: Francisco A. Colombo, 1941. "Lo abstracto y lo humano en la poesía de Neruda." Argentina, 18 May, 1936. Prose.

83. Domínguez, María Alicia (1908-   )

La rueca. Buenos Aires: Agencia General de Librería y Publicaciones, 1925. Crepúsculos de oro. Buenos Aires: Tor, 1926. Idolos de bronce. Illus. Pedro Roca y Marsal. Buenos Aires: Tor, 1926. Short stories. Música de siglos. Buenos Aires: Tor, 1927. "Alfredo de Vigny y su conducta literaria", Nosotros, Aug./Sept. 1929, pp. 243-244. "Concha Espina y la mujer novelista".

14   Argentina

Nosotros, LXVI, 1929, pp. 323-341. El hermano ausente.
Buenos Aires: Tor, 1929. Poems in prose. Las alas de
metal. Buenos Aires: Librería "La Facultad" de J. Roldán y Cía., 1930. "El nombre inefable." Nosotros, Buenos Aires: 1931. "Edelina Soto y Calvo." Nosotros,
LXXV, 1932, pp. 192-196. Canciones de la niña Anderson.
Buenos Aires: Anaconda, 1933. Redención. Illus. Manuel
Augusto Domínguez. Buenos Aires: Anaconda, 1933. Novel.
La amistad de los mejores. Buenos Aires: El Ateneo,
1935. Essays. La aureola. Boletín Bibliográfico Argentino. Buenos Aires: 1937. Text. Mariquita Sánchez.
Buenos Aires: El Ateneo, 1937. Biographic novel. La
orientación. Buenos Aires: Moly y Laserre, 1937. Appeared in the Boletín Bibliográfico Argentino. Romanzas
del lucero: Paisajes, elegías, confidencias. Buenos
Aires: El Ateneo, 1937. El pesebre: Poema de Navidad.
Buenos Aires: El Ateneo, 1938. Rosas en la nieve.
Illus. Nicolás Antonio de San Luis. Borges, 1940. Dramatic poem. La cruz de la espada. Buenos Aires: Club
del Libro A.L.A., 3rd ser., v.1, 1939. Novel. Mar de
retorno. Buenos Aires: Anaconda, 1941. Short stories.
Bécquer y el amor. Buenos Aires: Editorial Sopena Argentina, s.r.l., 1942. Essay. "Cartas a Hermodoro."
Nosotros, XVIII, 1942, pp. 148-154. El huésped de las
nieblas. Buenos Aires: Juventud Argentina, 1942. Novel.
Campo de luna. Buenos Aires: Talleres Gráficos A. y J.V.
Calvo, 1943. Hans Christian Anderson, el abuelo universal. Buenos Aires: Editorial Biblioteca María D. Bucih,
1943. Essay. Al aire de tu vuelo. Buenos Aires: El
Ateneo, 1949. Héroes y libertadores. Buenos Aires:
A. Kapelusz y Cía., 1950. Francisco de la tierra. Las
muchas aguas. Siete espadas. Poetry. Vida y sueño.
Poetry. Vidas de una calle. Novel.

84. Dos Santos, Estela (1940-   )

    Las despedidas. Short stories.

85. Duayen, César. See Barra de los Llanos, Emma

86. Duncan, Elena

    Poetry: Para las criaturas sin ojos. La Plata: Recados
    de Fábula, 1937. Las vivas llagas. Ed. Marcos Fingerit.
    La Plata: Cuadernos del Viador, 1942. Appeared in Criterio.

87. Durbec de Routin, Josefina (1875-   )

    Poetry: Canto a Francia. 1915. "La muerte." Sonnet.
    "Año nuevo." Sonnet. "Mi Compañero." Sonnet.

88. Echevarría de Lobato Muelle, Felisa Carmen

    Romancero de la villa de Luján.

89. Eflein, Ada (1880-1919)

    Prose: Biblioteca infantil argentina. De tierra aden-
    tro. Del pasado. Leyendas argentinas. Paisajes cor-
    dilleranos. Por campos históricos. She contributed to
    La Prensa.

90. Eguía Muñoz, Beatriz (1899-1927)

    Poetry: Humo. 1924. Poesías. Ed. Margarita de Vedia
    y Mitre. Buenos Aires: Edit. Prats, 1928. Obra Completa.
    Ed. La Sociedad de Publicaciones El Inca, 1930.

91. Edelberg, Betina (1930-   )

    Poetry: Ciudad a solas. Crónica menor. Imposturas.
    Mutaciones. Para la red.

92. Español, Raquel

    Children's poetry: Brisas americanas. Buenos Aires:
    Ferrari Hnos., 1946. Cuentos infantiles. 2nd ed. Bue-
    nos Aires: Ferrari Hnos., 1932. De Navidad a Reyes.
    Buenos Aires: Published by the author, 1948. Short sto-
    ries. El diario de Sibila. Buenos Aires: Ferrari Hnos.,
    1936. Granitos de arena. (El pequeño artista.) Chil-
    dren's stories. Hojas sueltas. (El pequeño artista.)
    Scenes from daily life. Lecturas instructivas. (El pe-
    queño artista.) El pequeño artista. Buenos Aires:
    Talleres Gráficos Argentinos L.J. Rosso, 1932. Chil-
    dren's comedies, dialogues, and declamations. Pétalos
    perfumados. Buenos Aires: Edit. Alberto Moly, 1943.
    Por rutas cordobesas. Buenos Aires: Ferrari Hnos., 1939.
    Geographic essays and essays on regional customs.

93. Espínola, Sofía (1904-   )

    Poetry: Ansias de fuga. Pinto, 1943. El ídolo de luz
    y barro. Illus. Segundo Pérez. Buenos Aires: Talleres
    Gráficos Kaufman, 1943. Luces y sombras del camino.
    Buenos Aires: Agencia General de Librería y Publica-
    ciones, 1924. Por el camino. 1922.
    Novels: Almas dolientes. Pinto. Prose. Almas sedien-
    tas. Buenos Aires: Agencia General de Librería y Publi-
    caciones, 1926. El azote en la llaga. Pinto. Calvario.
    1919. Luján. Buenos Aires: Claridad. Prose. Sombras
    en llamas. Santiago de Chile: Zig Zag, 1940. Un mo-
    mento de extravío. 1923. Theatre.

94. Esther de Miguel, María

Pueblo América.

95. Estrella Gutiérrez, Fermín (1900-   )

Poetry: Los caminos del mundo. 1929. Canciones de la
tarde. 1925. El cántaro de plata. 1924. Destierro.
1935. La niña de la rosa. 1931. La ofrenda. 1927.
Sonetos del cielo y de la tierra. 1941.
Prose: Desamparados. 1926. Short stories. Un film
europeo. 1930. Historia de la literatura americana y
argentina. In collaboration with E. Suárez Calimano.
El ídolo y otros cuentos. 1928. El ladrón y la selva.
1938. Una mujer. Novelette. La poesía brasileña e
índice de la poesía española. El río. 1933. Trópico.
1937. Novel. Panorama sintético de la literatura argentina. She contributed literary criticism to Nosotros and La Prensa. She published Norte from 1935-1939.

96. Fabani Rivera, Ana Teresa

Nada tiene nombre. Buenos Aires: Botella al Mar, 1949.
Prologue by Córdova Iturburu. Mi hogar de niebla.
Buenos Aires, 1950.

97. de Falabella, Manuela S.

Aula amena. Buenos Aires: Víctor Leru, 1948. Children's poetry.

98. Farsac de García Faure, Rosa

Un pajarito al pie de un árbol. Córdoba: Biffiguandi,
1950. Children's poetry.

99. Faura Varela, Emma

Emoción. 1937. Torbellino de ilusiones. Ed. Asociación de Artes y Letras "El Yaraví".

100. Fernández, Silvia (1859-   )

"La siempreviva." La Nación, 1875. In 1877 the compo-
sitions appeared in La Ondina del Plata and in the
Album de Hogar. Poesías. 1876. Appears in Maubé,
J.C. and Capdevielle, A., Antología de la poesía feme-
nina argentina. Buenos Aires: Ferrari Hnos., 1930.
Prologue by Rosa Bazán de Cámara. Versos. Santa Fe:
Maubé, 1913. Versos. Santa Fe: Maubé, 1922. She

received a prize from the "Academia Literaria del Plata"
in 1877-78 for her compositions "El huérfano" and
"La voz del arrepentimiento".

101. de Fernandez Godard, Laura M.A.S.

"Sendas Luminosas." Revista de Educación, 1948. La
Plata. Poetry.

102. Fernández Madero, María Elena (1899-   )

Nada en serio, poesías humorísticas. Buenos Aires:
Atelier de Artes Gráficas "Futura", 1933. Poetry.

103. Fernández Yayle de Cora Elisety, María Teresa

Estrellas en el camino. Buenos Aires: Suárez Calimano,
1943. Poetry.

104. Fernández Zalazardo de Giudice, Mercedes

Abismo de cristal. Buenos Aires: Published by the
author, 1949. Appeared in La Nación. Poetry.

105. Ferraria Acosta, Eloísa

Poetry: Alas. Yunque. Cantos de guerra. Yunque.
La humilde altivez. Buenos Aires: Imp. López, 1950.
Vida. Yunque.

106. Ferré, Patricia

De repente. Poetry.

107. Fingermann, María Elena

Children's poetry.

108. Font'Arcó, Eluy

Poetry: Rebeldía. Rosario: Published by the author,
1948. Horas blancas, horas rojas. Rosario: Cooperativa Editorial de Libros Argentinos.

109. Fournier, Léonie Julieta

El poema de la mujer. 1949. Poetry.

110. Foussats, Hebe

Poetry.

111. Frankenberg Martínez, Ofelia von

    Luz en la sombra". Buenos Aires: Talleres Gráficos
    "Cesa", 1941. Catorce versos. Buenos Aires: Pub-
    lished by the author, 1949.

112. Fuselli, Angélica (1901-   )

    She published in the magazine Ichthys when she was 15.
    She has also published in Criterio and La Nación.
    Poetry: A cuantos. Buenos Aires: Cardenal Ferrari,
    1929. El parador azul. Nahuel Huapí, 1929. Mystery
    of the Virgin Mary. Itinerario del alma que despierta
    y anda. Nahuel Huapí, 1938. Mystical poem. Nahuel
    Huapí. San Pablo: Talleres Gráficos "San Pablo", 1943.
    Theater: Evocación Porteña. Nahuel Huapí, 1932. Al-
    boreo patrios. Nahuel Huapí, 1933. Azimos. Nahuel
    Huapí, 1934. Religious. Ensayo general. Nahuel Huapí,
    1936. Children's theater. Venga a nos el tu reino.
    Nahuel Huapí, 1941, with Esther Sierra Victoria. La
    campana de San Isidro. Nahuel Huapí, 1942. El viz-
    conde de Foucauld. Nahuel Huapí, 1942. Eva Lavallière.
    Nahuel Huapí, 1937. Bibliography. Coret anima una.
    1941. Pamphlet about M.F. Duchesne. En los lagos del
    sur argentino. 1943. History of the virgin of
    Nahuel Huapí.

113. Futoransky, Luisa (1939-   )

    Babel, Babel. Lo regado por lo seco. Poems and prose.
    Trajo fuerte. Poetry.

114. Gallardo, Sara (1934?-   )

    Eisejuaz. Enero. Novel. Los galgos, los galgos.
    Pantalones azules.

115. Gallardo de Zalazar Pringles, Justa B.

    She began to write at age 11 in the magazine La Co-
    lumna del Hogar, using the pseudonym "Araceli". Later
    she wrote in Azul and La Razón using the pseudonym
    "Azucena". She has written poetry, short stories, and
    essays, and has been awarded for: Canto a la fe. Poetry.
    ¿Cuál fué la característica docente y cívica de Sar-
    miento? 1928. Dignificación moral y social del maestro
    Rembranza. Short story.

116. Gámbaro, Griselda (1928-   )

    El campo. Theater. Cuentos. El desatino. Una feli-
    cidad con menos pena. Novel. Madrigal en ciudad.

Argentina 19

Nada que ver con otra historia. Novel. Los siamesis.
Theater.

117. Gándara, Ana

Génesis. Three short stories. La semilla muerta.
Tierra apenas tocada. Poetry.

118. Gándara, Carmen (1908?-   )

Los espejos. 1951. Novel. La figura del mundo.
Short stories. La habitada. El lugar del Diablo.
1948. Short stories. El mundo del narrador.

119. Gaona, Julia (Juliana Gauna); (1850-   )
Poetry.

120. Garay, María Consuelo (1902-   )

Poetry: Anterior a la imagen de la rosa. Exaltación.
Pinto, 1934. Locura de cien distancias. Pinto, 1940.
She contributed to: Argentina Libre, Atlántida, Con-
ducta, Chabela, Estampa, El Hogar, Maribel, La Mujer,
La Nación, and "Revista Social" de Lima.

121. Garay Muñiz, María del Carmen

Cartas. Ten poems.

122. García Costa, Rosa (1892-   )

She published in the newspaper El Argentino in 1911.
Simple canción. Santa Fe: Maubé, 1917. Poetry from
Barcelona. La ronda de las horas. Buenos Aires:
"Virtus", 1922. Esencia. Buenos Aires: Babel, 1926.
Poesías. Buenos Aires: Agencia General de Librería
y Publicaciones, 1928. Selection of poetry from
Esencia, La ronda de las horas and Simple canción.

123. García de la Mata, Helena

Poetry: Abraxas. El tiempo y el fuego.

124. García Salaberry, Adela

Poetry: Bruma. Santander. Hiedra. Santander. "Mo-
mentos sentimentales." Nosotros, XVII, 1923, p. 480.
Toi en moi. Santander. (Written in French.)
Novels: La gloria del corazón. Buenos Aires: Imp.
López, 1924. Ley y sombra. Novelette included in La
gloria del corazón. Buenos Aires: Imp.López, 1924,pp.37-60.

Prose: El momento. Buenos Aires: Talleres Gráficos L.J.
Rosso, 1939. Vidas. Buenos Aires: Talleres Gráficos
L.J. Rosso, 1939. Literary criticism. She founded
the magazine Renovación. She was the director of the
sociological magazine Nuestra Causa.

125. García Valdés López de Miro, Rosa

Poetry.

126. García y Onrubia, Sarah Felisa (1909-   )
pseudonym: Chérie García y Onrubia

Vidriales. Buenos Aires: Talleres Gráficos L.J. Rosso,
1928.

127. Garrido de Gallo, Pilar

Las flores del destierro. Buenos Aires: Published by
the author, 1948.

128. Garrido de la Peña, Carlota

She published the literary periodical El Pensamiento
before 1900.

129. Gatica de Montiveros, María Delia

Dolor y júbilo. 1949. Poetry.

130. Ghío, Haydée M. (1910-   )

Poetry: Una mujer en sus versos. Buenos Aires: Tor,
1928. Pupila de dos aguas. Buenos Aires: Sociedad
de Publicaciones El Inca, 1930. "Ambar." Buenos Aires,
1942. Nosotros, XX, 1943, p. 106. Vignettes by
Cesareo F. Díaz.

131. Gómez Gersbach, Irasema (1912-   )

Poetry.

132. Gómez Paz, Julieta

Poetry: Canciones de tierra y sol. 1939. Llanura. 1940.

133. González de Nicolai, Pastora (1884-   )

Poems: "Mis Rosas," "Rosas blancas," "Rosas pálidas,"
"Rosas rojas," "Rosas rosadas."

134. Gorriti, Juanita Manuela (1819-1892)

Güemes. La hija de Machorquero. Oasis de la vida.
Páginas literarias. Panoramas de la vida. Poetry.
El pozo de Yucci. Novel. Sueños y realidades. La
tierra natal. Veladas literarias de Lima. 1876-1877.
She was the mother of Mercedes Belzu de Dorado (Bolivia,
1835-1879).

135. Granata, María (1921(3)-   )

Corazón cavado. Derechos justiciales del trabajador,
de la familia, de la ancianidad, de la educación y la
cultura de la mujer. El gallo embrujado. Muerte del
adolescente. Buenos Aires: La Emecé, 1946. First
published in 1943 by Fernández Moreno. El niño en la
pintura. Los tumultos. Novel. Umbral de tierra.
Buenos Aires: Conducta, 1942. 2nd ed. Buenos Aires:
Sociedad Impresora Americana. The Almafuerte Collection. Los viernes de la eternidad. Poetry.

136. Guerra, Ana María

Signo menos. Las visitas.

137. Guerra, Rosa (pseudonym) (-1868?)
real name: Eduarda Mansilla de García

Lucia Miranda. 1860. Novel. Clemencia. 1962. Three
act play. Julia o la educación. 1863. Text. Desahogos del corazón. 1864. Verse. El médico de San
Luís. She was the founder and editor of the feminist
periodical La Camelia in Buenos Aires in 1852. She
contributed to: Correo del Domingo; La Educación,
using the pseudonym "Cecilia"; La Nación Argentina;
El Nacional; La Tribuna.

138. Guezúraga, Margot (1902-   )
pseudonyms: Amalia Mármol, Terje Virgen

Flores de hastío. 1918. Santa Fe: Maubé. Oro muerto.
Buenos Aires: J. Samet, 1930. Verses. Tierra de cen-
tauros. Buenos Aires: Tor, 1932. Short stories.

139. Guido, Beatriz (1924-   )

Children's stories: La casa del ángel. 1954. La caída.
1956. Escándalos y soledades. Novel. Estar en el
mundo. Fin de fiesta. 1958. Ina madre. Novel. El
incendio y las vísperas. Los insomnes. Short stories.
El ojo único de la ballena. Short stories. Regreso a
los hilos.

140. Harriague, Magdalena (1930-   )

     Criatura en los siglos. La mano y su viaje. Oír la
     tierra. Poemas de evasión. Pruebas en descargo. Ron-
     da para un cuerpo. Sucede en los mundos. Poetry.
     Vigía en la torre. Poetry.

141. Hecker, Liliana (1943-   )

     Acuario. Cuentos.

142. Hermoso, Fernanda

     Poemas del árbol fiel.

143. Herrera, Ataliva (1888-   )

     Poetry: Bamba. Cancionero de la Patria. 1939. La
     iluminada. Paz provinciana. El poema nativo. Las
     vírgenes del sol. Prose: Crítica literaria. Un pre-
     cursor del teatro Nacional. She contributed to: Atlán-
     tida, Caras y Caretas, El Hogar, La Nación, La Prensa,
     El Pueblo, La Razón.

144. Herrera, Elina (1902-   )

     Poetry. In 1921 she began to write using the pseudonym
     of "Eros". She wrote in Caras y Caretas, La Capital of
     Rosario, and El Orden of Tucumán.

145. Hevía, María A. (1899-   )

     Momentos. Buenos Aires: Imp. Mercatali, 1928.

146. Holmbers de Bracht, Laura

     Poesías. Santa Fe: Maubé, 1927.

147. Imaz, Virginia

     Agua clara. Buenos Aires: Published by the author, 1945.
     Children's poetry.

148. Irurzun, Blanca

     Poetry: Changos. Yunque. Emoción y sentido de mis
     llanuras. Rosario: Edit. Ruiz, 1942. Vignettes by the
     author. Prose. Horizontes. Yunque. El racimo verde.
     Rosario: Edit. Rosario, 1946. Vignettes by the author.

149. Israel de Portela, Luisa (20th century)

     Vidas tristes. Short stories.

150. Izaguirre, Ester de

No está vedado el grito. El país que llaman vida.
Poetry. Trémolo. Poetry.

151. Izquierdo, Joaquina (19th century)

Poetry.

152. Jamilis, Amalia

Detrás de las columnas. Short stories. Los días de
suerte. Short stories. Los días sin suerte. Los
trabajos nocturnos.

153. Jarque, Delia

Susurros del alma. Poetry.

154. Jurado, Alicia

La cárcel y los hierros. Novel. En soledad vivía.
Lenguas de polvo y sueño. Short stories. Los rastros
del engaño. Short stories.

155. Krapkin, Ilka

La batalla. Epic poem. El buey blanco, el dique.
Short stories. Gudruna Trogstad, capitana. El hombre
que perdió el sueño. Novel. La taza de chocolate.
Short stories. Tres cantatas al mar. Las tres manos,
un poema para ballet.

156. Labarca Hubertson, Amanda (1886-1975)

¿A dónde va la mujer? Actividades femeninas en los
Estados Unidos. Al amor de la tierra. Desvelos en el
alba. En tierras extrañas. Novel. Femenismo contem-
poráneo. La lámpara maravillosa. Lecturas de Juan y
Juanita. La sombra inquieta.

157. Lacau, María Hortensia

Essayist and critic.

158. Lahitte, Ana Emilia (1930-   )

La alcoba sin puertas. Theater. Madero y transparencia. Poetry. El muro de cristal. Poetry. La noche
y otros poemas. Poetry. Raices desnudas. Sueño sin
eco. Ed. "Comisión de Cultura del Club Estudiantes de
La Plata". La Plata: 1947.

159. Lamarque, Nydia (1906-   )

Poetry: Telarañas. Buenos Aires: Librería "La Facultad", J. Roldán y Cía., 1925. Elegía del gran amor.
Buenos Aires: Proa, 1927. Los cíclopes, una epopeya
en la calle Sucre. Buenos Aires: El Inca, 1930. Acta
de acusación de la vida. Illus. G.V. Lamarque. Buenos
Aires, 1950. Essays: "César Borgia a través de Maqua-
velo." Revista Jurídica Ciencias Sociales, XLIII, 1927,
pp. 183-197. "La fuerza de América." Nosotros, LVIII,
1927, pp. 489-496. "Un revolucionario medieval: Nicolás
Rienzi." Revista de Filología Hispánica, 1927, Nos. 4,
5, and 6, pp. 213-243. "Mariano Moreno el jacobino."
Nosotros, LXXII, 1931, pp. 225-244.
Translations: of Racine: Andrómaca. Británico. Ester.
Buenos Aires: Losada, 1939. of Molière: Tartufo o el
impostor. La escuela de maridos. El burgués gentil-
hombre. Buenos Aires: Losada, 1940. of Baudelaire:
Las flores del mal. Buenos Aires: Losada, 1949. First
translation in verse.
She contributed to: La Nación, Nosotros.

160. Lange, Norah (1906-   )

Poetry: La calle de la tarde. Buenos Aires: J. Samet,
1924. Los días y las noches. Buenos Aires: El Inca,
1926. El rumbo de la rosa. Buenos Aires: Proa, 1930.
Prose: Voz de la vida. Buenos Aires: Proa, 1927. Novel. Cuarenta y cinco días y treinta marineros. Buenos
Aires: Tor, 1933. Cuadernos de infancia. Buenos Aires:
D. Viau y Cía., (2nd ed. Buenos Aires: Sudamericana,
1940). Memoirs. Discursos. Buenos Aires: Losada,
1942. Antes que mueran. Buenos Aires: Losada, 1944.
Poetic prose. Personas en la sala. Buenos Aires:
Sudamericana, 1950. Novel. Los dos retratos. Esti-
mados congéneros. She contributed to: Alfar, Nosotros,
Proa, Revista Oral, Vértice de España.

161. de Leonardo, Chita (1907-   )

Journalist; prose writer.

162. Levinson, María Luisa (1914?-   )
pseudonym: Luisa Mercedes

La casa de los Felipes. Concierto en mi. 1956. Novel.
La hermana de Eloísa. 1955. With J.L. Borges. La isla
de los organillos. Novel. El estigma del tiempo. La
pálida rosa de Soho. Short stories. Los tejidores sin
hombre. Short stories. Tiempo de Federica.

163. Lida de Malkiel, María Rosa (1910-1965)
     Essayist and critic.

164. López Aranguren, Dolores
     Poetry in prose: Flechas de cristal. 1933. Victoria.
     Lumbre y ensueño. La Plata: Published by the author,
     1949.

165. López García de Peralta, María
     Vendimias poéticas.

166. López Pombo, María Clemencia
     Poetry.

167. Lovisutto, Sara
     Mis islas doradas. Díaz-González.

168. Lynch, Marta (1929-   )
     Al vencedor. La alfombra roja. Novel. Un árbol lleno
     de manzanas. Crónicas de la burguesia. El cruce del
     río. Cuentos de colores. Los cuentos tristes. Los
     dedos de la mano. Madame Bovary Siglo XX. La Señora
     Ordóñez.

169. Margariños Pintos, Ofelia
     Pétalos. Buenos Aires: Ed. Luis Lasserre, 1949.

170. Malharro de Carimati, Victorina
     Amor y meteorología. Short stories. De amor y dolor.
     Novel and short stories. In memoriam. Verax.

171. Malinow, Inés (1922-   )
     Las canciones de Anna 'Sao. Canciones para mis nenas
     llenas de sol. Lunes mi enemigo. Páramo interperie.
     Poemas de estrellas y vientos. Buenos Aires: Cámara
     Argentina del Libro, 1949. Tal vez el amor. Versitos
     para caramelos.

172. Mansilla de García, Eduarda. See Guerra, Rosa.

173. Manso de Noronha, Juana Paula (1820?-1875)
     She wrote for El Nacional in 1841, and for Journal das
     Senoas in Rio de Janeiro in 1842.

Una armonía. Montevideo: Imprenta Nacional, 1844.
Poetry. Los misterios (o unitarios) de la Plata.
J. Menéndez e hijo, 1924. Prologue by D. Ricardo Isidro López M. Muñiz. Historic episodes from the Rosas
era. Written in 1846. Album de señoritas. 1854.
Compendio de la historia de las provincias unidas del
Río de la Plata desde su descubrimiento hasta el año
1874. Buenos Aires: Tipografía del Diario La Epoca,
1875. Text. La revolución de mayo. 1864. Five act
play. Santa Fe: Maubé. La familia del comendador.
Ricardo Rojas.
Translations: of Norman Allison Calkins: Lecciones
objetivas. Santa Fe: Maubé. Of John Labor: Naturaleza
y valor de la educación. Santa Fe: Maubé. Of Francisco
Lieber: La libertad civil. Santa Fe: Maubé. Of Horace
Mann: Lecturas. Pub. in Anales de la Educacion Común.
Santa Fe: Maubé, 1875. She was the director of Anales
de la Educación Común from 1865 to 1875.

174. Mármol, Amalia. See Guezúraga, Margot.

175. Marpons, Josevina

44 horas semanales. Mamá Noé. Theater. La mujer en
el trabajo. La mujer y su lucha con el ambiente.
Rouge. Santanás, y otros cuentos.

176. Martins, Elba Edith

Pétalos blancos. Buenos Aires: Published by the
author, 1948.

177. Medina Onrubia de Betona, Salvadora (1895-)

Akàsha. B.A.M. Gleizer, 1924. Novel. Alma fuerte.
Santa Fe: Maubé, 1914. Theater. Cuentos. Las des-
centradas. Buenos Aires: Talleres Gráficos Surameri-
canos, 1929. Theater. El libro humilde y doliente.
Santa Fe: Maubé. Lo que estaba escrito. Santa Fe:
Maubé. Theater. El misal de mi yoga. Buenos Aires:
Claridad, 1929. Una mujer que pecó. La rueca milagro-
sa. Santa Fe: Maubé, 1921. La solución. Santa Fe:
Maubé. Theater. El vaso intacto y otros cuentos.

178. Mensaque de Zarza, Alcira

Góticas. Manantial. Córdoba: 1949. (La Prensa,
Buenos Aires.)

179. Mercader, Martha

Octubre en el espejo. Short stories. ¿Quién de nosotros?

180. Mercedes, Luisa. See Levinson, María Luisa.

181. Míguez, Doelia C.

Poetry: Desde la sombra. La Plata: 1910. La rueca
encantada. Buenos Aires: 1913. Mar del Plata. Buenos
Aires: 1918.

182. Molina y Vedia de Bastianini, Delfina (1879-   )

Por gracia de amor. Buenos Aires: L.J. Rosso y Cía.,
1923. Verse. Delfíneas. Buenos Aires: L.J. Rosso y
Cía., 1933. Prose and verse. Cuestiones lingüísticas
de América. Buenos Aires: 1937. Prose. A redrotiempo.
Buenos Aires: Peluffo, 1942. Memoirs.

183. Monasterio, Ester (Esther)

Fray Luis Beltrán. Mendoza: Establecimientos Gráficos
de la Escuela "Alberdi", 1919. 2nd ed. Buenos Aires:
Tor, 1928. Three act play in prose. Volverá. Santa
Fe: Maubé, 1923. Novel. Pedazos del alma. Buenos
Aires: Tor, 1924. Flor del aire. Buenos Aires: Tor,
1928. Novel. Flor de los Andes. Buenos Aires: A. García Santos, 1929. Naufragio. Buenos Aires: Talleres
Gráficos L.J. Rosso, 1930. Felisa Mirelli. Buenos
Aires: 1931. Prologue by Alberto G. del Castillo.
Novel. Mascarada. Adler, 1933. Novel. Tierra en
sazón. Buenos Aires: Cabaut y Cía., 1935. Novel. La
esposa de Linares. Buenos Aires: 1937. Novel. Fontana mía. Buenos Aires: Edit. Castro Barrera y Cía.,
1949. Porfiado anhelar. Buenos Aires: Published by
the author. Appeared in Nación, 6 Feb., 1949. Páginas
íntimas. Buenos Aires: Porter Hnos., 1942.

184. Montes de Oca de Cárdenas, Sara (1892-   )

Ofrenda. 1927. Trapalanda. Santa Fe: Maubé. Prologue by Clemente Onelli. Historic legend.
Poetry: "María." Santa Fe: Maubé. Religious poem.
Ráfaga heroica: poemas en torno de los hechos del gran
capitán D. José de San Martín. Buenos Aires: Imp. Mercatali, 1928.

185. Montiel, Susana (pseudonym)

Brasa secreta. González-Ruano, 1923.

186. Muñoz Larreta, Helena

Sonetos en carne viva. 1950.

187. Nieva de Muñoz, Anita

Published poetry in various periodicals.

188. Núñez, Zulma

Coplas de la soledad.

189. Ocampo, Silvina (1906(5)-)

El caballo alado. Los días de la noche. Informe del
cielo y del infierno. Los invitados. Lo amargo por
dulce. La naranja maravillosa. Los nombres. El pe-
cado mortal. Sonetos de jardín. Los traidores.
Poetry: Enumeración de la patria y otros poemas. Buenos
Aires: Sur, 1942. Espacios métricos. Buenos Aires:
Sur, 1945. Poemas de amor desesperado. Buenos Aires:
Sudamericana, 1949. Pequeña antología. 1954.
Edited, with J.L. Borges and A. Bioy Casares: Antología
de la literatura fantástica. Buenos Aires: Sudameri-
cana, 1941. And, Antología poetica argentina. Buenos
Aires: Sudamericana, 1941.
Short stories: Viaje olvidado. Buenos Aires: Sur,
1937. Autobiografía de Irene. Buenos Aires: Sur, 1948.
La furia y otros cuentos.
In collaboration with her husband, A. Bioy Casares:
Los que aman, odian. Buenos Aires: Emecé, 1946. Novel.

190. Ocampo, Victoria (1893(1)-)

Essayist. La bella y sus enamorados. De Francesa a
Beatrice. Emilia Bronté. Habla el algarrobo. La
laguna de los nenúfares. Twelve-scene fable. La mujer
y su expresión. Soledad sonora. Supremacía del alma
y de la sangre. Tagore en las barrancas de San Isidro.
Testimonios. Virginia Wolf. Orlando y Cía.
She contributed to La Nación, Revista de Occidente.
She directed the magazine Sur.

191. Olivieri, Marta

La primera fuente.

192. Orlando, María Isabel

Primer crepúsculo. Buenos Aires: Cámara Argentina
del Libro, 1949.

193. Oro, Renée (20th century)

Argentina. Silent documentary.

194. Orozco, Olga (1920-   )

Desde lejos. Buenos Aires: Losada, 1946. Los juegos peligrosos. Las muertes. La oscuridad es otro sol.

195. Orphée, Elvira (20th century)

Aire tan dulce. Dos veranos. En el fondo. La última conquista de El Angel. Short stories. Uno.

196. Pacheco Huergo, Maruja

Actress, singer, and professor of music and speech. En silencio. Buenos Aires: Talleres Gráficos "Moflel", 1940. Prologue by Alfredo L. Palacios and a posthumous thought by D.E. García Velloso. Versos para una tarde de lluvia. Buenos Aires: Talleres Gráficos "Haftel", 1945. She contributed to: El Hogar, La Mujer, Revista Social, El Suplemento.

197. Padilla, Lila (20th century)

Entre sombras y maldades.

198. Palisa Mujica de Lacau, María Horgensia (1910-   )

Poetry: Prisma de siete colores. Buenos Aires: Talleres Gráficos Juan Perrotti, 1940. Prologue by Mary Rega Molina. La voz innominada. Buenos Aires: Talleres Gráficos Juan Perrotti, 1943.

199. Pancheco de Pancheco, Carmen (20th century)

Cuentos de la estancia. Children's stories.

200. Papastamatíu, Basilia (20th century)

El pensamiento común.

201. Pasamanik, Luisa (20th century)

Poetry: El ángel desterrado. Plegaria grave. Poemas al hombre de la mañana. Sermón negro. Sinfonía de las esferas, o sinfonía celeste. Tlaloke. Vacío para cuerdas.

202. Peirano Gianzone, Irma

Poetry: "Tiempo de soledad." Par, I, 1941, pp. 340-353. Collection of 9 poems. Cuerpo del canto. Buenos Aires:

La Canoa, 1947. Cinco poetas. Rosario: Cooperativa
Editores de Libros Argentinos, 1950. It contains
selections from her work and that of four other poets.

203. Pelliza de Sagasta, Josefina (1848-1888)

Canto inmortal. Rojas. Conferencias: El libro de las
madres. Buenos Aires: 1885. Didactic book. "La flor
del Yuquerí." El Album Poético Argentino, 1877. (Co-
metta Manzoni.) Lirios Silvestres. Santa Fe: Maubé.
Pasionarias. Rojas. Poetry.
Novels: Margarita. Rojas, 1875. La Chiriguana. Rojas,
1877. El César. Rojas, 1882. Palmira o el héroe de
Paysandú. Santa Fe: Maubé.

204. de Péndola, María Elisa R.V.

Ucles y cardones. Buenos Aires. Appeared in Nosotros,
XIX, 1942, p. 319. Romances de Huaycama. Buenos Aires:
Published by the author, 1948.

205. Peralta Méndez, María Cristina

Góticas. Buenos Aires: Continental, 1950.

206. Pérez de Monti, Luisa María (1942-   )

Antología. 1962-1970.

207. Pérez Pieroni, Tilde (1913-   )

Retiro espiritual. 1934. Poetry.

208. Piccinini de la Cárcova, Laura (1896-   )

Vida, dolor y muerte. Buenos Aires: Tor, 1932. Prologue by J. Cárdenas.

209. Pichetti, Leonor (20th century)

Los pájaros del bosque.

210. Pina Shaw, Hilda (1910-   )

Para tu quietud. 1934. Prologue by Josué Quesada.
Poetry. "La influencia mística en Tolstoi." Lectures
and essays, 1933. Translations: Of Jane Austen:
Orgullo y prejuicio. Of Walt Disney: El avestruz de
Donald. Short story. Of A. Conan Doyle: El perdido
mundo. She contributed to: Ahora, Estampa, El Hogar,
La Literatura Argentina, El mundo, Nosotros, Novela
Semanal, El Suplemento.

211. Piñeiro, Norma

Canción de la niña y su corazón. Buenos Aires: Librería y Editorial "La Facultad", de Bernabé y Cía., 1941.

212. Pizarnik, Flora Alejandra (1937-   )

Las aventuras perdidas. Extracción de la piedra de locura. Prose and poetry. El infierno musical. La
tierra más ajena. Los trabajos y las noches. La última inocencia y las aventuras perdidas.
Poetry: Arbol de Diana. El deseo de la palabra.

213. Podolsky, Ana

Short ballads. Vocación. Buenos Aires: "La Pajarita",
1943. Appeared in Nosotros, XXIV, 1943, p. 106.

214. Poletti, Syria (20th century)

Gente conmigo. Historias en rojo. Línea de fuego.

215. Prebisch de Piossek, Amalia (1900?-   )

Poetry: "Arboles," "Las pastoras," "Rosana de los
fuegos." No book has been published.

216. Prilutzky Farny de Zinny, Julia

Títeres imperiales. 2nd ed. Buenos Aires: Tor, 1936.
Prologue by the emir Emin Arslan. A novel about the
fall of the czars. Cuentistas rioplatenses de hoy.
Buenos Aires: Vértice, 1939. Prose. Viajes sin partida. Buenos Aires: Vértice, 1939. Intervalo. Illus.
Jorge Larco. Buenos Aires: Vértice, 1940. Antología
de sonetos argentinos. Buenos Aires: Vértice, 1942.
Sonetos. Buenos Aires: Vértice, 1942. Contains Viaje
sin partida, Intervalo and Los poemas de la soledad.
2nd ed. Buenos Aires: Vértice, 1949. Comarcas: La
muerte. La niebla. Illus. Enrique de Larrañaga. Buenos Aires: Vértice, 1949. La Patria. Illus. Enrique
de Larrañaga. Buenos Aires: Vértice, 1949.

217. Pujato Crespo de Carmelino Vedoya, Mercedes

Founded the Asociación de Enseñanza Racional.
Verse: Albores. Santa Fe: Maubé, 1903. Homage to the
author by Horacio F. Rodríguez. Flores de campo. Bue-
nos Aires, 1914. Sonnets. Días de sol. Buenos Aires:
Talleres Gráficos Argentinos, 1928. Liropeya. Buenos
Aires: Talleres Gráficos Argentinos L.J. Rosso, 1928.
Three act play. Mis memorias. Reminiscences.

218. Quiroga, Malvina Rosa (1900-   )

Mis rosas pálidas. Buenos Aires: Porter Hnos., 1925.
Horas tuyas. Santa Fe: Maubé, 1929. Flor de cenizo.
Córdoba: Presencia, 1948. Estrella de soledad. Cór-
doba: Imp. de la Universidad Nacional, 1949.

219. Radaelli, Esmeralda

Ancla del tiempo. Buenos Aires: Laurel, 1946. Isla de
soledad. Buenos Aires: Conducta, 1947. Tiempo celeste.
Buenos Aires: Published by the author, 1950.

220. Rafael, Clara

221. Raffo, Hortensia Margarita (1910-   )

Poetry: En vaso de murano. Buenos Aires: J. Samet, 1913.
Oro y sangre. Cónsole, 1933. Romances fueguinos. Cónsole, 1934. Canciones de sal y cuestas. Buenos Aires:
Porter Hnos., 1935. El pájaro y la gruta. Borges,
1936. Con Pan y el Angel. Borges, 1937. La planta
en su terrón. Sur, 1938. Short stories. Poemario
de Juan de Dios. Buenos Aires: Criterio, 1940.
Cuentos de Nochebuena y Navidad. Buenos Aires: Manantial, 1945. Prose.

222. Ramos Carrión, Teresa

Mis violetas. Tucumán: Edit. Gaceta de Tucumán, 1927.
Granado en flor. Buenos Aires: Tor, 1929. Also includes Mis Violetas.

223. Ranita de la esquina, La. See Réboli, Ida L.

224. Réboli, Ida L.
      pseudonym: La Ranita de la esquina

Poetry: Gorjeos. Buenos Aires: J. Samet, 1928. Irse.
Buenos Aires: J. Samet, 1931. Cuatro jornadas para
un horizonte. Chiappini, 1933. Monopatín. 2nd ed.,
1940. 3rd ed., first reprint, Buenos Aires: Imp.
Linari, 1944. Estrella florida. Buenos Aires: "El
Ateneo", 1939. Espuma y júbilo. Buenos Aires: "El
Ateneo", 1944.

225. Rega Molina, Mary (1910-   )

Poetry: Canto llano. Buenos Aires: Ricordi, e.c. Imp.,
1928. Anunciación. Buenos Aires: Sociedad de Publicaciones El Inca, 1930. Ex-voto. 1931. (Cancionero.)

Retablo. 1934. (Cancionero.) Cancionero. Buenos Aires: "El Ateneo", 1936. Arbol de Navidad. Buenos Aires: Compañía Impresora Argentina, 1938. Paisajes. Buenos Aires: Compañía Impresora Argentina,1938. Versos del alma niña. Buenos Aires: Compañía Impresora Argentina, 1942. Children's poetry. Voces eternas. Buenos Aires: 1943. Appeared in Nosotros. Cantos del desvelo. Buenos Aires: Published by the author, 1947. Canto de los hijos. Pinto. Poem in prose. Conferencias literarias y pedagógicas. Pinto. She contributed to: El Hogar, La Razón, Revista de la Asociación de Ex-Alumnas de Lenguas Vivas, Revista del Consejo Nacional de Mujeres, Vida Femenina.

226. Reyes Ortiz, Marta (20th century)

Aleteos. First poems. Inquietud. Poetry.

227. Riganelli, Celina Estela (1910-   )

She published poetry in magazines and newspapers.

228. Ríos, Concepción. See Vásquez de Montiel, María del Carmen.

229. Robledo de Candia, Blanca Alamis

Flores del bosque. Buenos Aires: Published by the author, 1947.

230. Rodas, Virginia (20th century)

Habrá un día y otros poemas.

231. Rodeca, Maesnú

Deliquios. Buenos Aires: Araujo, 1949. Poetry.

232. Rodríguez, Ida Edelvira (19th century)

She appeared in El Album Poético Argentino in 1877, but no more is known.

233. Rodríguez Bustamante de Demaría, María Elena (1896-   )

Poemas maternales. Unpublished. 1928. Children's poems.

234. Roqué de Padilla, Justa (20th century)

La mujer y la moral social.

235. Rosas (Rozas) de Rivera, Mercedes (19th century) pseudonym: M. Sasor

María de Montiel. Buenos Aires: 1861. Novel.

34   Argentina

236. Rotzait, Perla (1923-   )

      Cuando las sombras. El otro río. La postergación.
      La seducción. El temerario.

237. Rousset de San Martín, Angela (1897-   )

      Poesías humanas. Santa Fe: Maubé, 1927.

238. Rubertino, María Luisa (1929-   )

      Alma y paisaje. Buenos Aires: Talleres Gráficos Resumen,
      1939. Illustrated by Enrique Borla. El caballo en el
      espejo. El cerco. Memoria del bosque. Buenos Aires.
      (Rostro distante). El rompecabezas. Rostro distante.
      Buenos Aires: Laurel, 1948. 40 sonnets. Las señales.
      El silencio. Theater. Tantos muchachos menos un ángel.

239. Saavedra Basavilbaso, María Helena (1908-   )

      Estrofas vívidas. Buenos Aires: Tor, 1928. Children's
      poetry.

240. Saavedra Z., M. de. See Saavedra Zelaya, Mercedes de

241. Saavedra Zelaya, Mercedes de (1893-   )
      pseudonym: M. de Saavedra Z.

      Poetry: Mirra. Madrid: Talleres Gráficos J. Poveda,
      1923. Prologue by Eduardo Marquina. Las noches en-
      cantadas. Buenos Aires: M. Gleizer, 1927. Prologue
      by Gregorio Martínez Sierra.

242. Saenvich, Federoff. See Sáenz de Centeno, Isolina.

243. Sáenz de Centeno, Isolina
      pseudonym: Federoff Saenvich

      Historia de la música. Santa Fe: Maubé. Monograph.
      Horas amargas. Santa Fe: Maubé. Prose. Written under
      pseudonym. She also published poetry in newspapers
      and magazines.

244. Sáenz Quesada de Sáenz, Lucrecia

      Poetry.

245. Sampol de Herrero, Ana

      El mundo de cada uno. 1938. She contributed to
      La Prensa.

246. Sánchez de Thompson, Mariquita (19th century)

Author of unpublished poetry and memoirs.

247. Sandor, Malena (-1968)

Arco en tensión. Teatro completo. Tu vida y la mía.
Comedy. Y la respuesta fue dada.

248. Santamaría, Cándida

She published in newspapers and magazines.

249. Santángelo, Raquel

Agua y estrella. Buenos Aires: 1937. Appeared in
Sur, VIII, 1938, p. 89. Silencios. Buenos Aires:
Published by the author, 1947.

250. Saravia Linares, Clara (1910-   )

Lirios de otoño. Buenos Aires: Agencia General de
Librería y Publicaciones, 1925. Novel. Mientras purgo
mi pena. Santa Fe: Maubé. A story of repentance.
Noble impostura. Novelette.

251. Sasor, M. See Rosas de Rivera, Mercedes.

252. Schaefer Peña, Beatriz

Mi jardín tiene estrellas. Buenos Aires: Published by
the author, 1948. Poetry.

253. Schultz Cazeneuve de Mantovani, Fryda (1912-1977)

Versos a un gran amor. Buenos Aires: Imp. Mercatali,
1933. Los títeres de maese Pedro. Buenos Aires: Viau
y Zona, 1934. Burlesque farce in eleven fictitious
accounts. La marioneta que dejó de ser de palo, diver-
tida historia. Buenos Aires: Viau y Zona, 1935. Para
la noche del Noel. Velásquez, 1938. Children's theater
and poetry. Sobre teatro y poesía para niños. Santa
Fe: Universidad Nacional de Litoral, 1938. Essay fol-
lowed by "El alma del reloj" (children's theater) and
five poems for children. Navegante. Santa Fe: Universidad Nacional de Litoral, 1940. El brujo de paja.
1941. Children's theater. Sáficos y otros poemas.
La Plata: Imp. de Marcos Fingerit, 1942. "Mundo poético
infantil." 1944. Essay. "Meditación y sentimiento de
la poesía". Universidad de San Carlos, Guatemala,
4 Dec., 1945. Also given in Guatemala in 1946.

Canto ciego. Buenos Aires: Losada, 1949. El árbol
guarda. Children's poetry and theater. Barquitos.
(Maza de Fernández Veiga). Text written in collabora-
tion with Concepción de Constenla. Don Botazo.
Fábula del niño en el hombre. Isla dorada. (Maza de
Fernández Veiga). Text written in collaboration with
Concepción de Constenla. Leyendas argentinas. La
mujer en la vida nacional.

254. Selva Martí, Ana (20th century)

Consagración del alma. Poetry. Itinerario de angustia.
Silencio emancipado. Sinfonía máxima.

255. Serrano Redonnet, Ana Rosa (1910-   )

Folklorist. She writes in the short meter of romance
style poetry.

256. Serrey de González Bonorino, Elena

"Adiós." Sustancia (of Tucumán). "¡Cuando tú no me
quieras!" Sustancia (of Tucumán). "Porque te quise."
Sustancia (of Tucumán).

257. Shapiro Fridman, Flor (1935-   )

Amor país natal. Memorias de la víspera.

258. Silva Nocedad, Lucrecia (20th century)

El aire y la paloma. Poetry.

259. Simoniello, Paulina (1904-   )

Poetry: Quimera. 1924. (Cura Ocllo). Extasis. Buenos
Aires: Librería "La Facultad" de J. Roldán y Cía., 1928.
Cura Ocllo. Illus. José García Bañón. Buenos Aires:
Talleres Gráficos L.J. Rosso, 1931. Historic poem.
Ivoty. Adler, 1934. Historic poem. Hechizo. Santa
Fe: Castellví, 1948. Pasionario. Santa Fe: Castellví,
1948.

260. Siró, Elena

Dieciocho años. Buenos Aires: Published by the author.
Poetry.

261. Sofovich, Luisa (1912(15)-   )

La sonrisa. 1934. El ramo. 1943. Historias de ciervos.
1945. El baile. La gruta artificial.

262. Solá, Graciela   (1930-   )

Habita entre nosotros. El mar que en mi resuena.
Poetry: El rostro. Un viento hecho de pájaros.

263. Solá de Castellanos, Sara
      pseudonym: Violeta del Valle

En los tiempos gloriosos. Salta: Talleres Gráficos
L.J. Rosso y Cía., 1918. Dramatic and historic poem.
Elogio de la vida provinciana. Salta: Talleres Gráficos L.J. Rosso y Cía., 1923. "Reseña tradicional e
histórica del Señor y de la Virgen del Milagro."
1927. Historical work.

264. Solá de Solá, Emma

El alma de la noche. Buenos Aires: El Ateneo, 1947.
Lyric prose. Poetry: El agua que canta. 1922(23).
La madre del viento y otros poemas. Buenos Aires: J.
Roldán y Cía., 1928. El sendero y la estrella. Bue-
nos Aires: Mercatali Hnos., 1933. Esta eterna inquie-
tud. Miel de la tierra. (El alma de la noche).

265. Solari, Zita   (20th century)

Extraño. Short stories.

266. Soto y Calvo, Edelina   (1844-1932)

Poetry: Afectos. Paris: Imp. Durand, 1907. Emociones.
Buenos Aires: J. Samet, 1927. Parque vetusto. Buenos
Aires: Ed. J. Toia, 1929. Preliminary composition by
F. Soto y Calvo.

267. Speratti Piñero, Emma Susana   (1919-   )
      Essayist.

268. Steimberg, Alicia   (1933-   )
      Novels: La loca 101. Músicos y relojeros.

269. Storni, Alfonsina (1892-1938) (Argentina/Switzerland)
      pseudonym in magazines: Tao-lao

La inquietud del rosal. Buenos Aires: Librería "La
Facultad" de J. Roldán, 1916. Prologue by Juan Julián
Lastra. El dulce daño. Buenos Aires: Sociedad Coopera-
tiva "Buenos Aires", 1920. Irremediablemente. Buenos
Aires: Sociedad Cooperativa "Buenos Aires", 1919.

Irremediablemente. 2nd ed., Buenos Aires: Sociedad Cooperativa "Buenos Aires", 1920. Languidez. Buenos
Aires: Cooperativa Editorial Limitida "Buenos Aires",
1920. Poesías: seleccionadas e inéditas. Buenos Aires:
Ediciones Selectas América, 1920. Poesie scelte di
Alfonsina Storni. Trans. A. Depascala. Buenos Aires:
1920. Las mejores poesías (líricas) de los mejores
poetas. Vol. XLIII. Barcelona: Cervantes, 1923. Prologue by Maristany. Ocre. Buenos Aires: Babel, 1925.
Ocre. 3rd ed. Buenos Aires: Agencia General de Librería y Publicaciones, 1927. Poemas de amor. Nosotros,
1926. Poetic prose. Poemas de amor. Illus. Stella
Genovese-Oeyen. Buenos Aires: 1945. El amo del mundo.
Revista Teatral "Bambalinas", 1927. Theater. Dos far-
sas pirotécnicas: Cimbelina en 1900 y pico; Polixena
y la cocinerita. Buenos Aires: Editorial Cooperativa,
1931. The first is written in prose and consists of
six short acts, a prologue and an epilogue. The second
is a tragic farce in prose and verse and consists of
one act and an epilogue. Mundo de siete pozos. Buenos
Aires: Tor, 1934. Mascarilla y trébol. Círculos iman-
tados. Buenos Aires: Imp. Mercatali, 1938. Antología
poética (1916-1938). Buenos Aires: Espasa-Calpe Argentina, 1938. Other editions in 1940, 1941, 1942, 1943,
and 1945. Obra poética. Illus. Arturo Gerardo Guesta-
vino. Buenos Aires: Ramón J. Roggero y Cía., 1946.
Teatro infantil. Buenos Aires: Ramón J. Roggero, 1950.
Includes the following titles: Blanco, negro...blanco!...
(with music), 4 acts; Pedro y Pedrito, musical comedy
in one act; Jorge y su conciencia; Un sueño en el camino; Los degallores de estatuas, puppet comedy in
one act; El dios de los pájaros, musical comedy in four
scenes. Sirvienta moderna. Unpublished one act comedy.
Los cazadores de fieras. Unpublished one act comedy.
Prose: "Una golondrina." 1916. Short story. "Tu
nombre." Social (La Habana), Feb. 1922, p. 16. "Cuca."
1926. Story of a sawdust doll. "Diario de un ignorante."
La Nación, 2 Jl. 1926. "Carnet de ventanilla." La
Nación, 21 Feb. 1927. "Influencia italiana en nuestra
cultura." Nosotros, LIX, 1928, pp. 194-195. "Auto
demolición. Repertorio Americano, 7 Jn. 1930.
"Catalina." Cronos Bogotá, 3 May 1933. Tale of the
dramatic end of a tarantula. "Cómo ví yo a los dele-
gados de los P.E.N. Clubs." Nosotros, II, 1936,
pp. 45-48. "Definición de la raíz porteña." Lecture.
Published by the municipality of Buenos Aires, 1936.
"Entre un par de maletas a medio abrir y la manecilla
del reloj." Montevideo: Feb. 1938. "La madre." Psychological perspective of women.

270. Stramelini Curel, Victoria Esther

Nonadas. Buenos Aires: Buschi, 1949. "De mi aula."
La Prensa, 26 Feb. 1950.

271. Suárez, Aurora   (1905-   )

Escuelita rural. Buenos Aires: Talleres Gráficos L.J.
Rosso, 1935. Children's poetry.

272. Suárez, Delia

Pena gitana. Buenos Aires: Published by the author,
1948. Illus. Sergio Mayer. Poetry. Luces del alba.
Buenos Aires: Published by the author, 1949. Prose.

273. Tao-lao. See Storni, Alfonsina.

274. Tain de Traba, Marta (Argentina/Colombia) (1930-   )

Las ceremonias de verano. Novel. Historia natural de
la alegría. Poetry. La jugada del sexto día. Novel.
Los laberintos insolados. Pasó así. Poemas en prosa.

275. Tapia de Lesquerre, Lola (Argentina/Uruguay)

Poetry: El ramillete encantado. Buenos Aires: Tor,
1936. Pinceladas de gloria. Buenos Aires: Tor, 1937.
Cantares de paz para la gran familia americana. (Written
since 1941.)

276. Tarrio, Ana Rosa

Poetry: San Martín, su lucha. Córdoba: Published by
the author, 1947. Illus. Alberto Nicasio. "Senderos."
La Nación.

277. Tejeda Vazquez, Rosa

Baladas. Córdoba: Published by the author, 1948. It
appeared in La Nación.

278. Thénon, Susana (1937-   )

De lugares extraños. Poetry. Edad sin treguas.
Habitante de nada.

279. Tiberti, María Dhialma (1935-   )

Cielo recto. Illus. Hebe Iglesias. La Plata: Castalia,
1947. Tierra de amapolas. La Plata: Edic. del Bosque,
1948. Vignette by Miguel Angel Elgarie.

Los títeres. La Plata: Castalia. Five children's
comedies. Las sombras amarillas. La Plata: Edic. del
Bosque, 1950. (Colección Poetas Jóvenes.)

280. Tiscornia, Dora

Meditando. Book of unpublished poetry. La mujer.
Unpublished essay.

281. Torres Frías, María (1883-   )

Poetry: Violetas. Carta de Guido Spano. Santa Fe:
Maubé, 1898. Prologue by Manuel J. Sumay. Hojas de
rosa. Santa Fe: Maubé, Salta, 1902. Oro y nieve.
Santa Fe: Maubé, Salta, 1907. Camino del ensueño. San-
ta Fe: Maube, 1923. Prologue by Teodoro Palacios.
Prose: Aurora Boreal. Adler, 1934.

282. Tránsito Cañete de Rivas Jordán, María

She publishes in magazines of Tucumán such as El Orden
and La Revista Tucumana. She writes poetry and prose.

283. Urrutia Artieda, María Alex

Director of the magazine Maná in 1941.
Poetry: Música interior. Azul, Arg.: Dupuy Hnos., 1938.
Brujerías: Poemario de la andanza. Azul, Arg., Dupuy
Hnos., 1940.

284. Valdesogo, Elvira

Surcos en el viento. Buenos Aires: Published by the
author, 1949. It appeared in La Nación.

285. Valenzuela, Luisa (1938-   )

El gato eficaz. Hay que sonreir. Los heréticos.
Sofía. Historical novel.

286. Valladares, Leda (1920-   )

Se llaman llanto o abismo. Tucuman: Ed. Marcos Fingerit, 1944. Prologue by Fryda Schultz de Montovani.
Poetry.

287. Vallejos, Beatriz

Alborada del canto. Santa Fe: 1945. (Fernández Amunátegui).

288. Vásquez, María Esther

Los nombres de la muerte. Noviembre y el ángel.
Para un jardín cerrado.

289. Vásquez de Montiel, María del Carmen (1907-   )
pseudonym: Concepción Ríos

Archipiélago. Buenos Aires: Imp. López, 1929.

290. Velas Palacios, Matilde

Añoranzas. Novel. Cartas de amor. La dicha ajena.

291. Velasco y Arias, María

Claras mujeres argentinas, motivos juglarescos.

292. Ventura de la Vega, Tona (1807-1865)

El gastrónomo sin dinero, o Un día en vista alegre.
Comedy. El hombre del mundo. Theater.
Poetry: Versos de amor. Buenos Aires: 1930. En el
camino. (Cortina), 1931. Obras escogidas de Ventura
de la Vega. Obras poéticas.

293. Vera, Matilde A. (1857-1908)

Poetry.

294. Verdaguer, Mary

Mi vestido de bruma. Buenos Aires: Published by the
author, 1948.

295. Vidal de Battini, Berta Elena (1900-   )

Mitos sanluiceños. Buenos Aires: Porter Hnos., 1925.
Folklore, prose. El habla rural de San Luís. Buenos
Aires: 1949. Morphology and syntax.
Poetry: Alas. Buenos Aires: Imp. L. Bernard, 1924.
Agua serrana. Illus. Nicolás Antonio de San Luis.
Buenos Aires: El Ateneo, 1931. Campo y soledad. Bue-
nos Aires: El Ateneo, 1937. Tierra Puntana. Buenos
Aires: El Ateneo, 1937.

296. Vidal Fernández, Maruja

Poetry: Los látigos invisibles. Madrid: Sucesores de
Rivadeneyra, S.A., 1931. Romances. Buenos Aires:
Talleres Gráficos de Casa Jacobo Peuser, Ltda., 1939.
¡Amor, amor! (Mendonca). She has published in Criterio
since 1935.

297. Vieyra, Adelia

      El vencedor del tiempo.

298. Vilella Cals, Laura

      En torno mío. Buenos Aires: Edit. Ideas, 1947.

299. Villalba de Lentati, Carmen (1899-   )

      She has contributed to several periodicals since 1923.

300. Villar, María Angélica

      Poetry: Día en la noche. Pasos para una travesía.

301. Villarino, María de (1905-   )

      Poetry: Calle apartada. Buenos Aires: Proa, 1929.
      Junco sin sueño. Buenos Aires: Vértice, 1935. Tiempo
      de angustia. Buenos Aires: Domingo Viau, 1937. Ele-
      gía del recuerdo. Buenos Aires: Porter Hnos., 1940.
      Loores de Nuestra Señora de Luján. La Plata: Talleres
      Gráficos "El Sol", 1946. La sombra iluminada. Buenos
      Aires: Argos, 1946. La sombra iluminada. 2nd ed.,
      Buenos Aires: Edit. Mensaje, 1951.
      Theater: Una antigua historia de la niña, niña. 1943.
      (In La sombra iluminada). Prose: Pueblo en la niebla.
      Buenos Aires: Losada, 1943. Short stories. La vida
      trágica de Isabella Mona. Buenos Aires: Edit. Facul-
      tad de Filosofía y Letras de Buenos Aires, 1943.
      Seis evocaciones. 1945. Biographical sketch. (La
      sombra iluminada). Las tierras interiores. Buenos
      Aires: Nova, 1946. Biographical studies. Luz de
      memorias. 1947. Autobiographical novel. La rosa no
      debe morir. Buenos Aires: Losada, 1950. Lyric tales.
      Los espacios y los símbolos.

302. Violeta del Valle. See Solá Castellanos, Sara.

303. Virgen, Terje. See Guezúraga, Margot.

304. Walsh, María Elena (1930-   )

      Otoño imperdonable. Buenos Aires: Ferrari Hnos, 1947.
      Apenas viaje. 1948. Cancionero contra el mal de ojo.
      Cuentopas de Gulubú. Da ilan Kifki. Hecho a mano.
      Poetry: Casi milagro. 1958. Peguemos en el mundo.
      El reino del revés. Tutú Marambá.

305. Wally Zenner, María Julia

Poetry: Encuentro en el allá seguro. Borges, 1931.
Moradas de la pena altiva. Borges, 1932. Soledades.
Borges, 1934. Antigua lumbre. Buenos Aires: Ed. Fran-
cisco Colombo, 1949. It appeared in La Prensa.
Magnificat. La niña y el cielo.

306. Yarad, Juana

Pétalos al viento. Salta: Ed. San Marcos, 1949. It
appeared in La Nación, 28 Aug. 1949.

307. Zamora, María Amalia (1905-   )

El eco rusticano. Santa Fe: Maube, 1927. Poetry.
Her poem "Mañana azul" appeared in La Nación in 1923.

308. Zuccoli Fidanza, Ofelia

Poetry: Llegando al camino. Santiago, Chile: Nascimiento, 1936. "Estas coplas de mujer." La Nación,
19 Sept. 1948. Lecho de tierra. Buenos Aires: 1948.

309. Aeguez, Felisa

"No llores, madre mía."

310. Aguirre de Méndez, Aída
Poetry.

311. Anaya de Urquidi, Mercedes

Indianismo. The myths and traditions of native Bolivians.

312. Anzoátegui de Campero, Lindaura (1846-1898)
pseudonyms: "El Novel."
"Tres Estrellas." (after returning from
Europe)

Novels: Una mujer nerviosa. Sucre: 1891. Come se
vive en mi pueblo. Potosí: 1892. Customs.
Huallparrimachi. Potosí: 1894. 160 pages. Cuidado
con los celos. En el año de 1815. "La madre." Short
story. She wrote some poetry.

313. Arriarán de Zapata, Amanda (1937-   )

Poet and attorney. "Bondad." "Inmortalidad." "Piel."
"Soledad."

314. Avila Jiménez, Silvia Mercedes (1942-   )

Del ídolo y la sombra. "Elegía." Tú nominas los
sueños. 1963.

315. Ballón, Emma Alina

316. Bedregal de Knoitzer, Yolanda (1916(10)-   )

"Flujo." "Frente a mi retrato." "Nocturno en Dios."
"Sed." "Viaje inútil." Naufragio. (1933(36)). Poems
in prose. Poemar. 1937. Ecos. 1940. Written in

45

collaboration with Gert Conitzer. (German-Spanish)
<u>Almadía</u>. 1942. (German). <u>Nadir</u>. 1950. <u>Del mar y
la ceniza</u>. 1957. <u>Antología poética</u>. 1961. <u>Bajo el
oscuro sol</u>. La Paz: 1971. Won the "Erich Guttentag"
National Novel Prize.

317. Belzu de Dorado, Mercedes (1835-1879)

Daughter of Juanita Manuela Gorriti (Argentina). She
translated Shakespeare, Víctor Hugo, Lamartine, de
Musset and de Vigny.

318. Bruzzone de Bloch, Olga (1909-   )

"Alma del suelo." <u>Hondo, muy hondo</u>. 1960. <u>Tras la
cortina del incienso</u>.

319. Carvajal, Ada

320. Casasola, Matilde

Poetry.

321. Castellanos de Ríos, Ada

<u>Floración</u>. Poetry.

322. Estenssoro, María Virginia (1930?-   )

<u>Ego inútil</u>. Poetry. <u>El occiso</u>. Short stories.
Short stories: "El hijo que nunca fue." "El cascote."

323. Estenssoro Machicado, (Quica) Angélica (1908-   )

<u>Violeta de oro</u>. Short stories.

324. Estrada Saínz, Milena (1922-   )

<u>Corola de agua</u>. 1946.

325. Fernández de Carrasco, Rosa (1918-   )

Educator. <u>Teatro infantil</u>. 1958. Comedy. <u>Teatro
infantil</u>. 1963. Comedy and dialogue. Won the
National Prize in 1963.
Poetry: "Desconcierto." "Por culpa de una abeja."
"Solo porque me quieras."

326. Fernández de Mujía, Hercilia (1857-1929)

Poet and composer. Ricardo Mujía is her husband.
<u>Mis versos</u>. Lima.

327. Flores Saavedra, Mery (1935–   )

Fervor. 1952. Bruma. 1958. Cuatro poemas. 1959.
Poesías. Sonetos. "Darsena." "Soneto." "Yo."

328. Fortún, Julia Elena

Musicologist.

329. Freire de Jaimes, Carolina (Peru)

Wife of writer and journalist Julio Lucas Jaimes (Brocha
Gorda) and mother of Ricardo Jaimes Freyre.
María de Vellido. 1878. Drama. Blanca de Silva.
1879. Drama.

330. Frías Baldivia, Elena

Alborada en azul. Poetry.

331. Garnica, Blanca (1944–   )

State teacher of literature and language.
Instructor at the Cochabamba Institute of Languages.
"El alma se me rueda." "La carta." "Presencia y
recuerdo." "Si pudieras...."

332. Gisbert de Mesa, Teresa

She collaborates with her husband José de Mesa.
Theater: Esquema de la literatura virreinal en
Bolivia. La Paz: 1968. El período colonial. Teatro
Virreinal en Bolivia. La Paz: Biblioteca de Arte y
Cultura Boliviana Dirección Nacional de Informaciones
de la Presidencia de la República, 1962.

333. Gómez de Fernández, Dora

La poesía lírica de Franz Tamayo. La Paz: 1957.

334. Medeiros, María Teresa

El hombre y la tierra en dos novelas de Jaime Mendoza.

335. Melgar de Ipiña, Rosa

Educator. Novels: Maura. La Paz: 1964. La ciudad
crece. La Paz: 1968.

336. Méndez, Sabina (1839–1882)

She knew French and Italian. In 1876 she and her sister Clotilde founded and directed a center for the

instruction of children in Cochabamba. Her poetic
works are dispersed.
"Plegaria al salvador." Poem.

337. Méndez de Carrillo, Clotilde (1841-1905)

Sister of Sabina. Her personal works and translations
from English and French are dispersed.
Canción de fortunio. Poem.

338. Monje Landívar, Mary

Poetry.

339. Mujía, María Josefa (1820(13)-1888)

Blind from the age of 14, she was one of the most
notable poetic innovators in Chuquesaca. She was
the aunt of Ricardo Mujía.
"La ciega."

340. Nava, Paz Nery

Writer, poet and professor. Lina. La Paz: 1971. Novel.

341. El Novel

See Anzoátegui de Campero, Lindaura.

342. O'Connor d'Arlach, Amable

"Al dolor." "Noche." Perfumes de colores. Ricardo
Arroy. Rigoberto Torrico. Las sombras de la montaña.

343. Paredes de Salazar, Elssa

Theater.

344. Peñaranda de Guillén Pinto, Natty

Novels: Mina. 1953. Utama. She wrote both novels
in collaboration with her husband Alfredo Guillén
Pinto, who is a professor and the author
of La educación del indio. La Paz: González y
Medina, 1919.

345. Pérez del Castillo de Carvajal, Emma (1890-1963)

Orfebrería. 1918. Pequeños poemas en prosa. 1919.
1912 - She was awarded the First Prize in the contest
sponsored by the National Council of Women in Buenos
Aires.

1914 - She was honored in Argentina for her poetic
compositions entitled Gomas. She directed the
women's section of the magazine Atlántida and the
publication El eco femenino. She attended the
second Panamerican Conference of Women. (Lima, 1924).

346. Quiroga Margas, María (1898-   )

Teacher of literature and philosophy.
Cantos en mi valle de lágrimas. Transverberación.
1938. Véspero. 1958. She founded the literary
magazine Anhelos. The group "Fuego de la Poesía"
from La Paz paid her homage in 1967.

347. Revuelta de Guamán, Blanca (1925-   )

She was a charter member of the Academy of the
Quechuan Language and a teacher of that language.
She prepared two books of Quechuan poetry.
Molle. Qhalincha Chapala.

348. Reyes Ortíz, Marta

Poetry: Aleteos. Inquietud. 1950.

349. Rivera Sotomayor, Ana

350. Rodo Aparicio, Marta (Martha)

Presagios. Poetry.

351. Santrustegui, Cecilia

352. Schulze Arana, Beatriz (1929-   )

"En medio tono." "Redención." Surcos de luz. 1947.
En el telar de las horas. 1950. En el dintel de la
noche. Madrid: 1951. Verses. Lejanías. 1954.
Desvelo de lámpara. 1958. Pompas de jabón. 1963.

353. Serrano, Gloria

She wrote in collaboration with David Crespo Castelú.
Jirones Kollavinos. Tierras del Kosco.

354. Solari, María Teresa

Ana María. Drama in verse. Cuando el alma siente.
La incognita. Ofrenda espiritual.

355. Soledad

See Zamudio, Adela.

356. Taborga de Requena, Lola (1890-   )

Cuadros incá(s)icos. 1952. Espigas. 1956.
She wrote poetry. Charter member of the Society of
Writers and Artists. Obtained the "Golden Violet"
in the Floral Games of 1931. Was awarded a silver
medal for her "Himno a la Madre" and a gold medal
by the Interamerican Society of Writers for her
Cuadros incá(s)icos.

357. Tres Estrellas

See Anzoátegui de Campero, Lindaura.

358. Ugarte de Salamanca, Sara (1866-1925)

"Colon." Poem. "Fantasia." Poem. She founded
and directed the feminist periodical Nueva Aurora.

359. Von Borries, Edith (1931-   )

Poetry: "Lágrimas." "Musgo." "Pense en el amor."

360. Zamudio, Adela (1854(60)-1928(26))
     pseudonym: Soledad

She wrote poetry, short stories and novels. She
painted and taught. Professor at the school of
San Alberto. (1900) She directed the State School
for Young Women. (1905) Director of the high school
for young ladies that carried her name. She defended
women's rights, and in doing so, she fought for the
social and intellectual emancipation of women.
Ensayos poéticos. Buenos Aires: 1887. Violeta
o la princesa azul. 1890. El castillo negro. 1906.
Intimas. La Paz: 1913. Ráfagas. Paris: 1914.
Cuentos breves. 1943. Published posthumously.
Peregrinando. 1943. Published posthumously. Loca
de hierro. Narrative poem. La reunión de ayer.
Anthology.
Novelettes: La inundación. El milagro de Fray Justo.

361. Zapata Parrilla, Nora

State teacher of literature and language. Los abismos
del caos. In press.

362. Zuazo Precht, Gloria

Buvuvu. Novel. El deber del corazón. Theater.
Horas mías. In preparation. Sugerencias.

363. Abalos, Carmen (1921-   )

Poetry: <u>Azogue para un espejo</u>. Poems in prose. <u>Confidencias</u>. Poems in prose. <u>Exilio 65</u>. Poems in prose. <u>Las manos libres</u>. <u>Noche transfigurada</u>. Poems in prose.
Short stories: <u>El dedo en la llaga</u>. <u>Libertad condicional</u>. <u>La semilla de Adán</u>.
Prose: <u>Oratorio menor</u>. <u>Sencillamente</u>.

364. Acevedo de Castillo, Olga (1895-1970)

Poetry: <u>Donde crece el záfiro</u>. <u>Los himnos</u>. <u>La violeta y su vértigo</u>.
<u>El árbol sólo</u>. <u>Las cábalas del sueño</u>. <u>Los cantos de la montaña</u>. <u>Iris</u>. <u>La rosa en el hemisferio</u>. <u>Siete palabras de una canción ausente</u>. <u>La víspera irresistible</u>.

365. Acuña, Beatriz (1935-   )

Poetry: <u>Búscame, Amor</u>. <u>Tu amor me lo lleva el viento</u>. <u>Ven a mi pena, si quieres</u>.
Short stories: <u>Aquellos días</u>.

366. Adriazola, Ximena (1930-   )

Poetry: <u>Amarillo</u>. <u>El tiempo se reune</u>. <u>Tiempo detenido</u>. Short stories: <u>Un pez en la portada</u>.

367. Aguirre, Berta (1928(19)-1976(77))

Novelist and poet.
Novels: <u>Anillos en la alfombra</u>. <u>Ardiente sinfonía</u>. <u>El círculo tornasol</u>.
Poetry: <u>Afrodita</u>. Published posthumously. <u>Muelles viejos</u>.

368. Aguirre, Isadora (1919-   )

La dama del canasto. Los Macabeos. Los papeleros.
Theater: Anacleto Chin, Chin. Carolina. Dos y dos
son cinco. Entre dos trenes. Los que van caminando
en el camino. La micro. Pacto de medianoche.
Pascuales. La Pérgola de las flores. Musical.
Población esperanza. Las sardinas o la supresión
de Amanda.

369. Aguirre, Margarita (1925-   )

Pablo Neruda's secretary. She has lived in Argentina
since 1953.
Cuaderno de una muchacha muda. 1951. La culpa. 1954.
El huésped. 1958. Genio y figura de Pablo Neruda.
1964. El residente. 1967. Las vidas de Pablo Neruda.
1967. La oveja roja.

370. Agusto Montesino, Claudina (1897-   )

Cuentos chilenos. Pétalos al viento. Poetry.
Ramillete. Children's poetry and riddles.

371. Airam, Seyer

See Reyes, María Esperanza.

372. Aldunate, María Elena (1925-   )

Novels: Candía. María y el mar. Ventana adentro.
Short stories: Angélica y el Delfín. Juana....y
la libérnetica.

373. Alonso, Carmen de

See Carrasco, Magarita

374. Allamand, Maité (1911-   )

Short stories: Cosas de campo. Parvas viejas.
El sueño y la lumbre.
Novels: Alamito el Largo. For children. El funeral
del diablo. Huellas en la ciudad. Renovales.

375. Amunátegui, Amanda

Poetry: Espejos del extasis. Umbral girante.
Velero de tréboles.

376. Anabalón Sanderson, Luisa (1896(92)-1951)
     pseudonym: Winette de Rohka

     Poet.
     Poetry: El valle pierde su atmósfera. Lo que me
     dijo el silencio.
     Cantoral. Formas del sueño. Oniromancia. Suma y
     destino.

377. Astorga, Irma Isabel (1920-   )

     Poetry: Ceniza quebrada.
     Novel: La compuerta mágica el mundo del huaso contado
     por el mismo.
     Tríptico.

378. Blanco, Marta (1938-   )

     Poet, essayist and novelist.
     Novel: La generación de las hojas.
     Short stories: Todo es mentira.

379. Bombal, María Luisa (1910-   )

     Novel: La última niebla. 1935. Psychological novel.
     Short stories: El árbol.
     Entre avida e osonho. La amortajada. 1938. La
     historia de María Griselda. Romance.

380. Brandan, Matilde

     Derechos civiles de la mujer.

381. Brito de Denoso, Tilda (1899-1936)
     pseudonym: María Monvel

     Poetry: Fue así. Poesías. Remansos del ensueño.
     Sus mejores poemas. Ultimos poemas.
     El marido gringo.

382. Bruner, Carmen (1906-1927)

     Poetry: Herida.

383. Brunet, Marta (1901-1967)

     Novels: Amasijo. Bestia dañina. Bienvenido. Humo
     hacia el sur. La mampara. María Nadie. María Rosa
     Flor de Quillén. Montaña adentro.
     Poetry: Aleluyas para los más chiquitos. Obras
     completas.
     Short stories: Aguas abajo. Antología de cuentos.

"La ballena." Cuentos para Mari-Sol. For children.
Don Florisondo. Raíz de sueño. Reloj del sol.
Soledad de la sangre.

384. Bussenius, Gabriela

Agonía de Arauco o El olvido de los muertos. Film.

385. Bustamante, María Teresa de (1907-   )

pseudonym: Alejandra Victoria

Poetry: Bajo el templo del sol. Sonnets. Lenguas
del siglo. La prisión de los cándores.
Novel: El huache.
Short stories: El alero de las lechuzas mojadas.
En la tierra de los indios.

386. Carrasco, Margarita (1909-   )
pseudonym: Carmen de Alonso

Novels: Anclas en la ciudad. Cantaritos.
Short stories: La cita. Gleba. Medallones.
Provena. Y había luz de estrellas.

387. Casanova, Cecilia (1926-   )

Poetry: Como lo más solo. De acertijos y
premoniciones. De cada día. Los juegos del sol.
Short stories: El paraguas.

388. Castillo, Carmen (1923-   )

Poetry: Lámpara de Arcilla. 1948. Cantos rebeldes.
1951. Cantos al Ecuador. 1965. Viña negra. 1966.
Vivencias. Was director of the Chilean Writers
Society.

389. Céspedes Liarte, Gioconda

Poetry: Instantes irascíbles.

390. Cid Baeza, Astensia (1887-1932)

Novels: Corazón de artista. Juramento de los
Manguileff. Lucrecia Durney. Ultima Lágrima. Varia-
ciones de Carmen.
Poetry: Reflejos.

391. Contreras Flacón, Victoria

Poetry: Diapasón sin sonidos. Trompo dormido. Children's poetry.

392. Correa Morande, María

La guerra de las mujeres. Inés....y las raíces en la tierra. Novel.

393. Corvalán Posse, Stella

Poetry: Alma. Amphion. Geografía azul. La luna rota. No cuentos. Palabras. Responso de mi sangre. Rostros del mar. Sinfonía de la angustia. Sinfonía de viento. Sombra en el aire.

394. Cox Balmaceda, Virginia (1905-   )

Desvuelo de la torre. Poetry. Naxos. Peach melba.

395. Cox Stuven, Mariana (1882-1914)
      pseudonym: Shande

Novels: La vida íntima de Marie Goetz. Un remordimiento. Novelette.

396. Cruchaga de Walker, Rosa (1931-   )

Poetry: Después de tanto mar. Ramas sin fondo. Descendimiento. Raudal.

397. Díaz Varín, Stella (1926-   )

Poetry: Razón de mi ser. Sinfonía del hombre fosil y otros poemas. Tiempo, medida imaginaria.

398. Domínguez, Delia (1931-   )

Poetry: Obertura siglo XX. Parlamentos del hombre claro. La tierra hace al santo. Simbólico retorno.

399. Donoso Correa, Nina (1920-   )

Poetry: Entre el pan y la estrella. Poemas. Poemas para un difícil olvido.
Theater: El destino de la niña.

400. Echevarría de Larraín, Ines (1869-1949)
      pseudonym: Iris

Short stories: La hora de queda.
Emociones teatrales. Collection. Entre dos siglos.
Journal. Hojas caídas. Autobiography.

401. Elim, Miriam

Ojos extasiados.

402. Gaete Nieto, Carmen (1938-   )

     Poetry: En estado de gracias. El pan nuestro.
     Resultado de brumas. Valparaiso y otras almas.

403. Garfies, Mimi (1925-   )

     Monólogo de Pan y Pina. Short stories.

404. Geel, María Carolina (1913-   )

     Novels: El mundo dormido de yenia. 1946. Psychologi-
     cal novel. Soñaba y amaba el adolescente Perces.
     1949. Psychological novel. Carcel de mujeres.
     Extraño estío. Huida. El pequeño arquitecto.

405. Gertner, María Elena (1927-   )

     Novels: La derrota. Después del desierto. El hueco
     en la guitarra. Islas en la ciudad. La mujer de sal.
     Páramo salvaje. La risa perdida.
     Poetry: Homenaje al miedo.
     Short stories: Un juego de salón.
     El invencible sueño del coronel. La mujer que trajo
     la lluvia.

406. Gevert, Lucía

     El puma. Children's stories.

407. Godoy Alcayaga, Lucila (1889-1957)
     pseudonym: Gabriela Mistral

     Antología. Santiago: Published by the author, 1946.
     Desolación. New York: Instituto de las Españas en los
     Estados Unidos, 1922. Epistolario. Lagar. Motivos de
     San Francisco. Santiago, Chile: Editorial del Pacífico,
     1965. Obras selectas de Gabriela Mistral. Santiago,
     Chile: Editorial del Pacífico, 1954. Poesías completas.
     Madrid: Aguilar, 1966. Tela. Ternura.

408. González, María Rosa (1905-   )

     Poetry: Extasis. Samarila.
     Arco-iris. Azul violento. Una mujer.

409. Hamel, Teresa (1918-   )

     Short stories: El contra maestro. Gente sencilla.
     Negro. La noche de rebelde. Raquel devastado.

410. Herrera, Sara (1925-   )

Poetry: Cascado de plata. Pleamar. Pétalos de un
girasol. Réquiem para un hijo.
Plays: Ajenjo y almíbar. Rosal de espinas. Satirical.

411. Herrera de Warnken, Marta (1902-1978)
pseudonym: Patricia Morgán

Theater: Búscame entre las estrellas. La tarde
llega callada. Poetry: Fata morgana. Inquietud
de silencio. Una puerta a la luz. Torrente inmóvil.
Viaje de luz.

412. Hunceüs de Claro, Ester (1904-   )
pseudonym: Marcela Paz

Caramelos de luz. Papelucho. Children's stories.
Short stories: Soy colorina. Tiempo, papel y lápiz.
La vuelta de Sebastián.

413. Iris

See Echevarría de Larraín, Ines.

414. Jara, Marta (1922-1972)

Short stories: La camarera. Serrazo. El vaquero
de Dios.

415. Jauch, Emma (1915-   )

Los hermanos versos. Noticias de Papa-Nui. Poetry.

416. Jodorowsky, Raquel (1927-   )

Aj y Tojen. Bilingual. En la pared de los sueños.
Ensentido inverso. Poetry: Alguien llama. A
posento y época. La ciudad inclemente. Dimensión de
los días. El sentido inverso.

417. Ladrón de Guevara, Matilde (1908-   )

Adiós al cañaveral. Diario de una mujer in Cuba.
Buenos Aires: Goyanarte, 1962. El testamento.
Memoirs. Novels: Celda 13. En isla de Pascua
"los Moai están de pie". Madre soltera. Muchachos
de siempre. Poetry: Amarras de luz. Che. Desnudo.
Sonnets. Pórtico de Iberia.

418. Lardé de Venturina, Alica (1915–   )

      "Sangre del tío pico." Essay.
      Poetry: Alma viril. Belleza salvaje. El nuevo mundo
      polar. Pétalos del alma.

419. Lastarria Cabrero, Berta (1883–1945)

      Cuadros de Oriente. Vignettes.
      Short stories: Cuentos del nano. Escaramuzas
      mundanas. Historia del árbol viejo. Lo que cuentan
      las hojas. Lo que cuentan las nubes. Lo que cuentan
      las olas.

420. Latorre, Marina (1935–   )

      Poetry: Fauna austral.
      Short stories: El monumento. El regalo. Galería
      clausurada. Soy una mujer. Testimony.

421. Le Quesne, María Antonieta (1895–1921)

      Poetry: Recodo azul.

422. Lezaeta, Gabriela (1927–   )

      Color Hollín. Novel. Quién es Quién. Self portrait.

423. López Puelma, Lucía (1928–   )

      Poetry: Algunos curiosos cuentos. Reflejos. Sonetos
      del mar.

424. Madrid, María Cristina

      Poetry: Mar adentro.

425. Marín del Solar, Mercedes (1804–1866)

      Poesías de la señora doña Mercedes. Marín del Solar.

426. Matte, Ester

      Short stories: Desde el abismo. La hiedra. Otro
      capítulo. Poetry: Las leves del viento.

427. Menares, María Cristina (1914–   )

      Poetry: Antología. Lunita nueva. Children's poetry.
      Pluma de nidal lejano.
      Cuentos de patria o muerte. Social comment. La
      estrella en al agua. Raíz eterna. La rosa libre.

428. Menéndez, Josefa (1880-1923)

     Un llamamiento al amor.

429. Merani, María (1919-   )

     Novel: El diario de Tatiana. Short stories: La dama
     que prefirió volver. El violín enjaulado.

430. Merino González, Laura (1928-   )
     pseudonym: Ximena Solar

     Poetry: Multitud sin nadie. Rebeldía en la cima.

431. Miranda, Maita Elena (1911-   )

     Aposentos de brujas. Short stories. La heredad.
     Novel. Mujeres chilenas. Report.

432. Mistral, Gabriela

     See Godoy Alcayaga, Lucila.

433. Monvel, María

     See Brito de Denoso, Tilda.

434. Morales, Violeta (1918-   )

     Poetry: Canto del silencio. La noche robada. Raudal.

435. Morgán, Patricia

     See Herrera de Warnken, Marta.

436. Morvan, Henriette (1900-   )

     Boomerang. Novel. Sume. Short stories.

437. Movena Lagos, Aída

     Dolidamente. Verses.

438. Munita, Maita (1930-   )

     Poetry: Arbol de sangre. Arbol de silencio.

439. Navarro, Eliana (1923-   )

     Poetry: Antiguas voces llaman. La ciudad que fue.
     La pasión segun San Juan. Tres poemas.

440. Orjikh, Victoria (1913-   )

Theater: El agua entre las manos. Como las rosas
rojas. Puertas adentro. Regalo de París.
Poetry: Canto a villa alegre. Elejía a Borís
Orjikh Svetáev. Prose: Manos de mujer. Short
stories. Melodía de antaño. Short stories. Regreso
al misterio. Short stories. Puesta al sol. Novel.

441. Orregode Uribe, Rosario (1834-1879)

Alberto, el jugador. Sus mejores poemas. Teresa. Novel.

442. Ossa de Godoy, Blanca (20th century)

Páginas infantiles.

443. Ossandon, Francisca (1923-   )

Poetry: Diálogo incesante. El don oscuro. Humo
lento. La mano abierta al rayo. Tiempo de estar.
Tiempo y destiempo.

444. Oyarzún, Mila (1912-   )

Poetry: Estancias de soledad. Pausado cielo.
Novels: Cantos a una sombra. Esquinas del viento.

445. Parra, Violeta (1917-1967)

Collector of old songs. Décimas. Santiago, Chile:
Ediciones Nueva Universidad, 1970. Introduction by
Pablo Neruda, Nicanor Parra and Pablo de Rohka.
Toda Violeta Parra. Veintiuno son los dolores.
Violeta del pueblo. Madrid: A. Corazón, 1976.

446. Paulo, Valería de (1923-   )

El alma de lo inmóvil. Short stories. Martes de
gracia. Novel. Hoguera del silencio. Poetry.

447. Paz, Marcela

See Hunceüs de Claro, Ester.

448. Peralta, María Isabel (1904-1926)

Caravana parada. Poetry.

449. Pérez Walker de Serrano, Elisa (1927-   )
     pseudonym: Elisa Serrano

     Novels: Chilena, casada, sin protesión.
     En blanco y negro. Las tres caras de un sello. Una.

450. Petit, Magdalena (1903-1968)

     El cumpleaños de Rosita. Children's theater.
     Kimeraland. Satirical comedy. Pulgarcito.
     Novels: Caleuche. 1946. Don Diego Portales, el
     hombre sin concupiscencia. Biographical. Un hombre
     en el universo. 1951. Una llave y un camino. El
     patriota Manuel Rodríguez. Los Pincheiras.
     La Quitrala.

451. Pincheira, Dolores (1915-   )

     Poetry: Apología de la tierra. Canto a Concepción.
     Mi cielo derribado.

452. Pino Legualda (1911-   )

     Poetry: Corolas de cristal. Horizontes perdidos.
     Poemas. El rostro desolado.

453. Piwonka, María Elvira (1915-   )

     Poetry: Intima. Lazo de arena. Llamarlo amor.

454. Prats Bello, Ana Luisa

     Impresiones y recuerdos. Los patronos de niñas.
     El silbario moderno. El teatro de la infancia.

455. Puig, Matilde
     Novelist.

456. Quevedo, Violeta
     See Salas Subercaseaux, Rita.

457. Rendic, Amalia (1928-   )

     Hierro amargo. Short stories. Los pasos sonámbulos.
     Novel. Children's stories: Greda tierna.
     Pequitas y yo.

458. Repetto Baeza, Leticia (1912-   )

     La cenicienta de Jazz. La voz infinita.

459. Requena, María Asunción (1915-   )

Theater: Ayayema. El camino más largo. Chiloe, cielos cubiertos. La Chilota. Fuerte Bulnes. Homo chilensis. Pan caliente.

460. Reyes, Chela (1904-   )

Novels: Puertas verdes y caminos blancos. Tía Eulalia. Short stories: Bosque sonoro. Las cadenas secretas. La extranjera. Historia de una Negrita blanca. La paloma paseadora. Children's short stories and poetry.
Theater: Andacollo. Poetry: Elegías. Epoca del alma. Inquietud. Ola nocturna.

461. Reyes, María Esperanza
pseudonym: Seyer Airam

Cántaro de América. Poetry. Estampas criollas de mil tierra y el pueblo. Las inadaptas. Novel.

462. Roepke, Gabriela (1920-   )

Theater: La invitación. Juegos silenciosos. Una mariposa blanca. Los peligros de la Gran Literatura. La telaraña. Poetry: Jardín sólo. Primeras canciones.

463. Rohka, Winett de

See Anabalón Sanderson, Luisa.

464. Salas Subercaseaux, Rita (-1966)
pseudonym: Violeta Quevedo

Amor al terruño. El ángel del peregrino. Clarín de batalla en las blancas nieves, o sea. 1944. Rosas y abrojos. All of her works were compiled in 1951 under the title Las antenas del destino: Obras completas de Violeta Quevedo.

465. Sanhueza, Eugenia (1925-   )

Libro.

466. Santa Cruz, Adriana

Historian.

467. Santa Cruz, Elvira (1886-1960)

Theater: La marcha fúnebre. Saber vivir. El voto femenino.

<u>Flor silvestre</u>. Novel. <u>Herne, el cazador</u>. For children. <u>Tacunga</u>. For children.

468. Señoret, Raquel (1923-   )

<u>Sin título</u>. Poetry.

469. Serrana, Elisa

See Pérez Walker de Serrano, Elisa.

470. Serrano, Alicia

Novelist.

471. Shande

See Cox Stuven, Mariana.

472. Silva Ossa, María (1918-   )

<u>Cuentos y canción</u>. With Carlos Correa. Poetry: <u>De la tierra y el aire</u>. <u>En la posada del sueño</u>. <u>El hombre cabeza de nieve</u>. For children. <u>Raíz</u>. <u>Vida y muerte del día</u>.

473. Solar, Ximena

See Merino González, Laura.

474. Solari, Olga (1910-1974)

Poetry: <u>Corazón de hombre</u>. <u>Donde termina el mar</u>. <u>Selva</u>.

475. Sotomayor de Concha, Graciela

<u>Luz de atardecer</u>. Poetry. <u>Malía</u>. <u>Margarita</u>. Legend. <u>Un recuerdo de amor</u>.

476. Suárez, Mariana (1929-   )

Novels: <u>La danza de los vendedores</u>. <u>El mundo de Colombita</u>. For children. <u>Los tejados en agosto</u>.

477. Tadea de San Joaquin, Sor (1755?-1827)

Romance that narrates the flooding of the San Rafael convent in 1783.

478. Tagle, María (1899-1946)

<u>Flautas de sombra</u>. <u>El signo que huye</u>.

479. Teitelboim, Volodia (1916-   )
Narrations.

480. Thein, Gladys
Poetry: Corolas de cristal. Poemas. Poesía.
El rostro desolado. Territorio de fuego.

481. Throup, Matilde (1876-   )
Libertad y derechos civiles y jurídicos de la mujer.

482. Turina, Pepita (1909-   )
Prose: Una dama de almas. Novel. Multidiálogos.
Memoirs. Zona íntimas, la soltería. Novel.

483. Uribe, Inelia (1936-   )
Poetry: Carcajadas a medianoche. Mis poemas para ti.
Taberna en la luna.

484. Urzúa, María (1916-   )
Novels: El presidente. También el hombre canta.
Poetry: Alto valsol. Río amargo. Short stories:
Alta marea. El invitado. La isla de los gatos.

485. Urzúa de Calvo, Deyanira
Entre escritores y periodistas. El necio orgullo.
Children's comedy. La travesura de Rosario. La
verdadera hermosura.

486. Valdivieso, Mercedes
See Valenzuela Alvarez, Mercedes.

487. Valenzuela Alvarez, Mercedes (1925-1965)
pseudonym: Mercedes Valdivieso
Novels: La brecha. Las horas y un día. Los ojos
de bambú. La tierra que les dí. La tregua.

488. Valle, Lila del
Distinto. Poetry.

489. Valle, Rosamel del (1901(00)-1966(65))
El corazón escrito. Eva y la fuga. Story. Las
llaves invisibles. El sol es un pájaro cautivo
en el reloj.

490. Poetry: <u>Adiós enigma tornasol</u>. <u>El joven olvido</u>.
<u>Orfeo</u>. 1944. <u>La visión comunicable</u>. 1956.

490. Velasco, Isabel (1937-   )
Poetry: <u>Cardos</u>. <u>Sal, ¿dónde estás?</u> <u>Tu, ayer</u>.

491. Vergara, Ana María (1931-   )
<u>Sierra áspera</u>. Poetry.

492. Vergara, Maita
<u>Circumstancias</u>. Novel. Memoirs of an irreverent woman.

493. Vial, Magdalena (1921-   )
Poetry: <u>Cantábile</u>. <u>Clausura del sueño</u>. <u>Ojivas</u>.
Theater: <u>Dibujo en el agua</u>. <u>Humo</u>. <u>Procedimiento
equivocado</u>. Prose: <u>Lluvia adentro</u>. Novel. <u>Reloj</u>.

494. Vial, Rosa de
<u>Antología poética</u>.

495. Vial, Sara (1931-   )
Poetry: <u>La ciudad indecible</u>. <u>En la orilla del vuelo</u>.
<u>Un modo de cantar</u>. <u>Viaje en la arena</u>.

496. Vial de Ugarte, María Mercedes
<u>Cosas que fueron</u>. Novel.

497. Viana, Luz de
See Villanueva de Bulnes, Marta.

498. Victoria, Alejandra
See Bustamante, María Teresa de.

499. Vicuña, Cecilia
<u>Saboramí</u>. In Spanish with a translation in English.

500. Vidal, Teresa
<u>La vocación</u>.

501. Villanueva de Bulnes, Marta (1894-   )
     pseudonym: Luz de Viana

     Prose: La casa miraba al mar. Novel and a short
     story. Frenesí. Novelettes. El licenciado Jocobo.
     Stories. No sirve la luna blanca. Short stories.

502. Wasley, Agnes (1922-   )
     La quinta estación. Poetry.

503. Weinstein, Lyd(t)ia (1923-   )
     Poetry: Amorosa. Donde tu voz no llega.
     Short stories: Como la vida.

504. Wilms Mentt, Teresa (1893-1921)
     Short stories: Anuarí. Cuentos para los hombres que
     son todavía niños. Lo que no ha dicho.

505. Yan, Mari
     See Yañez, María Flora.

506. Yañez, María Flora (1898-   )
     pseudonym: Mari Yan

     Novels: El abrazo de la tierra. Las cenizas. ¿Dónde
     está el trigo y el vino? Espejo sin imagen. Mundo
     en sombra. El peldaño. Novelette. La piedra.
     El último faro.
     Short stories: Es estanque. Juan Estrella.
     Visiones de infancia. Autobiography.

507. Zenteno de León, Esmeralda (1880-   )
     pseudonym: Vera Zouroff

     Liberación. Martha. El otro camino. Novel.

508. Zouroff, Vera
     See Zenteno de León, Esmeralda.

509. Acevedo de Gómez, Josefa; (1803-1861)

Poetry: Poesías de una granadina. Bogota: 1854.
Una tumba en los Andaquíes. Prose: Biografías de don
José Acevedo, Vargas Tejada, Vicente Azuro, Alfonso
Acevedo Tejada y Diego Fernando Gómez. Bogota: 1850.
Biografía de José Acevedo Gómez. Bogotá: 1860. Cuadros
de la vida privada de algunos granadinos. Bogota:
Imprenta de El Mosaico, 1861. Ensayos sobre los deberes
de los casados. Bogota: 1844. Las damas de Bogotá al
General Moreno, con ocasión del reestablecimiento del
gobierno legítimo en mayo de 1831. Mis recuerdos de
Tibacuy. Tratado sobre economía doméstica. Bogota:
1848. Theater: La coqueta burlada. Two act play.
Oráculo de las flores y de las frutas. Bogota: 1857.

510. Acosta Arce, Conchita

Fertilidad. Barranquilla: 1964.

511. Acosta de Samper, Soledad, (1833-1903)

Aventuras de Antonio Pérez en la Corte de Navarra.
Biblioteca histórica. Biografías de hombres ilustres
o notables, relativos a la época del descubrimiento.
Conquista y colonización de la parte de América denomi-
nada actualmente Estados Unidos de Colombia. Costanza.
Dolores. El descubridor y el fundador. Estudios.
José Angel Galán. La mujer en la sociedad moderna.
Laura. Lecciones de historia de Colombia. Los españoles en América. Los piratas en Cartagena. Novelas
y cuadros de la vida sur-americana. Peregrinaciones
en Francia e Inglaterra. Teresa la lismeña. Un hidalgo
conquistador. Founder of the periodical El domingo de
la familia cristiana and of the magazine La Mujer.

512. Alvarez de Flórez, Mercedes
pseudonym: Tegualda

En la agonía. Poetry.

513. Aminta Consuegra, Inés

Lucía de Guzmán. Novel.

514. Angel, Alba Lucia (1939-   )
Dos veces Alicia. Estaba la pájara pinta sentada en el verde limón.

515. Angulo Peláez, Ligia (1910-   )
Poet. Published poetry in newspapers and magazines. Director of the Escuela Superior de Anorí.

516. Antommarchi de Vásquez, Hortensia   (1850-1915)
pseudonyms: Regina del Valle, Colombina

La tarde. Poetry. Published in literary periodicals.

517. Antommarchi de Rojas, Dorila
Poetry.

518. Arce de Saavedra, Alicia
pseudonym: Mariela del Nilo

Claro acento. Espigas.

519. Arias, Gloria Inés (1954-   )
Poetry: Poemas. Medellín: 1970. Poemas de los siete años. Bogota: 1961. La grata del sueño. Bogota: 1966. La noche de los niños. Bogota: 1964. Una leyenda llamada tristeza. Bogota: 1970.

520. Arrubla de Codazzi, Teresa
Viajes por España e Italia.

521. Ayarza de Herrera, Emilia (1925-1966)
Poetry: Carta al amado preguntando por Colombia. Mexico: 1958. La sombra del camino. Bogota: 1959. Poemas. Bogota: 1940. Solo el canto. Bogota: 1945. Voces al mundo. Bogota: 1957. Prose: Diario de una mosca. Mexico: 1964. Hay un árbol contra el viento. Unpublished novel. She contributed to various literary publications in Colombia and in Mexico.

522. Barco de Valderrama, Lucy
La picua ceba.

523. Baron Wilches, Rosalina

Hojas de poesía. 1963. She contributed to various periodicals.

524. Bernice. See Samper, Bertilda.

525. Blander, Leonor

Poetry.

526. Borrejo Plá, María del Carmen

Palenques de negros en Cartagena de Indias a fines del siglo XVII.

527. Buitrago, Fanny (1940-   )

Bahía Sohoro. Stories of the island. Cola de Zorro. Bogota: Editorial Monolito, 1970. El hombre de paja. El hostigante verano de los dioses. El tercer mundo. La otra gente. Short stories. Las distancias doradas.

528. Bunch de Cortés, Isabel (1846-1921)

Contributed to the literary periodicals El Iris and La Patria, and has writings scattered throughout the periodicals of the time. Represented Colombia in the Primer Congreso Internacional Americano, sobre el bienestar de los niños.

529. Cabrera de Roa, Eufemia
     pseudonym: Rebeca

Poetry and literary articles.

530. de Cadena, Beatriz

Itinerario de emociones. 1960.

531. Camacho de Figueredo, Pomiana

Escenas de nuestra vida. Novel. She also contributed to several periodicals.

532. del Campo, Flora. See Verbel y Marea, Eva.

533. Cancino, Emma

Poetry.

534. Cardenas Roa, María
     pseudonym: Stella Luz

535. Cardeño, Amparo (1938-   )

Poetry.

536. Carranza, María Mercedes (1945-   )

Nueva poesía colombiana. Bogota: 1971. Anthology.
Vainas y otros poemas. Bogota: Talleres Ponce de
León, 1972.

537. Castelblanco de Castro, Beatriz (1930-   )

Poetry: Ensueño lírico. Selección Poética.

538. Castellanos, Dora (1925(4)-   )

Clamor. Bogota: Editorial Iqueima, 1948. Escrito
está. Bogota: Editorial El Libertador, 1962. Verdad
de amor. Bogota: Editorial Santa Fé, 1952.
Eterna huella. Medellín: Editorial Albon-Interprint,
1968. Hiroshima, amor mío. Bogota: 1970. La luz
sedienta. Bogota: Editorial Cromos, 1972.
Journalist for El Nacional. She was editor for the
society and literary pages of Momento and Cromos,
in Bogota. She also wrote commentaries for El Espectador and El Tiempo.

539. Castillo (Madre Castillo) (Sor Francisca Josefa de la
Concepción de Castillo y Guevara) (1671-1742)

Mi vida. First published in 1817. Sentimientos espirituales. Bogota: Imprenta de Bruno Espinosa, 1843.

540. Chams Heljach, Olga
Pseudonym: Del Mar, Meira

Poetry: Alba de olvido. Barranquilla: Editorial Mejoras, 1942. Huésped sin sombra. Barranquilla: Editorial Arte, 1971. Los mejores versos. Buenos Aires:
1957. Anthology. Poesía. Sierra, Italy: 1970. Bilingual anthology in Italian and Spanish. Secreta
isla. Barranquilla: 1951. Sitio del amor. Barranquilla: Editorial Mejoras, 1944. Verdad del sueño. Barranquilla: Editorial Arte, 1946;51.

541. Chaparro, Ísolina

Prose and poetry.

542. Colombina. See Antommarchi de Vasquez, Hortensia.

543. Contreras Daza, Elvira

Poetry.

544. Correa de Soler Rincón, Evangelina

Los Emigrados. Historical legend.

545. Cuellar, Madre María Petronilla (1761-1814)

Riego espiritual para nuevas plantas. Unpublished.

546. Dall, Gloria (pseudonym)

Poetry.

547. Dávila de Ponce, Waldina
pseudonym: Jenny

Poetry: Poesías. España. Novels: El trabajo. La
muleta.

548. Del Mar, Meira. See Chams Heljach, Olga.

549. Denis, Amelia

Poetry: A la Emperatriz Eugenia, con motivo del regalo
de la estatua de Colón, hecho por ella a la ciudad de
este nombre. A mi madre. Amor y dignidad. Anhelos.
A un caracol vacío. A un torrente. En las montañas
de mi patria. Una noche en el teatro.

550. Díaz de Romero, Ana

Publishes in Hogares, Mundo al Día and El Tiempo.

551. Díaz, Anita

Arbol de luceros. El jardín de la palabra iluminada.
1974. Evangelios de la mujer en el sueño. Las espigas
de Ruth. Vida de mariposas.

552. Díaz del Castillo de Otero, Margarita
pseudonym: Berta del Río

Sentires y cantares. Trenos. Radio broadcaster.

553. Díaz de Fonseca, Rosa

Her work has not yet been collected.

554. Duvis, Francilina (pseudonym)

Poetry.

555. Easley, Marina

    Rosas para Rosa. Novel.

556. Eastman, María (1901-   )

    El conejo viajero. Stories for children.

557. Echeverri, Elvira

    El reino de la luz. Journalist.

558. Espinosa de Pérez, Matilde (1915-   )
    pseudonyms: Marta Sorel, María Jimena

    Poetry: Afuera las estrellas. Bogota: 1961. Los ríos
    han crecido. Bogota: 1955. Pasa el viento. Bogota:
    1971. Por todos los silencios. Bogota: 1958.
    Contributes to many publications, mainly those defending
    the emancipation of women.

559. Espinosa de Rendon, Silveria (1815-1886)

    Novelist, essayist, poet. Poetry: Lágrimas y recuer-
    dos. Bogota: 1850. Poesías. Bogota: no date.
    El día de reyes. Theater. Educación de las jóvenes.
    El divino modelo de las almas cristianas. Bogotá: 1866.
    Pesares y consuelos. Bogota: 1853.

560. Fety, Magdalena

    Fragmentos. 1956. Rapsodia del navegante. 1954.

561. Flórez Fernández de Azcuénaga, Luz

    Poet. Published in magazines and newspapers, especially
    Cromos, Mundo al Día, and El Gráfico.

562. Florez, Magdalena

    Profanación.

563. Florez Fernández de Serpa, Paz

    Extasis de Santa Teresa. Poetry. Santander, tierra
    querida. Poetry. She published in periodicals:
    Tierra Nativa, El Deber, La Casa Liberal, El Tiempo,
    Cromos and Mundo al Día.

564. Gaitán Moscovici, Paula (Paris, 1952)

    Antología crítica de la poesía colombiana de Andrés
    Holguín. Bogota: 1974.

Obra en marcha -1, selección de J.G. Cobo Borda. Bogota: 1975. Poetry in the magazine Rajón y Fábula, 1969.

565. García de Moreno, Helvia (1908-   )

Poetry: Campanas sumergidas. Bogota: 1961. La colina
dorada. Bogota: 1945. Vitral de bruma. Bogota: 1963.
20 elegías y una canción desesperada. Bogota: 1966.

566. García Nuñez, Chela

Prose.

567. Gómez Jaime de Abadía, Hersilia

Novels: Del colegio al hogar. Mario y Trinea. Paulina.
Leyendas y notas históricas.

568. Gómez, Mercedes

Misterios de la vida. Novel. Wrote many articles for
literary magazines.

569. Grillo de Salgado, Rosario (1856-   )

Cuentos reales.

570. Haro de Roca, Dolores.

Contributed frequently to La Guirnalda.

571. Henao Valencia, Josefina (1924-   )

Poetry.

572. Herminia. See Ortiz, Trinidad.

573. Herrera de Rodríguez Uribe, Leonor

Poetry: Duelo poético. Written with Gabriel Echeverri
Marguez. Sonatina. Ventana al sol.

574. Hurtado de Alvarez, Mercedes.

Alfonso. Novel.

575. Ibero, Susanne (pseudonym). See Posada Tamayo, Nelly.

576. Isaza de Jaramillo Meza, Blanca (1898-1967)

Poetry: Claridad. Manizales: 1945. Poesías. Medellín: 1951. Selva florida. Manizales: 1917.

Alma. Manizales: 1961. <u>Del lejano ayer</u>. Manizales:
1951. Autobiography. <u>Itinerario de emoción</u>. Manizales: 1962. <u>La antigua canción</u>. Manizales: 1935.
<u>Obras completas</u>. Tomo I--Romances y sonetos. Maniza-
les: Tipografía Veyco, 1968. 178pp. <u>Tomo II--Cuentos</u>
de la montaña. Manizales: Tipografía Veyco, 1968. 188pp.
<u>Preludio de invierno</u>. Bogota: 1954.
Published with her husband, Juan Bautista Jaramillo
Meza, the cultural magazine, <u>Manizales</u>.

577. Jaramillo de la Castro, Margarita
     pseudonym: Susana Perdomo

     <u>Campanas de pagoda</u>.

578. Jaramillo Gaitán, Uva (1893-   )

     <u>Hojas dispersas</u>. Short stories. <u>Infierno en el alma</u>.
     <u>Maldición</u>. Novel.

579. Jaramillo Madariaga, María (1885-   )

     <u>Donde nací</u>. Poetry.

580. Jimena, María. See Espinosa de Pérez, Matilde.

581. Lascarro Mendoza, Elvira (1930-1950)

     <u>Roble y clavel</u>. 1951. Poetry.

582. de Lince, Elena F.

     Poetry.

583. Lleras Restrepo de Ospina, Isabel (1911-1965(7))

     <u>Canto comenzado</u>. Bogota: 1960. <u>Estampas arbotrarias</u>.
     Bogota: 1960. Essay. <u>Lejanía</u>. Bogota: 1952. <u>Más</u>
     <u>allá del paisaje</u>. Bogota: 1963. <u>Sonetos</u>. Bogota: 1936.

584. Lleras, Josefina
     <u>Palabras de mujer</u>. 1945.

585. Llona, María Teresa
     <u>Celajes</u>. Poetry. <u>Encrucijada</u>. <u>Nuestra casona era así</u>.

586. López Gómez, Adel (1901-   )
     Short Stories: <u>Cuentos del lugar y de la manigua</u>.
     <u>Cuentos selectos</u>. 1956. <u>El fugitivo</u>. <u>El hombre, la</u>

mujer y la noche. Ellos eran así. El niño que vivió su vida. La noche de Satanás. 1943(44). El diablo anda por la aldea. Novel. Claraboya. Chronicle. Las ventanas del día. Por los caminos de la tierra.

587. Lorenzo, Silvia (1918(23)-   )
pseudonym: Sofía Molano de Sicard

El Pozo de Siquem. Bogota: 1963. Poemas. Bogota: 1958. Preludio. Bogota: 1952.

588. de Lusignan, Marzia. See Sánchez Lafaurie, Juana.

589. Mallarino de Duque, Manuela.

Poetry.

590. Manrique Santamaría, Tomasa

Odas de Safo. Most of her work has been lost.

591. María Enriqueta (pseudonym)

Poet. Published in the illustrated weekly magazine Salado, 1921-23.

592. Marín, Gilma

Founded Caprichos. Wrote stories and novels.

593. Martha Lency. See Mendoza Cortés, Alicia.

594. Mattei de Arosemena, Olga Elena (Puerto Rico 1933(38)-   )

La gente. Antares: Instituto Colombiano de Cultura, 1974. La voz de Olga Elena Mattei. Bogota: 1966. Record. Pentafonía. Medellín: 1964. Also, a bilingual edition in Spanish and French published in Medellín, 1975. Sílabas de arena. Medellín: Imprenta Departamental de Antioquia, 1962. Contributed to El Tiempo of Bogota.

595. Medina Orozco, Alba Graciela

Poetry.

596. Meira del Mar. See Heljach, Olga Chams.

597. Mejía, Dolly (1920-1975)

Alborada en la sangre. Bogota: 1943/6/8. Antología poética. Bogota: 1957. El pastor y sus estrellas.

Bogota: 1949. Las horas doradas. Bogota: 1945
Luna rosada. Bogota: 1956. Manos atadas. Bogota:
1951. Presencia del amor. Bogota: 1954(5). Raíz
del llanto. Bogota: 1948. Journalist and museum
director. Was also director of the literary supplement of the daily newspaper, La República, and
contributed to other newspapers.

598. Mendoza Cortés, Alicia
pseudonym: Martha Lency

Sensación de llanto. 1964.

599. Miralla Zuleta, Elena

Poetry.

600. Molano de Secard, Sofía

See Lorenzo, Sylvia

601. Montes de Valle Agripina ((1844-1915)

Poet and teacher. Poesías originales. 1873(83).
Director of the Escuela Normal de Santa Marta. In
1872 won the medal of honor in a poetry contest
promoted in Santiago de Chile.

602. Montoya, Madre Laura (1874-1949)

Autobiografía. Carta abierta. Cartas misionales.
Constitución de las misioneras de Santa María
Imaculada y Santa Catalina de Sena. Directorio y
guía de perfección. 1932-36.

603. Montoya Toro, Ofelia (1938-   )

Poetry.

604. Mujica, Elisa (1918-   )

Angela y el diablo. Short stories. Catalina. Los
dos tiempos. Novel.

605. Navia Velasco, Carmiña (1948-   )

La niebla camina en la ciudad. Cali: 1974. Writes
short stories and contributed to the daily newspapers
of Cali and Bucaramanga. Along with Milcíades Arévalo,
Rafel Díaz and Antonio Zamudio, she has promoted the
magazine Puesto de Combate, where fiction and poetry
by young authors are published.

606. Negri, Magda (pseudonym)

     Poetry.

607. Nieto de Arias, Gloria

     Parábola del misterio. 1957.

608. Nilo, Mariela del

     See Arce de Saavedra, Alicia.

609. Ninfa, María Emiliani Imitole
     pseudonym: Fanny Mery

     Hojas de acacio. Prose and verse.

610. Niz de Roca Niz, Aura Eva

     Prose.

611. Ortiz de Gómez Mejia, Carmen

     Poetry: Altos muros. Santo Domingo: 1961.
     Estación del ritmo. Bucaramanga: 1966. La sombra
     de los rostros. Bucaramanga: 1967. La voz sobre
     la nada. Bucaramanga: 1963.
     From 1960-62 directed the literary supplement of the
     newspaper El Caribe in Santo Domingo. Has also been
     a journalist in Bucaramanga.

612. Ortiz Sánchez Montenegro, Blanca de (1910-   )

     Poetry: Diafanidad. Bogota: 1938. El puerto
     de los romances. Bogota: 1942.

613. Ortiz, Trinidad
     pseudonym: Herminia

     Poetry.

614. Osorio, Fanny (1926-   )

     Poetry: La huella de Dios. Bogota: 1952. Luna de
     llanto. Bogota: No date.
     Short stories: Milagro de Navidad. Bogota: 1956.
     Children's story. Director of the libraries of the
     Ministerio de Gobierno, the Universidad Nacional,
     the Luis-Angel Arango and of the Universidad Pedagógica
     Nacional Femenina.

615. Palacios, Dominga

Azul definitivo. Manizales: 1965.

616. Parra de Quijano, Mercedes

Poetry.

617. Peñuela de Segura, Gertrudis (1910–   )
pseudonym: Laura Victoria

Poetry: Crater sellado. Mexico: 1937(38)(40).
Cuando florece el llanto. Barcelona: 1960. Llamas
azules. Bogota: 1929(33)(37).

618. Perdomo, Susana

See Jaramillo de la Castro, Margarita

619. Pérez, Cecilia (15th century)

La casa donde termina el mundo.

620. Pizano de Balen Groot, Inés

Contributed to Fe y Paz, Senderos and Hogares.

621. Pizano de Ortiz, Sophy (1896–   )

Poet. Her poetry is dispersed throughout magazines
and literary supplements. Director of the Museo de
Arte Colonial in Bogota.

622. Posada Tamayo, Nelly (1927–1957)

Espiral de luceros. 1955.

623. Quevedo, Beatriz (1928–   )

Poemas de ensueño y realidad.

624. Quintero, María Elena (1951–   )

Poetry: El recreo del agua. Unpublished children's
poetry. Puertos. 1975. School teacher.

625. Rebeca

See Cabrera de Roa, Eufemia

626. Restrepo de Hoyos, Pubenza (1901–   )

Poetry.

627. Rigán, Pía
See Samper de Ancízar, Aguipina

628. del Río, Berta
See Díaz del Castillo de Otero, Margarita

629. Rubens, Diana (Pseudonym)
Poetry.

630. Rubio de Díaz, Susana
Poetry: Almas cautivas. Clemencia. Orquídeas.

631. Rubio de Silva, Beatriz (1927-)
Unpublished poetry.

632. Ruiz de Amortegui, Alicia
Poetry.

633. Samper, Bertilda (1856-1910)
pseudonym: Bernice

Religious name: Madre María Ignacia.
Una tarde en el campo. Wrote prose, poetry and
translations from French and English.

634. Samper de Ancízar, Agripina (1833-1892)
pseudonym: Pía Rigán

Al retrato de mi esposa. A una rosa. En la noche.
Felicidad. Un cuento que no acaba. Adíos.

635. Sánchez Lafaurie, Juana (1902-)
pseudonym: Marzia de Lusignan)

Arco de Sándalo. Poetry. A la sombra de las
parábolas. Short stories. Oro y Mirra. Viento
en el otoño. Novel.

636. Santos Millán, Isabel (1902-)
Lucha de una alma. Novel.

637. Sañuelo de Delgado, María Luisa (1909-)
Sol y luna.

638. Sarcey, Margoth (Pseudonym)

Poetry.

639. Serpa de Francisco, Gloria (1931-   )

Safo: poesía liríca. Bogota: 1972. Translation
from Greek. In 1974 recorded an album of songs
written and interpreted by her.

640. Serrano de Carrolzosa, Zita

Claroscuro.

641. Sorel, Marta

See Espinosa de Perez, Matilde

642. Soto, Carmelina

Campanas del alba. Armenia: 1941. Octubre. Bogota:
1952. Tiempo inmóvil. 1974. Professor. Contributed
to literary journals and supplements.

643. Stella, Luz

See Cardenas Roa, María

644. Suárez, Mercedes (1895-   )

Poetry. Professor. Contributed to literary
periodicals.

645. Tain de Traba, Marta (1930-   )

Poetry: Historia natural de la alegría. Poemas en
prosa. Novels: La jugada del sexto día. Las
ceremonias de verano. Los laberintos insolados.
Pasó así.

646. Tegualda

See Alvarez de Flores, Mercedes

647. Torres, Anabel (1948-   )

Casí poesía. Medellín: 1975. Poetry.

648. Uribe Marín, Flor Alba (1947-   )

Contributes to literary journals.

649. Valencia de Valencia, Angela

     Poetry. Contributed to Lumen and others from Baranquilla.

650. del Valle, Regina

     See Antommarchi de Vasquez, Hortensia

651. Vanegas, Ana

     Anochecer en la alborada. Novel.

652. Vargas Flórez de Avquelles, Emma (1885-   )

     Professor. Melodias del alba. Poetry.

653. Vargas Villegas de Franco, Mercedes (-1890)

     Versos. 1874.

654. Verbel y Marea, Eva (1856-1900)
     pseudonym: Flora del Campo

     Ensayos Poéticos. Cartagena: 1874. Soledad. Panama:
     1893. Novel. Her work is included in the national
     anthologies Folletines de la luz, Parnaso Colombiano
     and in the Spanish anthologies Antología Americana
     and Tesora del parnaso americano.

655. Vergara Díaz, Lucia

     Poetry: Camino de bruma. Bogota: 1954. Casi un
     sueño. Bogota: 1961. El signo. Bogota: 1967.
     Espejismo. Bogota: 1963. Portico. Bogota: No date.
     Librarian for three university libraries: The
     Nacional, the Andes and the Colegio de San Bartolomé.

656. Victoria, Laura (Pseudonym) (1910-   )

     See Peñuela de Segura, Gertrudis.

657. Vieira de Vivas, Maraja (1922-   )

     Poetry: Apuntes sobre versos y poetas. Campanario
     de lluvia. Bogota: 1947. Ciudad remanso. Popayan:
     1956. Clave mínima. Medellin: 1958. Los poemas
     de Enero. Bogota: 1951. Palabras de ausencia.
     Manizales: 1953. Poesía. Medellin: 1950. Venezuela
     y sus caminos. Journalist and essayist for newspapers
     and literary supplements of Colombia, Venezuela and
     Ecuador. Also contributed to radio and television.

658. Villamizar, Ofelia

   Mater Admirabilis. 1954. Contributed to literary
   supplements and the Diario Católico of Venezuela.
   Director of the Colegio Durania. Librarian in the
   "Julio Pérez Ferrero" house.

659. Zacs, Vera

   Iniciación impúdica. Mis respetable jefes. ¿Qué ha
   sido esto? Novel.

660. Zuluaga, Beatriz

   La ciega esperanza. Manizales: 1961. Contributes
   poems and stories to magazines and supplements.
   Editor of the magazine Mujer in Bogota.

661. Zuluaga de Echeverry, Olga Lucía (1948-   )

   Caminos de la palabra y del silencio. Unpublished.
   El cuerpo o la fantasía. Unpublished.

COSTA RICA

662. Abarca Molina, Angela

"Fue una equivocación." Semana Universitaria, 1958.
Unpublished. Won second prize at the literary contest
held by the University of Costa Rica.

663. Acuña, Angela (1895/1900- ?)

Essayist.

664. Acuña de Bedout, Margarita

Mi alma y mi mundo. San José: 1973.

665. Amador, María Ester
pseudonym: Clara Diana

Atardeceres. San José: Imp. Alsina, 1929. 153 pages.

666. Antillón, Ana

Antro fuego. San José: Colección Oro y Barro, 1955.
49 pages. Demonio en caos. San José: Editorial
Costa Rica, 1972. 94 pages. "El muerto." In Panorama
del cuento centroamericano. Lima: Primera Festival
del Libro Centroamericano. "Tiovivo." In Panorama del
cuento centroamericano. Lima: Primera Festival del
Libro Centroamericano.

667. Apaikán

See Fernández de Tinoco, María.

668. Avila, Diana

El sueño ha terminado. San José: Departamento de
Publicaciones del Ministerio de Cultura, Juventud y
Deportes, 1976. 86 pages.

669. Bolena, Lydia

Comprimidos. San José: Imp. Trejos, 1929. 144 pages.

670. Brenes Argüello, Carlota
     pseudonym: Blanca Milanés

Música sencilla. San José: Imp. Alsina, 1928.
Illustrated by Noé Solano.

671. Brenes, Fresia

Poetry.

672. Cabezas, Muriel

"La vuelta del soldado." Páginas Ilustradas, III, 9,
1906.

673. Canossa Mora, Ermida

"Celos." Repertorio Americano, ILVI, 12, June 20, 1950.
Pages 181-182. "Lluvia artificial." Repertorio Americano,
ILVI, 19, October 15, 1950. Page 302. "Si no es así,
no vuelva." Repertorio Americano, ILVI, 20, October 30,
1950. Pages 308-310. "En una Nochebuena." Repertorio
Americano, ILVII, 1, January 1, 1951. Page 14. "Está
zuquiada." Repertorio Americano, ILVII, 4, March 15,
1951. Pages 229-230. "Mis primeras botas." Repertorio
Americano, ILVII, 5, April 15, 1951. Pages 68-69.

674. Carvajal, María Isabel (1888-1949(51))
     pseudonym: Carmen Lyra

"La campana. Ariel, VI, 9, 1911. "Carne de miseria."
Renovación, I, 3, 1911. Page 45. "Todos irresponsables."
Renovación, I, 5, 1911. Page 76. "El ensueño del rabí."
Renovación, I, 7, 1911. Page 107. "Andresillo."
Renovación, I, 10, 1911. Page 154. "Del natural."
Renovación, I, 13, 1911. Page 200. "Sol para todos."
Renovación, I, 16, 1911. Page 252. "Vida en las cosas."
Renovación, I, 18, 1911. Page 281. "Año nuevo."
Renovación, IV, 73, 1914. Page 72. "El pino."
Renovación, IV, 77, 1914. Pages 72-73. "Mi calle."
Renovación, IV, 81-82, 1914. Page 157. "Los caminos."
Pandemónium, IX, 102, 1914. Page 134.
"Una elegía humilde." Pandemónium, IX, 103, 1914.
Pages 168-172. "La sirena." Pandemónium, IX, 114,
1914. Pages 514-519. Las fantasías de Juan Silvestre.
San José: Imp. Falcó y Borrasé, 1918. 80 pages.
Prologue by Francisco Soler.

En una silla de ruedas. San Jose: Imp. Tormo, 1918.
142 pages. En una silla de ruedas. In Escritores
de Costa Rica. Ed. Ermilo Abreu Gomez. Washington
D.C.: Union Panamericana, 1950. Pages 95-115.
En una silla de ruedas. San Salvador: Departamento
Editorial del Ministerios de Cultura, 3rd ed, 1960.
44 pages. Los cuentos de mi tía Panchita. San José:
Imp. Alsina, 1920. 160 pages. Los cuentos de mi tía
Panchita. San Jose: Imp. Alsina, 2nd ed., 1922.
196 pages. Los cuentos de mi tía Panchita. San José:
Imp. Lines, 3rd ed., 1926. 174 pages. Los cuentos de
mi tía Panchita. San José: Imp. Española, 1936.
149 pages. Los cuentos de mi tía Panchita. San Jose:
Imp. Española, 1936. 160 pages. Los cuentos de mi
tía Panchita. San José: Empresa Editora Las Américas,
1956. Illus. Juan Manuel Sánchez. 210 pages. Los
cuentos de mi tía Panchita. San José: Lit. e Imp.
Costa Rica, 1966. Illus. Juan Manuel Sánchez, prologue
by Ricardo F. Quesada. Los cuentos de mi tía Panchita.
San José: Ministerio de Cultura, Juventud y Deportes.
197 pages. Prologue by Carmen Naranjo. "Fernando
Avila Cruz." Repertorio Americano, IV, 8, June 24,
1922. Page 245. "Frío." Repertorio Americano, V, 1,
October 9, 1922. Page 8. "El pobre Luciano." Repertorio
Americano, VIII, 14, June 23, 1924. Pages 215, 222-223.
"El marimbero." Repertorio Americano, VIII, 24,
September 1, 1924. Pages 369-370. "El hombre que
sentía la muerte." Repertorio Americano, X, 15,
June 23, 1925. Pages 233-235. "Lázaro." Repertorio
Americano, XI, 6, October 12, 1925. Page 94. "Cuentos
de Navidad." Repertorio Americano XI, 15, December 21,
1925. Pages 232-233. "Huellas de imagenes."
Repertorio Americano, XII, 5, February 1, 1926.
Page 67. "La tristeza de Nausicana." Repertorio
Americano, XII, 9, May 1, 1926. "Bananas y hombres."
Repertorio Americano, XXII, 1931.
"Estefanía." Page 320. "Niños." Page 347. "Nochebuena."
Page 338. "Ramona, la mujer de la brasa." "Río arriba."
Page 362. The preceding five short stories are
included in: Escritores de Costa Rica. San Jose:
Lehmann, 1942. 876 Pages. "El amigo del tío Antolino."
Brecha, II, 10, June 1958. Pages 10-11.
The Tales of my Aunt Panchita. In The Golden Land:
"An Anthology of Latin American Folklore": New York:
A. A. Knopf, 1961. Edited by Harriet de Onis. Pages
317-395. Obras completas de María Isabel Carvajal
"Carmen Lyra." San José: Editorial Patria, 1972. One
volume. Las fantasías de Juan Silvestre. Unpublished.

675. Castro Argüello, Alicia

"Asomada a mi ventana." Repertorio Americano, XXXI, 11, February 13, 1936. Pages 174-175. "Dos cuadros." Repertorio Americano, XXXI, 15, March 26, 1936. Page 229. "Motivos breves." Repertorio Americano, XXXII, 3, July 18, 1936. Page 36. "El reparto de las criaturas." Repertorio Americano, XXXII, 3, July 18, 1936. Page 36. "Una mañana no volvió más." Repertorio Americano, XXXIII, 4, January 23, 1937. Page 58.

676. Castro de Jiménez, Auristela

Cantos. San José: Imp. Universal, 1928. 117 pages.

677. Castro Monge, María Antonieta

"Fantasía." Brecha, III, 12, August, 1951. Page 13.

678. Chévez Matarrita, Leyla

"Con los brazos en cruz y cara al cielo." Además, 29, December 28, 1952. Sunday supplement of La República.

679. Chey Apuy, Hilda

"El sueño de Han-Hin." Repertorio Americano, XXXVIII, 10, June 14, 1941. "Ejercicios: Los inconformes; Sueño de sueños." Repertorio Americano, XXXVIII, 19, October 25, 1941. Page 304. "El entierro de los sueños." Repertorio Americano, XLII, 25, February 22, 1947. Page 389. "Sueño de sueños." Repertorio Americano, XLIII, 15, January 17, 1948. Page 239.

680. Cira

See Salazar de Robles, Caridad.

681. Clara, Diana

See Amador, María Ester

682. Dengo de Vargas, María Eugenia

Roberto Brenes Mesén. San José: Departamento de Publicaciones del Ministerio de Cultura, Juventud y Deportes, 1974. 437 pages.

683. Dobles Yzaguirre, Julieta (1943-   )

Reloj de siempre. San José: Ediciones Líneas Vivas, 1965.
El peso vivo. San José: Editorial Costa Rica, 1968. 62
pages. El peso vivo. San José: Editorial Costa Rica,
1976. 2nd Edition. 65 pages. Los pasos terrestres.
San José: Editorial Costa Rica, 1976. 75 pages.

684. Escalante, María (19th century)

685. Fait, Anny

En el valle. San José: Imp. Trejos, 1927. Prologue
by Ricardo Fernández Guardia. 96 pages.

686-. Feo, Berta María

Pavesas. San José: Imp. Falcó y Borrasé, 1922. Short
stories. Pavesas. Cartago: Escuela Auxiliadora,
1927. Prologue by Napoleón Quesada.

687. Fernández de Gil, Zeneida

Retorno. San José: Imp. Trejos, 1954. 208 pages.
Despertar. Madrid: Ediciones Iberoamericanas, 1969.
Prologue by Francisco Herrera Mora and Enrique
Macaya Lahmann. 222 pages.

688. Fernández Matheu de Montagné, Aída

El teatro de los niños. San José: Imp. Universal, 1939.
110 pages. Obra Poética de Rogelio Sotela Bonilla.
San Jose: 1965. 266 pages.

689. Fernández de Tinoco, María (1877-   )
pseudonym: Apaikán

Novelas. San José: Imp. Alsina, 1909. 146 pages.
Contains Zulay y Yontá. Zulay(i) y Yontá. San Jose:
Imp. Nacional, 1945. 217 pages. Prologue by Joaquín
García Monge. Novelettes. "El indio Prudencio."
Repertorio Americano, XLII, 27, April 24, 1947.
Pages 431-432.

690. Ferraz V. de Salazar, Juana

El espíritu del río. San José: Imp. Moderna, 1912.
548 pages.

691. Fiori, Alma

Nómada. San Jose: Ediciones del Repertorio Americano, 1936. 68 pages.

692. Fletis de Ramírez, Albertina

En el mundo de los niños. San José: Imp. Española, 1944. 89 pages.

693. Francis, Myriam

"Xari." Repertorio Americano, ILI, 17, March 10, 1945. Page 263. "Cuando florezcan las magnolias." Repertorio Americano, XLII, 3, August 18, 1945. Page 36. "El regalo de Navidad." Repertorio Americano, XLII, 9, December 29, 1945. Page 135. "La luz de sus ojos." Repertorio Americano, XLII, 9, June 29, 1946. Page 254. "Sólo unos minutos..." Repertorio Americano, XLIII, 8, October 4, 1947. Pages 125-126. "¡Hija mía!" Repertorio Americano, XLIII, 18, March 27, 1948. Page 286. "La posdata." Repertorio Americano, XLV, 23, December 1, 1949. Page 365. Xari: Cuentos de amor y de olvido. San Jose: Imp. Nacional, 1949. "En el umbral." Brecha, I, 12, August, 1957. Pages 28-29. Junto al ensueño. San José. 137 Pages. Poetry.

694. Gamboa, Emma

Poetry: Versos para niños. Illus. Juan Manuel Sánchez. San José: Imp. Lehmann, 1941. 85 pages. El sombrero aventurero de la niña Rosa Flor. San José: Casa Gráfica, 1969. 47 pages. Instante de la rosa. San José: Editorial Costa Rica, 1973. 110 pages. Prologue by Alberto Velazquez.

695. Garnier, Leonor

Essay: Antología femenina del ensayo costarricense. San José: Ministerio de Cultura, Juventud y Deportes, 1976. 442 pages.

696. Garrón de Doryan, Victoria

Casteldefels. San José: Imp. Española, 1941. 36 pages. Prologue by Roberto Brenes Mesén. Novelette. El aire, el agua y el árbol. San Jose: Editorial Costa Rica, 1962. Illustrated Manuel de la Cruz González. Prologue by Issac Felipe Azofeifa. 131 pages.

Joquín García Monge. San José: Departamento de
Publicaciones del Ministerio de Cultura, Juventud y
Deportes, 1971. 166 pages. Para que exista la llama.
San Jose: Imp. Lehmann, 1971. 106 pages.

697. Gómez, Isola

Colmena. San José: Imp. Trejos, 1938. 218 pages.
Colmena. San José: Imp. Trejos, 1940. 2nd Edition.
91 pages. Verde claro. San José: Imp. Trejos, 1938.
241 pages. Verde claro. San José: Imp. Trejos, 1940.
2nd Edition. 113 pages.

698. González, Luisa

Aras del suelo. 1970. Prologue by Adolfo Herrera
García. Aras del suelo. San José: Editorial Costa
Rica, 1972. 2nd Edition. 127 pages. Prologue by
Adolfo García. Aras del suelo. San José: Editorial
Costa Rica, 1974. 3rd Edition. 173 pages. Prologue
by Adolfo García. Carmen Lyra. San José: Departamento
de Publicaciones del Ministerio de Cultura, Juventud y
Deportes, 1972. 173 pages. Written in collaboration
with Carlos Luis Saénz.

699. González, Virginia

Juguemos en la ronda. San José: Imp. Atenea, 1955.
182 pages.

700. González Herrera, Edelmira (1914-1966)

Novel: Alma llanera. San José: Departamento de
Publicaciones de la Universidad de Costa Rica, 1946.
253 pages. Alma llanera. San José: Editorial Aurora
Social, 1968. 2nd Edition. 253 pages.
"Los granitos de café democrático y los granitos de
café totalitario." Repertorio Americano, ILIII, 5,
August 30, 1947. Pages 77-78. Mansión de mis amores.
San José: Editorial Costa Rica, 1973. 212 pages.
En gris mayor.

701. González Revilla de Clare, María Enriqueta

3 (i.e. tres) de 2 a 4. San José: Imp. Lehmann, 1971.
154 pages.

702. González de Tinoco, María del Socorro

Novel: Aparta de tus ojos. San José: Imp. Trejos,
1947. 410 pages.

703. González Trejos, Marta Eugenia

     Poetry: Los mares bajaron el aire y la sal se hizo
     dientes. San José: Imp. Vargars, 1964. 35 pages.

704. Grüter, Virginia (1929-   )

     Short Story: "Fantasías mudas alrededor del teatro."
     La República, September 25, 1960. Page 12.
     Poetry: Dame la mano. San José: 1954. 56 pages
     Illustrated by Francisco Amighetti. Poemas en prosa.
     San José: Colección Oro y Barro, 1957. Poesía de
     este mundo. San José: Editorial Costa Rica, 1973. 99
     pages.

705. Guardia, Lilly

     Contraste. San José: Publicaciones de la Universidad
     de Costa Rica, 1974. 36 pages.

706. Guevara Padilla, Mireya

     "La espera." Además, 44, April 11, 1953. Sunday
     supplement of La República.

707. Guiomar

     See Ramos, Lilia.

708. Hernández, María de

     Miscelánea costarricense. San José: Imp. Lehmann,
     1921.

709. Herzfeld, Anita y Cajao Salas, Teresa

     El teatro de hoy en Costa Rica: Perspectiva crítica y
     antología. San José: Editorial Costa Rica, 1973.
     268 pages.

710. Istaru, Ana

     Palabra nueva. 1975.

711. de Jiménez, Auristela (1885?-   )

     Cantos. San José: Imp. Universal, 1928.

712. Jiménez, Mayra

     Los trabajos del sol. San José: s.p.i., 1961.
     Los trabajos del sol. Caracas: s.p.i., 1966.

715. Poetry: Tierra adentro. 1965. El libro de Votumnia.
    Caracas: s.p.i., 1969. A propósito del padre.
    Caracas: Ediciones el Ojo del Camello, 1975. 34 pages.

713. Kochen, Olga

    Sol en la pena. San José: s.p.i., 1947. 71 pages

714. Noguera, María Leal de

    Short Stories: Cuentos viejos. San José: Imp. Alsina,
    1923. 127 pages. Cuentos viejos. San José: Imp. Trejos,
    1938. 198 pages. 2nd edition. Illustrated by Francisco
    Amighetti. Cuentos viejos. San José: Imp. Lehmann,
    1952. 227 pages. 3rd edition. Illustrated by Francisco
    Amighetti. Prologue by Joaquín García Monge and Emma
    Gamboa. Cuentos viejos. San José: Imp. Lehmann, 1963.
    178 pages. 4th edition. Illustrated by Francisco
    Amighetti. Prologue by Joaquín García Monge and Emma
    Gamboa. Cuentos viejos. San José: Editorial Costa
    Rica, 1976. 168 pages. 5th edition. Prologue by
    Joaquín García Monge and Emma Gamboa. "Las recetas."
    Repertorio Americano, XXXVII, 21, October 5, 1940.
    Page 327. "Cuando viene la lluvia." Repertorio Americano,
    XLII, 4, September 15, 1945. Page 60. "Pejecito, Peje
    Sapo. Repertorio Americano, XLIII, 3, July 26, 1947.
    Pages 49-51. "Bienvenido." Repertorio Americano,
    XLV, 17, August 20, 1949. Pages 267-268. "El indio y
    el español." Repertorio Americano, XLVII, 8, July 15,
    1951. Page 125. De la vida en la costa. San José:
    Imp. Lehmann, 1959. 137 pages. Prologue by Joaquín
    García Monge.

715. Lyra, Carmen

    See Carvajal, María Isabel.

716. Milanés, Blanca

    See Brenes Argüello, Carlota

717. Montagne de Sotela, Amalia

    "Cuartillas." Repertorio Americano, XLVII, 23, November
    15, 1952. Page 358. Páginas. San José: Imp. Lehmann,
    1972. 243 pages. Prologue by Rogelio Sotela M.

718. Montejo, Yiya

    "El gigante." Brecha, I, November 3, 1956. Page 6.

719. Mora, Carmen

Río abierto. San José: Imp. Elena, 1969. 132 pages.
Illustrated by Juan Manuel Sánchez. El fruto completo.
San José: Ediciones Líneas Vivas, 1974. Prologue by
Issac Felipe Azofeifa.

720. Moreno Ulloa, Graciela

"La misión." Repertorio Americano, XLVI, 1, January 1,
1950. Pages 8 and 13.

721. Muñoz, Rosalía

Alma. San José: Imp. Nacional, 1942. 117 pages.
Sacrilegio. San José: Imp. Borrasé, 1944. 397 pages.
Prologue by Moisés Vincenzi. Brevario de emociones.
San José: Talleres Gráficos de la Nación, 1949. 129
pages. Poetry. Floración de pecado. San José: 1951.
208 pages. Corazón de cristal. San José: Imp. Borrasé,
1956. 85 pages. Prologue by Víctor Guardia Quirós.

722. Naranjo, Carmen

Novels: América. San José: 1961. Los perros no
ladraron. San José: Editorial Costa Rica, 1966(5).
457 pages. Los perros no ladraron. San José: Editorial
Costa Rica, 1974. 208 pages. 2nd edition. Camino al
mediodía. San José: Imp. Lehmann, 1968. 69 pages.
Memorias de un hombre palabra. San José: Editorial
Costa Rica, 1968. 172 pages. Responso por el niño
Juan Manuel. San José: Ediciones Conciencia Nueva,
1971. 192 pages. Diario de una multitud. San José:
EDUCA, 1974. 297 pages. Poetry: Canción de la
ternura. San José: s.p.i., 1964. 34 pages. Prologue
by Alfredo Cardona Peña, Ana Teresa Odio de André and
José Basileo Acuña. Misa a oscuras. San José: Editorial
Costa Rica, 1967. 51 pages. Idioma del invierno.
Short Stories: Hoy es un largo día. San José: Editorial
Costa Rica, 1974. 123 pages. Hacia tu isla. San José:
Graphic Arts, 1966. 37 pages.

723. Obregón de Dengo, María Teresa

"Los zapatos maravillosos." Brecha, I, December 4, 1956.
Pages 9-10.

724. Odio, Eunice (1922-1974)

Los elementos terrestres. Guatemala: Editorial B.
Costa Amic, 1948. 61 pages.

725. Oreamuno, Yolando (1916-1956)

De ahora en adelante.
Novels: La ruta de su evasión. Guatemala: Editorial
del Ministerio de Educación Pública, 1949. 317 pages.
La ruta de su evasión. San José: EDUCA, 1970. 362
pages. 2nd edition. Tierra firme. Unpublished.
Short Stories: "La lagartija de la panza blanca."
Repertorio Americano, XXXII, 24, December 26, 1936.
Page 373. (Also published in Brecha, I, 1, September,
1956. Pages 2-3.) "Misa de ocho." Repertorio Americano
XXXIII, 5, February 6, 1937. Pages 66-67. "Vela
urbana." Repertorio Americano, XXX, 9, March 6, 1937.
Pages 136-137 and 141. "Insomnio." Repertorio Americano,
XXX, 12, March 27, 1937. Pages 187, 191. (Also published
in Brecha, V, 8, April 1961, pages 24-25.) "Pasajeros
al norte." Repertorio Americano, LVI, 12, November 25,
1944. Pages 182-183. "Valle Alto." Repertorio
Americano, XLII, 14, April 27, 1946. Pages 216-218.
(Also published in Brecha, III, 4, December 1958,
pages 10-13, 16.) "Un regalo." Repertorio Americano,
XLIV, 2, July 20, 1948. Pages 20-23.
A lo largo del corto camino. San José: Editorial Costa
Rica, 1961. 376 Pages. Prologue by Lilia Ramos.

726. de Orozco Castro, Conchita

Essayist.

727. Ortega Vincenzi, Dina

Poetry: Lluvia de enero. San José: Imp. Borrasé, 1971.
58 pages.

728. Pacheco, Leonidas

"Un recuerdo del colegio." In Libro de los pobres.
San José: Alsina, 1908. Edited by Guillermo Vargas
and Rafael Villegas.

729. Penón de Abad, María

Arpa en el viento. San José: Editorial Costa Rica,
1967. 67 pages.

730. Pinto, Julieta

Cuentos de la tierra. San José: Editorial L'Atelier,
1963. 154 pages. Illustrated by Francisco Amighetti.
Cuentos de la tierra. San José: Editorial Costa Rica,
1976. 110 pages. Si se oyera el silencio. San José:
Editorial Costa Rica, 1967. 95 pages.

La estación que sigue al verano. San José: Imp.
Lehman, 1969. 146 pages. Los marginados. San José:
Editorial Conciencia Nueva, 1970. 131 pages.
Illustrated by Juan Manuel Sánchez. A la vuelta de la
esquina. San José: Editorial Conciencia Nueva, 1975.
121 pages.

731. Ramos, Lilia
       Pseudonym: Guiomar

       "Cuadritos: Libertinaje; Inercia; Honradez; Respeto;
       Sacrificio; Maternidad; Cuento tico." Repertorio
       Americano, XXXIV, 10, September 11, 1937. Pages 175-176.
       "Cuadritos: Criterio; Caridad; Liberales; Jarana; Cuento
       tico." Repertorio Americano, XXXIV, 22, December 7, 1937.
       Page 351. "Cuadritos: Voz de sirvienta; Esclavitud;
       Sólido argumento--Cuento." Repertorio Americano, XXXVI,
       12, March 25, 1939. Page 180. "Cuadritos: Variaciones
       sobre un mismo tema; Desapercibido." Repertorio
       Americano, XXXVII, 6, March 16, 1940. Page 84.
       "Cantaré con el viento, como las arpas eolias."
       Repertorio Americano, XXXVIII, 13, August 9, 1941.
       Page 194. Diez cuentos para ti. San José: Imp. Trejos,
       1942. 35 pages. "Suicidio." Caracas: Revista Nacional
       de Cultura, 36, January 1943. ¿Que hace usted con sus
       amarguras? San José: Editorial La Nación, 1947. ¿Que
       hace usted con sus amarguras? Madrid: Editorial
       Aguilar, 1957. Cabezas de mis niños. San José:
       Editorial La Nación, 1950. 90 pages. Cuentos de
       Nausicaa. San José: Imp. Atenea, 1952. 50 pages.
       Cuentos de Nausicaa. San José: Imprenta Nacional,
       1959. Si su hijito.... San José: Imp. Nacional,
       1952. "De la vida cotidiana." Brecha, IV, 3,
       November 1959. Page 13. "Cabe el silencio de los
       ataúdes." Brecha, V, 6, February 1961. Pages 4-5.
       "Ta...Ta..." Brecha, V, 12, August 1961. Pages 6-8.
       Luz y bambalinas. San José: 1961. El santo enamorado
       de los humildes. San José: Ministerio de Educación
       Pública, 1961. Donde renace la esperanza. San José:
       Imp. Metropolitana, 1963. 190 pages.
       Lumbre en el hogar. San José: Editorial Costa Rica,
       1963. La voz enternecida. San José: Departamento de
       Extensión Cultural del Ministerio de Educación Pública,
       1963. 319 pages. Anthology. Ramos, Lilia, compilador:
       Júbilo y pena del recuerdo. San José: Editorial Costa
       Rica, 1965. 439 pages. Almófar, hidalgo y aventurero.
       San José: Editorial Costa Rica, 1966. 94 pages.
       Illustrated by Juan Manuel. Prologue by Julián Marchena.

Mensaje en claridad inefable. San José: Imp. Lehmann, 1969. 19 pages. Illustrated by Juan Manuel.

732. Rodríguez López, Corina

De la entraña. San José: Imp. Lehmann, 1928. 39 pages. "Para eso estoy yo aquí." Repertorio Americano, XXX, 23, June 15, 1935. Pages 356-357. "Mitsuko." Repertorio Americano, XLII, 8, December 22, 1945. Pages 122-123. "Añoranza." Repertorio Americano, XLII, 22, November 30, 1946. Pages 347-348.

733. Salazar de Robles, Caridad
Pseudonym: Cira

Celajes de oro, cuentos morales para señoritas. San José: Imp. María V. de Lines, 1921. 185 pages. 2nd edition. Corrected and enlarged. Un Robinson tico: Aventuras de un estudiante cartaginés. San José: Imp. María V. de Lines, 1927. 220 pages. Un Robinson tico: Aventuras de un estudiante cartaginés. San José: Imp. Falcó, 1937. 2nd edition.

734. Santos, Ninta

Amor quiere que muera. Mexico: s.p.i., 1949.

735. Solano Castillo, Thelma

"La burra, o el último día de fiestas en Santa Cruz." Repertorio Americano, XLIII, 5, August 30, 1947. Page 83. Dramatizaciones y concherías. San José: 1957. 46 pages. Prologue by J. García Monge.

736. Soley, Leonor

Líneas hacia la soledad. San José: 1970. 101 pages.

737. Sotela, Marimalia

Ciudad de Cáñamo. San José: 1974. 81 pages. Prologue by Carlos de la Ossa.

738. Sotela, Olga

Algo de la vida. San José: Imp. Universal, 1968. 79 pages.

739. Troyo de Jurado, Maruja

"La Berta." Brecha, VI, 4, December, 1961.

740. Ulloa de Fernández, María del Rosario

Children's Theater: Dramatizaciones infantiles.
San José: Imp. Nacional, 1925. Dramatizaciones infantiles.
San José: Editorial Costa Rica, 1975. 184 pages.
Selection by Ana Francisca Fernández. Prologue by
Carlos Luis Sáenz. Nuevas dramatizaciones infantiles.
San José: Imp. Universal, 1928. 150 pages.
Teatro infantil moderno. San José: Imp. Universal,
1933. 116 pages.

741. Urbano, Victoria E. (20th century)

"Tres mujeres y la luna." Repertorio Americano, XLVII,
2, January 15, 1951. Page 29. "Agustina." Repertorio
Americano, XLVII, 10, September 1, 1951. Page 159.
Marfil. Mexico: Ediciones Botas, 1951. 162 pages.
Short stories and poetry. La niña de los caracoles.
Madrid: Gráficas Madrid, 1961. 124 pages. Platero
y tú. Madrid: Gráficas Uguina, 1962. 95 pages.
Una escritora costarricense: Yolanda Oreamundo;
ensayo crítico. Madrid: 1968. 246 pages. Y era
otra vez hoy y otros cuentos. 1969. Short stories.
Los nueve círculos. Madrid: Ediciones Castilla del
Oro, 1970. 43 pages. La hija de Charles Green.
Theater. Agar, la exclava. Theater.

742. Vallbona, Rima de (1931-   )

Noche en vela. San José: Editorial Costa Rica, 1967.
239 pages. Novel. Polvo del camino. San José: Autores
Unidos, 1971. 129 pages. Short stories.
Yolanda Oreamundo. San José: Departamento de Publicaciones
del Ministerio de Cultura, Juventud y Deportes, 1972.
159 pages.

743. Vargas de Muñoz, Nora

Preludios. San José: Imp. María V. de Lines, 1918.
30 pages. En la selva de Pan. San José: Imp. María
V. de Lines, 1920. 138 pages. El viento murmulla y
canta. San José: Imp. Lehmann, 1971. 97 pages.
Prologue by Carlos Luis Sáenz E.

744. Vidal, Joan

Chaím; o, La resolución. San José: 1960.

745. Yamuni, Vera

"Más inteligente que su amo." Repertorio Americano,
XXXVI, 3, November 12, 1938. Pages 39, 42.
"Cuentos breves: La avaricia castiga; Ordenes son
órdenes; Confesión de amor; Tenía que suceder."
Repertorio Americano, XXXVI, 6, December 31, 1938.
Pages 94-95. "Historias breves: El talismán de la
buena suerte; ¡Temed al toreador!; Valentía; La duda
vuelve seguridad." Repertorio Americano, XXXVI, 10,
February 25, 1939. Pages 156-157. "Historias breves:
Memorización interrumpida; ¿Tocino ochicharrón?; Mi
viaje al volcán Poás; El amor es ciego; Un loco que
juzga." Repertorio Americano, XXXVI, 13, April 22,
1939. Pages 202-203. "Historias breves: Mastique
usted chiclets; A Juan le costó más caro; ¡Viva Cristo
Rey!; El viento explica; El artículo más interesante."
Repertorio Americano, XXXVI, 18, August 26, 1939.
Page 277. "Historias breves: Compasión del
compadecido; Problema resuelto; ¡Pobres los tontos!"
Repertorio Americano XXXVI, 23, December 2, 1939.
Page 366. "Historias breves: Cambio; Problema
matrimonial; El limpiabotas y su cliente." Repertorio
Americano, XXXVIII, 11, June 28, 1941. Page 165.
"Prosa humorística: Dos hombres; Dos mujeres; Un niño."
Repertorio Americano, XXXIX, 18, September 12, 1942.
Page 283. "Cuentos breves: Mal vivir; Tradición."
Repertorio Americano, XL, 6, March 13, 1943. Page 71.
"Historias breves: ¿Y que quiere que yo haga?; Arabe."
Repertorio Americano, XL, 9, May 29, 1943. Page 135.

746. Zamona Chaverri, Lilia

Rimas y rondas. San José: ANDE, 1975. 20 pages.
Prologue by Gamaliel Cabezas Alpizar.

747. Zavaleta, Margarita

"Lorenza." Además, 30, January 4, 1953. Sunday
supplement of the Republic.

748. Zeledón de Jiménez, Celina

Los juguetes. San José: Editorial Costa Rica, 1972.
58 pages.

CUBA

749. Abdo, Ada

Mateo y las sirenas. 1964. Short stories.

750. Adenaida

See Rull, Adenaida.

751. Aguirre, Mirta (1912-   )

Influencia de la mujer en Iberoamérica.
Juegos y otros poemas.
Ofrenda lírica de Cuba a la Unión Soviética.
Presencia interior. 1938.

752. de Alba, Carlos Enrique

See Céspedes de Escanaverino, Ursula.

753. Alonso, Dora (1910-   )

Novels: Tierra adentro. 1944. Tierra inerme.
La Habana: Casa de las Américas, 1961.
Short stories: Algodón de azúcar. Las aventuras de
Guille. Children's stories. Humildad. Once caballos.
1970. Ponolani. 1966. La rata.
Theater: La hora de estar ciegos. 1957. La casa de
los sueños. 1959.

754. Alvarez, Consuelo

La ciudad de los muertos. Hombre--dioses. Sara. Novel.

755. Amador Martz, Ana María

Novel: Alma hueca. 1960.

756. Antuña, Rosario (1935-   )

757. Armentero, Emma

Guamá. 1964.

758. Barros, Silvia (1939-   )

Teatro infantil. Veintisiete pulgadas de vacío. Poetry.

759. Bernal y Agüero, Emilia (1885(4)-   )

Poetry: Alma errante. 1916. América. ¡Como los
pájaros! 1922. Exaltación. Los nuevos motivos. 1925.
Vida. 1925.
Prose: Layka froyka. 1925. Novel. Mayorca. Prose
and verse.
Contributes to many newspapers and magazines.

760. Betancourt de Betancourt, Isabel Esperanza (1868-   )

Demasiado bella. Theater.
Poesías.

761. Borrero, Juana (1877-1896)

Grupo de familia. 1895. Included in this anthology.
Rimas. 1895.

762. Borrero de Luján, Dulce María (1883-1945)

Poetry: "A la bandera cubana." Como las águilas.
Horas de mi vida. Berlin: 1912.
Lectures: "La fiesta internacional de la mujer."
"El magisterio y el porvenir de Cuba."

763. Bravo Adams, Caridad (1907-   )

Flor salvaje. 1960.

764. Brenes, María

Diez cuentos para un libro. 1964.

765. Cabrera, Lydia (1900-   )

Anaforuana. Anagó. Lucumí vocabulary. Ayapá:
Cuentos de Jicotea. Miami: Ediciones Universal, 1971.
Cuentos negros de Cuba. 1940. La laguna sagrada de
San Joaquín. El monte, igbo finda ewe orisha
vititinfinda. Notes from the Black Creoles and from
the countryside. Otán iyebiyé: Las piedras preciosas.
Por qué.... 1948. Refranes de negros viejos. La
sociedad secreta Abakúa. Yemaya y Ochún.

766. Caínas Ronzoa, Angeles

Poetry: Elegía en azul. Concepción, Chile: Antorcha de Chile, 1966. Agonías. Bilbao, Expaña: Alrededor de la Mesa, 1967.

767. Campos, Julieta (1932-   )

Muerta por agua. México: Fondo de Cultura Económica, 1965. Celina y los gatos. 1968. Tiene los cabellos rojizos y se llama Labina. México: Editorial Joaquín Mortiz, S.A., 1974. Essays: "La imagen en el espejo." 1965. "Oficio de leer." 1971. "Función de la novela." 1973.

768. Cárdenas de Armas, Fermina de (-1923)
Pseudonym: Dolores y Ena de Rohan

La semana Santa.

769. Castillo de González, Aurelia (1842-1920)

Cuentos de Aurelia. Escritos de Aurelia Castillo de González. 1913. Fábulas. 1879. Trozos guerreros y apoteosis.

770. Céspedes de Escanaverino, Ursula (1832-1874)
Pseudonym: Carlos Enrique de Alba

Poetry: Cantos postreros. 1874. "Despedida a Villa-Clara." Ecos de la selva. 1861. Poesías.

771. Chacón Nardi, Rafaela (1926-   )

Poetry.

772. Cordero, Carmen

Poetry: Agraz. La ciudad sin riberas. Paralelas. Presencia negra.

773. Cortázar, Mercedes

She contributed to La nueva Sangre, April 12, 1968.

774. C(r)uza Malé, Belkis (1942-   )

Poetry: Los alucinados. Cartas a Ana Frank. Juego de damas. 1970. Tiempo de sol. El viento en la pared. 1962.

104 Cuba

775. Díaz Llanillo, Esther (1934-   )
"El castigo." Cuadernos Erre, 1966.

776. Díaz de Rodríguez, Albertina (1895-   )
Mis versos. 1924.

777. Esténez y Valsés de Rodríguez, Sofía (1848-   )
Novels: Alberto el trovador. María.
Poetry: Lágrimas y sonrisas.

778. de Feria, Lina (1943(45)-   )
Poetry: Casa que no existía. 1967.

779. Ferrar, Surama (1923(21)-   )
Ramelia Vargas. 1950. Novel. El girasol enfermo.
1953. Short stories.

780. Flérida
See Machado de Arredondo, Isabel.

781. García Marruz, Fina (Josephina) (1923-   )
Los exterior en la poesía. Las miradas perdidas. 1951.
Orígenes. Transfiguración de Jesús en el monte.
Visitaciones.

782. García Tadurí, Mercedes (1926-   )
Poetry: Ausencia. Madrid: Imprenta "Progreso", 1968.

783. Geada de Pralletti, Rita (1937-   )
Cuando cantan las pisadas. Buenos Aires: Editorial
Americalee, 1967. Desvelado silencio. Mascarada.
Poetry. Poemas escogidos. "Siempre hay un Cristo."
Miami, Florida: Cuadernos Desterrados, No. 6,
February, 1965. Page 15. "Sombras." Miami, Florida:
Cuadernos Desterrados, No. 6, February, 1965. Page 14.
"Soneto póstumo." Miami, Florida: Cuadernos
Desterrados, No. 6, February, 1965. Page 14.
Vertizonte.

784. Gómez de Avellaneda, Gertrudis (1814-1873)
Novels: Sab. 1841. Espatolino. 1844. Guatimozín.
1846. La baronesa de Joux.

Theater: <u>Leoncia</u>. 1840. <u>Alfonso Munio</u>. 1844. <u>El</u>
<u>príncipe de Viana</u>. 1844. <u>Eqilona</u>. 1845. <u>Saúl</u>. 1846.
<u>Flavio Recaredo</u>. 1851. <u>La hija de las flores o todos</u>
<u>están locos</u>. 1852. <u>El donativo del diablo</u>. 1852.
<u>Errores del corazón</u>. 1852. <u>La verdad vence apariencias</u>.
1852. <u>La aventurera</u>. 1853. <u>La hija del rey René</u>.
1855. <u>Oráculos de Talía</u>. 1855. <u>Simpatía y antipatía</u>.
1855. <u>Baltasar</u>. 1858. <u>Tres amores</u>. 1858. <u>El</u>
<u>millonario y la maleta</u>. 1870. <u>Catalina</u>. <u>Dos mujeres</u>.
Poetry: <u>Obras completas</u>. <u>Poesías</u>. 1841. 1869, 2nd
edition. 1871, 3rd edition. Five volumes. <u>El artista</u>
<u>barquero</u>. <u>Autobiografía y cartas</u>. <u>Diario de amor</u>.
"<u>La mujer</u>." <u>La velada del helecho</u>.

785. Gómez Franca, Lourdes (1933-   )

<u>Poemas íntimos</u>. Miami: Cuban Association of Plastic
Arts in Exile, Inc., Acape, 1964.

786. González Vélez, Francis

<u>Remanso</u>. Coral Gables, Florida: La Noticia Printer,
1963.

787. Gutiérrez Kann, Asela (1931-   )

<u>Las pirañas y otros cuentos cubanos</u>. 1972.

788. Hatuey

See del Monte, Hatuey.

789. Hernández, Alina

Poetry: <u>Razón del mar</u>. Miami: Editorial Playor at
Libros Españoles, S.A. 58 pages.

790. Islas, Maya

See Valdivia, Omara.

791. Kruger y Del Busto, Rosa (1845-1881)

She contributed to literary magazines. Her works were
collected in <u>Obras</u> after her death, but only the first
volume was published.

792. Li-An-Su

See Suárez de Fox, Ofelia

793. Llana, María Elena (1936–   )
     La reja. Serie del Dragón, Ediciones R., 1965.

794. Llerena, Edith (1936–   )
     La piel de la memoria. Miami: Editorial Playor at
     Libros Españoles, S.A.

795. Loynaz de Alvarez de Cañas, Dulce María (1903–   )
     Novel: Jardín. 1951.
     Poetry: Versos. 1938. Juegos de agua. 1947. Poemas
     sin nombre. 1955. Un verano en Tenerife.

796. Machado de Arredondo, Isabel (1838–1919)
     Pseudonym: Flérida
     Ecos del bélico.

797. Manresa Lago, Marta Olga
     Novel: Despertar. 1959.

798. Mármol, Adelaida del (1840–1857)
     Ecos de mi arpa.

799. Marrero y Caro, Rosa (–1868)
     Poesías de Rosa Marrero y Caro.

800. Martínez, Angela (1938–   )
     "Memorias de un decapitado." Cuadernos Erre, 1965.

801. Matamoros, Mercedes (1853–1906)
     Pseudonym: Ofelia
     Poetry: Poesías completas. 1892. Sonetos. 1902.

802. del Mazo, Beba
     "Grito de dolor." "Hambre de patria." "Navidad cubana."
     "Sin manto rojo." The preceding poems are included in:
     Poesía en éxodo. Ed. Ana Rosa Núñez. Miami:
     Ediciones Universal, 1970.

803. Medero, Marinés (1937–   )
     Cuentos y anticuentos de Juan Dolcines. 1966. Short
     stories.

804. Meruelo, Vda. de González, Anisia

"Estampa habanera." "Noches de San Juan." "Siesta
cubana." The preceding poems are included in:
Poesía en éxodo. Ed. Ana Rosa Núñez. Miami: Ediciones
Universal, 1970.

805. Milanés, María Luisa (1893-1919)

Poetry.

806. Miranda, Anisia

Becados. 1965.

807. del Monte, Hatuey
Pseudonym: Hatuey

"El paredon." Poesía en éxodo. Ed. Ana Rosa Núñez.
Miami: Ediciones Universal, 1970.

808. Morandeyra, Mary (1905-   )

Novels: Antagonismos. La que fue su otro yo. El
sueño roto.
Poetry: Estremecimientos. Plenilurrios. Poemas de
amor eterno.
Apreciaciones de mujer. Aurora. El hombre a través
del corazón de una mujer. La pureza no está en los
códigos.

809. Morejón, Nancy (1944-   )

Amor, ciudad atribuida. Poetry. Lengua de pájaro.
Mutismos y amor. Parque central. La sagrada familia.
1967. Ricardo trajo su flauta y otros argumentos.

810. Núñez, Ana Rosa (1926-   )

Poetry: "La siesta de la espuma." New York: Exilio,
Spring, 1966. Las siete lunas de enero. Miami: 1967.

811. Núñez, Serafina (1913-   )

Poetry: Isla en el sueño. Mar cautiva.

812. Ofelia

See Matamoros, Mercedes.

813. Olema García, Daura (1937-   )

Maestra voluntaria. Havana: Casa de las Américas, 1962.

814. Oliver Labra, Carilda

815. Oliver Labra, Mercedes (1924-   )

Preludio. 1943. Al sur de mi garganta. 1949. Canto
a la bandera. 1950. Memoria de la fiebre. 1958.
Poemas inéditos. Unpublished.

816. Peláez, Amelia

817. Perera Soto, Hilda (1926-   )

Short stories: Cuentos de Apolo. 1943. Cuentos de
Apolo. 1960. 2nd edition. Cuentos de Adli y Luas.
1960. Novel: Mañana es 26. Havana: Lágaro Hnos.,
1960. El sitio de nadie. 1972.

818. Pérez, Emma

Cuentos cubanos. Havana: Cultural, 1945. Anthology.

819. Pérez Montes de Oca, Luisa (1839(41)-1875)

Poetry: "Aun colibri." Poesías. 1856. Poesías de la
Srta. Doña Luisa Pérez y Montes de Oca.

820. Pérez de Zambrana, Luisa (1837(35)-1922)

Poetry: "A Cuba." Poesías de Luisa Pérez de Zambrana.
Novel: Angélica y Estrella.

821. Pogoloti, Graciela (1932-   )

Examen de conciencia. 1963.

822. Potts, Renee (1908-   )

Theater and film critic.
Poetry: El romancero de la maestrilla. 1936. Fiesta
mayor. 1937.
Short stories: La ventana y el puente. In 1953 she
received an honorable mention from the Premio Nacional
Hernández Catá. Camino de Herradura. In 1955 she
received first prize from the Premio Nacional
Hernández Catá.
Television scripts: Reina de dramante. Adelaida.

Theater: <u>El amor del diablo</u>. 1931. <u>Los umbrales del</u>
<u>arte</u>. 1933. <u>El conquistador</u>. 1934. <u>Buen tiempo de</u>
<u>amor</u>. 1934. <u>Cena de Navidad</u>. 1935. <u>Habrá guerra de</u>
<u>nuevo</u>. 1935. <u>Domingo de Quasimodo</u>. 1952. <u>Camila o</u>
<u>la muñeca de cartón</u>. <u>Una historieta de muñecos</u>. <u>Las</u>
<u>hopalandas</u>. <u>Imagíname infinita</u>.
She contributed to: <u>Diario de la Marina</u>. <u>Ellas</u>.
<u>Grafos</u>. <u>La Mujer</u>. <u>El Mundo</u>. <u>El País</u>. <u>Recortes</u>.

823. del Prado, Pura (1932-   )

"A la Virgen de la Caridad del Cobre: Decimas."
"¡Ay Cuba!" "¿Por qué se van?" The preceding poems
are included in: <u>Poesía en éxodo</u>. Miami: Ediciones
Universal, 1970. Edited by Ana Rosa Núñez. Prologue
by the editor.
"Amo." "Poema del amor ajeno." "Tú serás polvo ciego."
The preceding poems are included in: <u>Las mejores</u>
<u>poesías de amor antillanas</u>. Spain: Editorial Brugera,
S.A., 1971. Edited by Jorge Montagut.

824. Prida, Dolores (1943-   )

<u>Treinta y un poemas</u>. New York: Fancy Press Editors,
Inc., 1967.

825. Ramírez, María Josfa

"Amor Onírico." "Elegía de Cuba." "Llanto por una
isla." The preceding poems are included in:
<u>Poesía en éxodo</u>. Miami: Ediciones Universal, 1970.

826. Rexach de León, Rosaria

<u>Rumbo al punto cierto</u>.

827. Riera, Pepita

<u>El amor que no quisiste</u>. <u>Bajo el hábito</u>. <u>En las</u>
<u>garras del pasado</u>. <u>Tentación</u>. <u>Tu vida y la mía</u>.

828. Rivero, Isel

<u>Tundra: Poema a dos voces</u>. New York: Las Américas
Publishing Co., 1963.

829. Robles, Mireya

<u>Tiempo artesano</u>.

830. Rodríguez, Catalina (1835-1894)

     Poesías.

831. Rodríguez, Clotilde del Carmen

     Enfusiones del alma.

832. Rodríguez Acosta, Ofelia (1906-   )

     Novel: La dama del arcón. Dolientes. Hágase la luz.
     1953. Algunos cuentos de ayer y de hoy. Short stories.
     En la noche del mundo. 1940. La sonata interrumpida.
     1943. La tragedia social de la mujer. El triunfo de
     la débil presa. La vida manda. 1929.

833. Rodríguez Ichaso, Maria Antonia

     "Divagación ante una realidad." Cuadernos Desterrados,
     No. 6, February, 1965. Page 17.

834. Rohan, Dolores y Ena de

     See Cárdenas de Armas, Fermina de

835. Rojas, Teresa María

     Señal en el agua: Poemas (1956-1968). San José,
     Costa Rica: Colección Epoca y Ser. Poetas hispano-
     americanos. 1968.

836. Rull, Adenaida
     Pseudonym: Adenaida

     "Elegía por mi pueblo." Poesía en éxodo. Miami:
     Ediciones Universal, 1970.

837. Sabás Alomá, Mariblanca

     Feminismo.

838. Santa Cruz, María de

     Confidencias. Historias campesinas. Short Story:
     "Un ramo de perlas."

839. Santa María Haydée

     "Carta al Che." Crónicas de Cuba. Buenos Aires:
     Ed. Jorge Alvarez, 1969.

840. Simó, Ana María (1943-   )

Las fábulas. Havana: Ediciones El Puente, 1962.
82 pages.

841. Solís, Cleva

Poetry. She contributed to the journal Vigilias.

842. Suárez de Fox, Ofelia
Pseudonym: Li-An-Su

Patria en lágrimas. Mexico City: Ediciones del
Caribe, 1961.

843. Suárez-Rivero, Eliana (1943-   )

Cuerpos breves. De cal y arena.

844. Tamayo, Evora (1940-   )

Cuentos para abuelas enfermas. Ediciones El Puente,
1964. La vieja y el mar. Serie del Dragón,
Ediciones R., 1965.

845. Tejera, Nivaria (1930-   )

Prose: El barranco. 1959. Originally published in
French (Le rarin, 1958). Sonámbulo del sol.
Barcelona: Seix Barral, 1972.

846. Troncosco, Matilde

Raquel.

847. Valdés Mendoza, Mercedes (1822-1896)

Poesías.

848. Valdivia, Omara (1947-   )
Pseudonym: Maya Islas

Sola, desnuda, sin nombre.

849. Velasco y Cimeros, Isabel (1860?-1916)

Expansiones.

850. Venegas, Caridad G.

"Homenaje a la bandera."

851. Vignier, Marta (1923-   )

"Ven..., calla..." <u>Las mejores poesías de amor</u>
<u>antillanas</u>. Spain: Editorial Brugera, S.A., 1971.
Edited by Jorge Montegut.

852. Villar Buceta, Aurora (1907-   )

Has published in newspapers and magazines.

853. Villar Buceta, María (1899-   )

Poetry. Her work first appeared in the magazine
<u>Cuba Contemporáneo</u> in 1922.
<u>Unanimismo</u>. 1927.

854. Xenes y Duarte, A. Nieves (1859-1915)

<u>Poesías</u>. 1915.

855. Ymayo, Laura (1954-   )

Poetry: <u>Mujer Martes</u>. Miami: Editorial Playor at
Libros Españoles, S.A.

856. Zaldívar, Gladys

<u>El visitante</u>. Poetry.

857. Zambrano, María

<u>La Cuba secreta</u>.

858. Zell, Rosa Hilda (1910-   )

Prose.

859. Aguiar, Mercedes Laura (1872-1958)

    Literary essays: "Meseniana." Written in memory of
    Salomé Ureña. "Rasgos de la vida de Luisa Ozema
    Pellerano." Presented at the first Dominican Congress
    of Women in 1942. She represented the Distrito
    Nacional. She worked for the Society of Women and for
    the Friends of Childhood. In 1950 she was elected
    Woman of America by the National Council of Women.

860. Alejandra, Mayda

    Poetry: Botones de mi huerto. Editora Cultural Domin-
    icana, 1974.

861. Alfau Galván, Jesusa (1895-   )

    Novels: Los débiles. Teletusa.

862. Amechazurra Viuda Pellerano, Isabel (1867- ?)

    "Poesías." In Parnaso Dominicano. La Celona, 1915.
    Dramatic essay: "Por la senda florida."

863. Anaconda (? -1502)
    pseudonym: Flor de Oro

    Poet. She danced and sang "areítos." She was multi-
    lingual. Cacica de Jaragua (Xaraguá). She was ex-
    ecuted on the gallows in 1502 by the order of the
    Comendador Nicolás de Ovando.

864. Andino, Rosa M.

    Humilde ramillete de flores místicas en honor de Jesús
    y María. Santiago: Imprenta L.H. Cruz, 1929.

865. Aybar, Delia

    Director and editor of the weekly literary publication
    El Aura de Monte Cristi in 1909.

866.   Aybar, Manuela
        See Rodríguez, Manuela.

867.   Barinas, Irma
        Libro de lecturas. Editorial Atenas, 1958.

868.   Baron Vda. Sánchez, Angela
        Poemas de amor sin nombre. Editora Arte y Cine, 1967.

869.   Benítez de Valera, Concha
        Poetry: "Mi pena." "Ruego." "Tu retrato." In De
        nuestras mejores poetisas. 1928. Edited by Rafael
        Emilio Sanabia. Volume II, first edition.

870.   Bermúdez, Lourdes
        "Perfumes." In De nuestras mejores poetisas. 1928.
        Edited by Rafael Emilio Sanabia. Volume II, first
        edition. Anthology.

871.   Bobadilla D'Esposito, Dolores
        Poetry: Paciencia y fe. Biography: Pilar Constanzo:
        Una maestra ejemplar. Editora El Caribe, 1964.

872.   Botello, Dora
        Breves datos biográficos de la distinguida maestra
        Señorita Matilde Mercedes Alfaro Pilier. Imprenta R
        Romana, 1943.

873.   Burgos, Altagracia Ludovina
        Poetry: Los consejos de Doña Rosa. Editorial Montalvo,
        1955.

874.   Caballo, Ana
        "Paz." In De nuestras mejores poetisas. 1928. Edited
        by Rafael Emilio Sanabia. Volume II.

875.   Caminero, Fabiola
        El cuadro de Nuestra Señora de la Altagracia en Higuey.
        1949. El templo y sus reliquias. Editora Montalvo,
        1949.

876. Canaan, Euridice

Prose: <u>Los depravados</u>. Imprenta El Caribe, 1964.
Poetry: <u>Poesías</u>. Imprenta Dominicana, 1959.

877. Carmen Natalia

See Martinez Bonilla, Carmen Natalie

878. Cartagena Pérez, Helvia

<u>Miscelanea</u>. Imprenta ABC, 1944.

879. Cartagena Portalatín, Aída (1918-   )

Novel: <u>Escalera para electra</u>. Ediciones UASD, 1970.
Poetry: <u>Vísperas del sueño</u>. Ediciones La Poesía Sorprendida, 1944. <u>Del sueño al mundo, llámale Verde</u>.
Ediciones La Poesía Sorprendida, 1965.
Other works: <u>Mi mundo el mar</u>. Colección La Isla
Necesaria, 1953. <u>Una mujer está sola</u>. Colección La
Isla Necesaria, 1953. <u>José Vela Zanetti</u>. Colección
La Isla Necesaria, 1954. Monograph on art. <u>La Tierra
Escrita</u>. Brigadas Dominicanas, 1967.
Poet, writer, and journalist. Professor on the Facultad de Humanidades at the Universidad Autónoma de
Domingo. In 1935, she founded the general interest
weekly <u>Ecos</u>.

880. Castellanos, Colombina de (20th century)

<u>Vibraciones de un alma</u>. Poetry: "Inquietud prenatal."

881. Ciano, Paulina

<u>Cristobal Colón en Santo Domingo</u>. Imprenta Montalvo,
1918.

882. Coiscou Guzman (Grey), Altagracia

<u>Raíces</u>. Editora Arte y Cine, 1959.
Medical doctor.

883. Constanzo Hernández, Pilar (1891-   )

"Canto a Quisqueya." 1920. During the North American
intervention. She accompanied Abigaíl Mejía in the
Acción Femenista Dominicana. She wrote the words for
the movement's hymn and for "Himno a Duarte."

884.   Contreras, Hilma (1913–   )

Short stories: <u>Cuatro cuentos</u>. Editora Stella, 1953.
<u>El ojo de Dios</u>. Clandestine short stories.
She contributes to periodicals and other literary or-
gans of the country.

885.   Cordero Infante, Eulalia

<u>La cocina dominicana</u>. Santiago de los Caballeros:
Imprenta El Diario, 1890.

886.   Cruz, Rosa
See Sánchez, Socorro del Rosaria

887.   La Deana
See Rodríguez, Manuela

888.   Delgado de Pantaleón, Melida (? –1967)

<u>La criolla</u>. Imprenta ABC, 1930.

889.   Diaz, Bertha

<u>De mis luces interiores</u>. Editora Taller, 1973.

890.   Diaz de Stern, María

<u>Mi pucha cibaeña</u>. Ediciones Amigos del Hogar, 1973.

891.   Diaz de Ureña, Gregoria (1819–1904)

Poet.

892.   Duarte y Diez, Rosa (1819–1888)

<u>Apuntes para la historia de Santo Domingo</u>. Published
around the year 1876.

893.   Echavarria, Luz

<u>Voces perdidas</u>. Editorial Stella, 1947.

894.   Echavarría y Vilaseca, Encarnación (1821–1891)

Poet.

895.   Espaillat de Ventura, Eva María

<u>Primavera de estíos</u>. Editora El Caribe, 1951.
<u>El romancero de Trujillo</u>. Imprenta Dominicana, 1951.

896.   Felix, Carmela

Brotes del alma. Editora Cambier, 1937.

897.   Felix de L'Offial, Milady

Sor Juana Ines de la Cruz. Editora Montalvo, 1953.
Writer of short stories. Feminist. President of the
Comisión Permanente de Justicia.

898.   Fernández, Adelaida

Administrator of the magazine La Escuela de Santiago,
the pedagogical, scientific, and literary organ of the
society "El Normalismo." 1908.

899.   de Fernández, Angélica M.

Administrated the periodical El Magisterio in Santiago
in 1909.

900.   Fiallo, Beatriz

En tono violeta. Editorial Pol Hnos., 1945.

901.   Flor de Oro

See Anaconda

902.   Franeasci, Amelia

See Marchena de Leyba, Amelia Francisca

903.   Frias de Montalvo, Thelma

Poetry: Inquietudes. Editora Montalvo, 1950.

904.   García de Nolasco, Flérida (1891-   )

De la música española. 1939. La música en Santo Do-
mingo y otros ensayos. Editora Montalvo, 1939.
Cuadros del evangelio. Santiago: Ed. El Diario, 1946.
La poesía folklórica en Santo Domingo. Santiago:
Editora El Diario, 1946. Vibraciones en el tiempo.
1948. Días de la colonia: estudios históricos. Imp.
Dominicana, 1952. Rutas de nuestra poesía. Imp. Do-
minicana, 1953. Pedro Henríquez Urena: Síntesis de
su pensamiento. Ed. El Caribe, 1966.
Critic, essayist, folklorist, poet, musicologist,
teacher, and historian. Director of the Liceo Musical.
Professor of literature and music appreciation at the
University of Santo Domingo since 1953.

905.   Garrido, Edna

        Visiones dominicanas de romances españoles. Editorial
        Pol Hnos., 1946.

906.   Gómez, Divina

        See Ludovina Burgos, Altagracia

907.   de Gómez M., Carmen

        Altos muros. Imprenta de la Marina de Guerra, 1961.

908.   Gómez de Read, Ernestina (1908-   )

        Canciones de la noche. Imprenta La Nación, 1933.
        Figuras de porcelana. Tipografía Cambier, 1936.
        Poemario de luna y sueños. Versos de una vida.

909.   Henríquez de Castro, Carmita

        Cuentos para niños. Imp. Sánchez, 1969.

910.   Henríquez Ureña, Camila (1894-1973)

        Las ideas pedagógicas de Hostos. Talleres Tipográficos
        La Nación, 1932. Synthesis of the philosophy of the
        educator Eugenio María de Hostos. La carta como forma
        de expresión literaria femenina. 1951.
        Mujeres de la colonia. 1954.
        Educator and writer.

911.   Hernández, Juana A. (? -1910)

        Poetry: Cantos populares. 1909.

912.   Herrera Baez, Margarita

        Poetry: Doña María de Toledo. Tipografía Cambier, 1935.

913.   Ibarra de Victoria, María (1912-   )

        Alma en penumbra. 1945. Poetry: Ondas de emoción.
        Editora La Palabra, 1949.

914.   Isaias, July (1911-   )

        Poetry: Ausencia.
        She began to publish when she was fourteen.

915.   Jiménez Rivera, Victoria
        pseudonym: Selene

        Poetry: "Causado peregrino." "Mis nevadas de nostalgia."

916.   Kennedy, Elena
        See Ortea, Virginia Elena

917.   Lamarche, María Patricia
        "El libro de nuestros hijos." La Nación, 1943.

918.   Lamarche, Marta María (1900-1950)
        Cauce hondo. Retazos de luz.

919.   Lara Fernández, Carmen
        Breves datos de mujeres dominicanas. Editora Montalvo,
        1945. Resplandores de gloria. Editora Montalvo, 1945.
        Historia del feminismo en la República Dominicana.
        Imprenta Arte y Cine, 1946.

920.   Laura
        See Perdomo, Josefa Antonia

921.   de Leiva Mosquera, Tomasina (1610?-1663?)
        She wrote poetry in Spanish and Latin.

922.   Lithgow, Mary
        Para el niño ternura y alegría. Tipografía Mauricio,
        1947.

923.   Ludovina Burgos, Altagracia
        pseudonym: Gómez, Divina
        Los consejos de Doña Rosa. Editorial Montalvo, 1955.
        Poet and precursor of the Dominican theater.

924.   Marchena de Leyba, Amelia Francisca (1850-1941)
        pseudonym: Amelia Franeasci
        Novels: Madre culpable. 1893. Duelos del corazón.
        1901. Francisco Martinoff. Imprenta García Hnos.,
        1901. Dramatic novel. Recuerdos e impresiones.
        Imprenta García Hnos., 1901. History of a novel.
        Cierzo in primavera. 1902. Short narrations.
        Monseñor de Meriño Intimo. Imprenta La Cuna de
        América, 1926.

925.   Marra de Almarez, Gilda
        Poetry: Estuario espiritual. Talleres Gráficos DCI,
        1973.

Dominican Republic

926.   Marrero de Munné, Melba María (1911-   )

Novels: Caña dulce. 1954. Postales sin estampilla.
El voto. Poetry: Alas abiertas. Cofila Amarga. 1955.
Faenas para Adán. 1952. Writer and poet.

927.   Martínez Bonilla, Carmen Natalia (1917-   )
pseudonym: Carmen Natalia

Novel: La victoria. Poetry: Alma dentro. Editorial
Plus Ultra. Veinte actitudes y una epístola. Imprenta Rincón, 1945. Writer and poet.

928.   Martínez Lavandier, Ana Leonor

Semblanza. 1941.

929.   Martínez de Trujillo, María

Meditaciones morales. 1947.
Essay: "Falsa amistad." 1946.

930.   Matos, Esthervina (1903-   )

El genio de Beethoven y su música inmortal. Editora
Montalvo, 1962. Remembranzas.
Poet and professor of music.

931.   Mejía Bellini de Espaillat, Gisela

Figuras y retablos de ayer. Editora del Caribe, 1964.

932.   Mejía de Fernández, Abigaíl
full name: Ana Emilia Abigaíl Mejía Soliere de Fernandez

Novel: Sueña, Pilarín. 1925. Psychological analysis.
Biographies: Brotes de la raza. 1926. For didactic
usage. Biografía de Merino. 1933.
Other works: Historia de la literatura castellana.
1926. Second edition, 1937. Por entre frivolidades.
1927. Articles. Ideario feminista. 1933. Second
edition, 1939. Third edition, 1975. Vida de Máximo
Gómez en Santo Domingo. 1936. Historia de la literatura dominicana. 1937. Second edition, 1939.
Professor, 1926-1941. Director of the National Museum,
1933-1941. One of the founders of the Club Nosotros
in 1927 and of the Dominican Feminist Action in 1931.
Between 1916 and 1924 she published various articles
and gave several speeches in protest of the North
American military intervention.

933.   Mendoza, Ana

        Oración a San Rafael Arcangel y a Nuestra Señora de la
        Altagracia. Imprenta El Hombre, 1947.

934.   de Mendoza, Elvira (1610- ?)

        Her work is not known.

935.   Mendoza, Ivelisse Cornielle

        Saudades. Imprenta Montalvo, 1943.

936.   Miller, Jeannette

        Fórmulas para combatir el miedo. Editora Taller, 1972.

937.   Mota, Mercedes

        She wrote prose and published in the major newspapers
        and magazines in the country.

938.   Moya, Trina (1863-1941)
        full name: María de Los Angeles Trinidad Moya

        Añoranza. Poetry: Patria y hogar. 1929.
        Poet. She wrote the words for the hymn "A las Madres."

939.   Moya de Castellanos, Colombina

        Vibraciones de un alma. Ed. Julio D. Postigo, 1969.
        Inquietud prenatal. Ed. Médico Dominicano, 1970.
        Writer and poet.

940.   Nivar de Pittaluga, Amada (1898-   )
        pseudonym: Rosa de América

        Cantares al amado ausente. Cecilia. Palma real.
        1938. Sonetos. El telar de Penelope.
        Writer poet, and educator. She founded the Universi-
        dad Femenina, the Instituto de Ciencias Sociales y
        Domésticas, and the Club de la Amistad. President of
        the Consejo de Mujeres, Inc. Affiliated with the Con-
        sejo Internacional de Mujeres.

941.   Oliva, Victoria Sofía

        Cartilla odontológica infantil. Imprenta El Hombre,
        1942. She wrote works on patriotic subjects. She was
        a dentist and dental surgeon.

942.   Ordoñez, Francisca

        She and Amelia Sasso edited the periodical Esfuerzo
        Femenino, the literary and educative voice of the
        feminist movement. It was published in 1904 in San
        Pedro de Macorís.

943.   Ortea, Virginia Elena (1866-1903)
        pseudonym: Elena Kennedy (name of paternal grandmother)

        Prose: Crónica puertoplateña. Mi hermana Carolina.
        Play: Las feministas. In one act. Risas y lágrimas.
        1901. Collection of articles, short stories, and
        chronicles. She was editor of the periodical Páginas,
        a bimonthly literary and scientific publication.

944.   de Osorio, Ana (1790?- ?)

        She wrote poetry which was circulated in manuscripts.

945.   de Ovando, Leonor (? -1610/15)

        Dominican nun. Five sonnets and some verse are still
        in existence.

946.   Ozema Pellerano, Luisa (1870- ?)

        Essay: "Amor os guia."
        She founded the Colegio Salomé Ureña. She was active
        in the Junta Patriotica de Damas which combatted the
        United States intervention in 1920.

947.   Peguero Viuda Michel, Celia

        Poetry: Fidelidad. Editora Arte y Cine, 1947.

948.   de Peña, Octavia

        El premio de Dios. Tipografía Carrasquero, 1946.
        Cantares de la era gloriosa de mi patria. 1947.

949.   Peña de Bordas, Virginia de (1904-1948)

        Novel: Toeya. Impresora Dominicana, 1949.
        Short stories: Cuentos para niños.

950.   Peña de Espinal, Teresa

        Journalist. Director, editor, and manager of the mag-
        azine Quisqueya, a weekly literary and general interest
        publication published in Santo Domingo. 1913. Also
        director of the newspaper El Combate. 1922.

951.   Pepen Viuda Rodríguez, Virginia (? -1973)

Suspiros y lágrimas. Editorial Montalvo, 1954.

952.   Perdomo, Josefa Antonia (1834-1896)
pseudonym: Laura

Poesías. Imprenta Garcia Hnos., 1885. 239 pages.
Using her pseudonym, she wrote a column entitled
"Folletín" for the newspaper El Oasis in 1854. She
was the first woman to make public her literary work.

953.   Pérez Viuda Diaz, Mercedez L.

Versos de Hector J. Diaz. Editorial Montalvo, 1953.

954.   Pichardo, Lidia

Ave María. Imprenta Montalvo, 1955.

955.   Polanco Castro, Marta

El destino manda. Librería Dominicana, 1955.

956.   Porcella de Brea, Leonor

Poetry: Sed y hambre. Imp. Amigos del Hogar, 1970.
Composer of romantic music.

957.   Puente, Julia Rosario

Mi hijo, la guerra y yo. Mexico: 1948. Prologue by
Ofelia Rodríguez Acosta.

958.   Quezada, Delia M.

"Quisqueya y la ocupación americana." Her first work,
presented in 1916. Teatro infantil. Opúsculo: 1944.

959.   Quisqueya Sánchez, Ana (1925-   )

Poetry: Intensidad de abril. Editora Arte y Cine,
1946. Ofrendas líricas. Editora La Nación.

960.   Reynoso, Ana Silvia

Resumen de embriología. 1967. Poetry: Intimismo.
1960. El despertar de las espigas. 1972.

961.   Rodríguez, Evangelina

Granos de polen. San Pedro de Macorís: 1915.
Physician. Advocate of the Club de las Madres and of
the famous "Gota de Leche."

962.   Rodríguez, Manuela (1790-   ?)
        pseudonyms: Manuela Aybar
                    La Deana

        La chicharra. 1843. A small newspaper.
        Autobiography: Historia de una mujer. Imp. Nacional,
        1849. Also some poetry.

963.   Rodríguez Caceres, Amida

        Mi fuente cantarina. Editora Montalvo, 1945.

964.   Roldan, Beatriz

        A través de los años. Imprenta Romana, 1945.

965.   Rosa de América

        See Nivar de Pittaluga, Amada

966.   Sagredo, María Antonia

        Ercilia. Imprenta La Información, 1947. Florecillas
        del sendero. Nardos y rosas. Páginas intimas.
        La serenata de Los Angeles.

967.   Salas de Galan, Olga

        Lo que buscamos. Editora Librería Dominicana, 1953.

968.   Salgado, Teresina

        De mi ayer romántico. Editora Roques Román Hnos., 1928.

969.   Sánchez, Socorro del Rosaria (1830-1899)
        pseudonym: Rosa Cruz

        She contributed to periodicals in Santiago and Santo
        Domingo. She was the first militant feminist. In
        Sangiago she founded the college "Corazón de María" in
        1870. In Santo Domingo she founded the college "La
        Altagracia" in 1868. Its name was later changed to
        Escuela Superior de Señoritas.

970.   de los Santos Noboa, Gladys

        Por los niños. Imprenta P.A. Gómez, 1938.

971.   Sasso, Amelia

        She and Francisca Ordoñez edited the periodical Esfuerzo
        Femenino, literary and educative voice of the feminist
        movement, published in San Pedro de Macorís in 1904.

972.   Saviñon, Altagracia Zoraida (1882/86-1942)

Poetry: "Mi vaso verde." 1903.
The best of her works were published in magazines,
1903-1913.

973.   Selene

See Jiménez Rivera, Victoria

974.   Smester, Rosa (1859-1945)

Cuentos de Color de Rosa.
Educator, professor at the Escuela Normal Superior de
Santiago.

975.   Tavarez Belliard, Aurora (1894-1972)

Didactic works: Cartilla silabario. En el sendero de
Kempis: Literatura espiritualista. Historia patria.
Lengua materna. Moral y cívica. Niño dominicano.
Patria mía. Ravito de sol. Simiente en el camino:
Introducción a la literatura.
Writer and educator.

976.   R. Vda. Ulloa, Milagros

Poetry: Mi vieja lira. Editora Arte y Cine, 1969.
Patria, tiempo y verso. 1967.

977.   Urania cabral, Minerva

Poetry: Gotas del alma. Imprenta Arte y Cine, 1947.

978.   Ureña de Hendríquez, Salome (1850-1897)

Poesías. Poet. She founded the Instituto de Señoritas
en Santo Domingo in 1881. She contributed to the
periodical Lucha Libre.

979.   del Valle, Luz

Flores de mi alma para Trujillo y otros poemas. 1959.

980.   Vallejo de García, Francisca A. (1859-1909)

Novel: La mano de la Providencia. Develops in Higüey.
Teacher in Higüey.

981.   de Vargas de Tayor, Altagracia

Sueño ideal. Editora Montalvo, 1967. Prose.

982.   Veloz, Livia (1898-   )

Relicarios sentimentales. 1929. Acordes. 1936.
Canto a Ruben Darío. Libro dominicano de lectura.

983.   Vicioso Sánchez, Vitalia

Teresita. Talleres María Auxiliadora, 1947.

984.   Vincent, Altagracia V.

Breves biografías de figuras celebres en la historia
de América. Editora Arte y Cine, 1965. Manual de
historia de América. 1967. Fourth edition. Manual
de teoría literaria y historia de la literatura.
1973. Fourth edition.

985.   Weber, Delia (1902-   )

Prose: Dora y otros cuentos. Imp. Librería Dominicana,
1952. Salvador y Altemira. Drama.
Poetry: Ascuas vivas. Editora Montalvo, 1939.
Encuentro. Editora Montalvo, 1939. Los viajeros.
Imp. La Opinión, 1944. Dramatic poem. Apuntes. Edit.
La Palabra de Santo Domingo. Espigas al sol.
Writer, poet, and painter. Director of Acción Fem-
inista Dominicana. She participated in the Primer
Congreso Femenino Dominicano. Co-founder of the
Ateneo Dominicano.

986.   Woos y Gil Ricart, Celeste (1891-   )

Writer, artist, educator, and dressmaker. Founded the
Academia Nacional de Dibujo y Pintura "Luperón."

ECUADOR

987. Abad Jauregui, Josefina

Recuerdos. Cuenca: Tipografía Vélez Hermanos, 1917.
Wrote prose and poetry, published in magazines and
newspapers.

988. Acevedo Vega, Carmen (1913/16-   )

Short stories: Perfil humano.
Poetry: Camino sin retorno. Cuenca: 1953. Espacio y
luz. 1960. Latitud amarga. 1968. Alba eterna.
Páginas de ayer. Parcela azul.

989. Ala-Vedra y Tama, Teresa

Writer of short stories, theater, and poetry.

990. Albán Mestanza, Betty

Poetry: Canciones de otoño.

991. Albornoz, Ana María (1878- ?)

Published in local magazines and newspapers.

992. Alomia de Guerrero, Pastora

Poetry: Alrededor de una tumba. Quito: Imprenta
Nacional, 1881. La adoración perpetua del Smo. Sacra-
mento. Ibarra: Imprenta del Colegio Nacional, 1894.
Desahogos y recuerdos. Ibarra: Imprenta del Colegio
Nacional, 1894. Also published in El Clarin.

993. Alvarez, Gloria de

Es cuestion de alas. México: Gráficas Menhir, S.A., 1970.

994. Aspasia

See Cárdenas de Bustamante, Hipatia

127

995. Baquero de Leon, Lucia

Director for many years of the Jardín de Infantes "José
Luis Román" in Quito. Wrote, but never published.
Teatro Infantil contains many of her one-act scenes,
all written in verse, some with music.

996. Barona de Bucheli, Graciela (1929-   )

Contributed to local publications and student journals.

997. de Benites, Mercy

El descubrimiento del Río Amazonas. Guayaquil: Imprenta Municipal, 1956. Professor.

998. de Benitez, Eloisa

Teatro Infantil. Quito: Litografía e Imprenta Romero,
1938. Professor at a women's school in Quito.

999. Borja, Laura
      pseudonym: de Villares, Isabelle

Poet. Contributed to Ariel, Austral, Caricatura, and
Renovación.

1000. Borja Alvarez, Aida

Plays: El artista. La caída de Berlin. El Caso Ward.
El demonio de los Andes. Desconocido. Don Rodrigo.
Doña Imilee. Felipe II. Francisco Villón. El Héroe.
El incurable. Juliano. Los llanganates. Lope de
Aguine. Madre. Marylin. El miedo. Mozart.
El negro. Prometeo. Sin manos. Urbano grandier.
Los vencidos. Poetry: Nautilo. Sinfonía heróica.
El capitán de los Andes. Volume 2. 1960.

1001. Borja Martínez de Egues, Luz Elisa (1903-1927)

La bella durmiente musita sus cantos ocultos.
Cofre romántico. Quito: Imprenta de Julio Sáeng
Rebollado, 1929. La bella durmiente. Guayaquil: 1936.

1002. Borja Febres Cordero de Icaza, Rosa (1889-   )

Novel: María del Rosario. Drama: El espiritu manda.
Las de Judas. Nadie sabe lo que vendrá mañana.
Prose: Hacia la vida. Quayaquil: 1936. Collection
of speeches and letters. Mi mundo íntimo. Autobiogra-
phy. El municipio y los problemas sociales de
Guayaquil. Poetry: Aspectos de mi sendero. Flores

tardías. Ritmo espiritual. Album de música. 1942.
Daughter of the poet César Borja.

1003. de Bravo Malo, Mireya

Novel: Los delincuentes. La pena fuimos nosotras.
Guayaquil: Imprenta Municipal, 1953.

1004. Caamaño de Vivero, Angela (1879-   )

Poetry: "Soneto." In Parnaso Ecuatoriano.

1005. Calixto Enríquez, Alicia

Poet.

1006. Calle, María Luisa

Prose.

1007. Carbo de Maldonado, Angela (1861-1919)

Poetry: "El anillo nupcial." In Parnaso Ecuatoriano.
Founder, director, and editor of El Hogar Cristiano,
a monthly magazine, for thirteen years.

1008. Carbo Plaza, Estelvina (1834-1902)

Poet.

1009. Cárdenas de Bustamante, Hipatia (1899-1972)
pseudonym: Aspasia

Prose: Oro, rojo y azul. 1944.

1010. Carlin Iglesias, Nancy (1939?-   )

Este paisaje llamado día. Guayaquil: Universidad de
Guayaquil.

1011. Carrera, Luz María

Poet.

1012. Carrión, Fanny Natalia

Won First Prize in the "Primer Concurso Femenino
Nacional de Poesía Gabriela Mistral" in 1958 for the
poem "Tu corazón de flor."

1013. Carvajal, Maraiyma Ofyr (1915-1951)

Galeria del espíritu: mujeres de mi patria. Quito:
Editorial Fr. Jodoco Ricke, 1949.

1014.   Castillo C., Eloisa (1939-   )
        Poet.

1015.   Castillo, Laura del (1927-   )
        Mirar el limonero y morir.

1016.   Castillo de Leví, María Piedad
        Poetry: "A la gioconda." "Aspiración." "Postal."
        All in Parnaso Ecuatoriano. Other: La Campana mayor.
        Guayaquil: El Telégrafo, 1910. A Colombia, en el cen-
        tenario de su independencia. Guayaquil: Imprenta de
        El Télegrafo, 1910. Wrote prose as well.   Journal-
        ist. Contributed to Renacimiento, Patria, El Telégrafo
        Literario, and La Ilustración Ecuatoriana.

1017.   Castillo de Saavedra, Zaida Letty
        pseudonyms: Djenana and Soledad
        Poetry: Ananké.   La esfinge hable.
        She edited the literary page of El Telégrafo of
        Guayaquil from 1921 to 1925. She has also edited the
        art page in El Comercio of Lima and in Diario de
        Occidente of Maracaibo.

1018.   Castro, Zoila María
        Short stories: Urbe. 1941. Verónica: Historia de amor.
        New York: UNIDA Printing Corporation, 1975.
        Poetry: Poliritmos de amor. 1956.
        She contributed to El Diario la Prensa Suplemento Lit-
        erario, La Semana, and Fraternidad Cuadernos de Guayas.

1019.   Celi de Benítiz, Eloísa
        La hija de nadie.

1020.   de Cepeda Fuentes, Teresa de Jesús (1566-1610)
        First woman writer. Wrote poetry, epistles. Niece of
        Santa Teresa de Jesús. Three of her letters were pub-
        lished in La unión literaria, Sixth Series, Number Two,
        July, 1916. Pages 54-8. Also published were two long
        declarations on the process of canonization of Saint
        Teresa of Avila, 1596 and 1610. They are included in
        the Obras de Santa Teresa de Jesús, Volume II. Burgos:
        1915. Pages 303-69.

1021. Cevallos de Andrade Coello, María Esther

Poetry: Haz de versos. Plumadas. Voces íntimas.

1022. Cordero y León, Ramona María (1901-   )
pseudonyms: Mary Corilé and Mary Coryle

Short stories: Gleba. Cuenca: Editorial "Amazonas,"
1952. Poetry: Canta la vida. Cuenca: 1933. Elegia.
1934. El mío romancero. Primio Nacional, 1934 and
1945. Romancero de la Florecica. 1946. Mundo pequeño.
Cuenca: Editorial "Amazonas," 1948. Agua fuertes.
1954. Antología Mínima. Universidad de Cuenca, 1959.
Cenit en mi cumbre. Ciudad Romance y sus cuatro
Amadores. El condor del Aconcagua. Doctora Santa
Teresa. Nuestra Cuenca de los Andes. Padre. Remigio
Crespa Toral. Romance del amor. Romancero de Bolivar.
Romances. Ruben Darío.

1023. Cordero de Romero León, Aurelia (1874-1922)

Prose: El libro de mi madre. Poemas del hogar.
Mensajes a la Hermana Tormento.
Poetry: Poemas de anemia. Siemprevivas y cuadros de
la aldea. Vasijas rotas.

1024. Corilé, Mary

See Cordero de León, Ramona María

1025. Coryle, Mary

See Cordero de León, Ramona María

1026. Crespo Toral de Salvador, Teresa (1928-   )

Short stories: Pepe Golondrina y otros cuentos. Cuenca:
Ediciones del Municipio de Cuenca, 1969.
Poetry: Rondas. Quito: 1967. Children's poetry.
She has contributed to the following magazines and
newspapers: El Mercurio of Cuenca, El Telegrafo of
Guayaquil, El Tiempo of Quito, Boletín del Ateneo
Ecuatoriano of Quito, Presencia of Quito and Hablemos
of New York.

1027. Dillon, María Luisa

Mignon. Guayaquil: Imprenta de El Globo, 1891.

1028. Djenana

See Castillo de Saavedra, Zaida Letty

1029. Donoso, Isabel

       Poet.

1030. Echeverría L., Maruja

       Motivos de Cristal. Also published in the magazine
       Madrugada and participated in the Grupo Madrugada.
       Contributed to Cuadernos del Guayas.

1031. Eqüez, Feliza (1869- ?)

       Poet.

1032. Espinel, Ileana (1933-   )

       Poetry: Club 7. Ecuador: Editorial Casa de la Cultura
       Ecuatoriana, Núcleo del Guayas, 1954. Piezas líricas.
       Guayaquil: Editorial Universitaria de Guayaquil, 1957.
       La Estatua luminosa. Caracas: Editorial Lírica Hispana,
       1959. Poemas escogidas. Caracas: Editorial Lírica
       Hispana, 1959. Triángulo. Ecuador: Editorial Casa de
       la Cultura Ecuatoriana, Núcleo del Guayas, 1960. With
       David Ledesma and Sergio Román. "Anhelos." In La Mujer,
       Volume I, Number 1, 1965. Pages 12-4. Arpa salobre.
       Caracas: Ediciones Poesía de Venezuela, 1966. Diríase
       que canto. 1969. In part a re-edition of previously
       published and now out-of-print works. Tan sólo 13.
       Ecuador: Editorial de la Cultura Ecuatoriana, Núcleo
       del Guayas, 1972.
       She was named in 1967 to the city council of Guayaquil.
       She was a co-founder of the "Club 7 de Poesía." Also
       the General Coordinator of the Patronato Municipal de
       Bellas Artes Director of the Editorial de la Casa de
       la Cultura Ecuatoriana, Núcleo del Guayas. Wrote for
       the "Meridiano de la Cultura" section of Diario El
       Universo and for the "Artes y Letras" section of Diario
       El Telégrafo.

1033. Espinosa de Cordero, Josefina

       Libro de sus huérfanos. Cuenca: Imprenta literaria de
       L. Cordero, 1900.

1034. Estela

       See Tama de Hidalgo, Colombia

1035. Estrada de Ramírez Pérez, Aurora (1901/2-1967)

Poetry: Como el incienso. Guayaquil: Imprenta
Municipal, 1925. Tiniebla. Quito: Talleres Gráficos
del Ministerio de Educación, 1943. "La mujer traba-
jadora en la vida social." In Poesía de Tres Genera-
ciones. Guayaquil: 1967. "Retratos de mujeres." In
Poesía de Tres Generaciones. Guayaquil: Casa de Cul-
tura, 1967. Cometas al viento. Children's poetry.
Unpublished. En el puente. Unpublished. Hora cero.
Unpublished.
Other: 20 gobelinos por Gabriela Milstral. Thesis.
She founded and directed the magazine Proteo in 1921,
and directed the university newspaper La idea in 1925.

1036. Febres Cordero de Ballen, Carmen (? -1893)

Poet.

1037. Febres Cordero de Arévalo, Carolina (? -1915)

Wrote poetry, fables, short stories, articles, and
two plays. Mostly unpublished.

1038. Flor, Dolores

Few works known.

1039. Flor de Té

See Hidalgo de Chiriboga, Alicia

1040. Galarza, Rosaura Emelia (1883-1966)

Founded the magazines La ondina del Guayas, Flora, and
Revista Literaria-Pedagógica Primaveral. Published in
the magazine Hebe. Participated in Alas, a feminist
publication. Edited Album bolivarense. She was also
rector of the Normal School Manuela Cañizares in 1939.

1041. García Ortiz, María Guillermina (1901-1951?)

Wrote prose and poetry. Contributed to El Día.
Founded América Femenina.

1042. La Generalita

See de Veintimilla Marconi, Marieta

1043. Gómez Hernández, Francisca

1044. Gómez Hernández, Lucía

Elegía de amor. Transparencia. Vuelo.

1045. González Tola de Moscoso, Mercedes (1859/60-1911)

Prose: Alberto y Esperanza. Balada. Memorias.
Drama: Abuela. Quito: Imprenta Nacional, 1903. Guayaquil: Imprenta Mercantil, 1907.
Poetry: En el nido. Guayaquil: Tipografía de la Escuela
de Artes y Oficios, 1890. San José: Imprenta y Librería
Española de María V. de Lince, 1899. Reminiscencias.
Ambato: Imprenta del Tungurahua, 1890. Cantos del
hogar. Quito: 1909. Rosas de otoño. Quito: Tipografía
de la Escuela de Artes y Oficios, 1911.

1046. González de Velasco, Josefina

Drama: Hojarascas. Quito: Santo Domingo, 1958.
Children's theatre.

1047. Gortaire de Diago, Ana

Poet.

1048. Hernández de Pinto, Carmelina

Poet.

1049. Herrera, María Catalina de Jesús (1717-1795)

Secretos entre el alma y Dios. Quito: Editorial Santo
Domingo, 1950. Florilegio doctrinal. Taken from the
above and published by Father Alfonso J. Jerves.

1050. Hidalgo de Chiriboga, Alicia (1908-   )
pseudonym: Flor de Té

Poetry: Hojas y brotes. 1933. Ramillete. 1956.

1051. Idobro, M. Angélica

Homenaje a la madre. Taita Imbabura. Legend.

1052. Isaccs, María
Wrote poetry and prose.

1053. Iza de Pesantez, Ana María (1941-   )

Prose: Los caracoles del insomnio. Guayaquil: 1967.
Puentes inútiles. Quito: Ediciones Alcancía, 1968.
La casa de Tía Berta. Quito: Editorial Casa de la

Cultura Ecuatoriana, 1974. Un escarabajo trae la
lluvia. Unpublished. Poetry: Pedazo de nada. Quito:
Editorial Casa de la Cultura Ecuatoriana, 1961. Poemas.
She is a member of the literary group "Caminos." She
won the Third Prize in the National Poetry Contest
"Ismael Pérez Pazmiño" in 1967, and the First Honorable
Mention in poetry in 1970.

1054. de Izureta, Bertha

Prose: Juventud inmolada. Quito: Editorial Minerva, 1954.

1055. Jaramillo de Viteri, Alicia (1909-1948)

Her work is scattered in many periodicals.

1056. Jaramillo, María Teresa
pseudonym: Stella

Poetry: "Iniciando." In Iniciación, Volume 1, Number 1,
April 1934. Pages 6-7.

1057. Jesús, Mariana de (colonial period)

1058. Jiménez, Liliana

El corazón del sueño. México: Gráficas Menhir, S.A.,
1968. Illustrated by Siqueiros.

1059. Jouvin de Llona, Zoila Aurora

Una ofrenda a la antigua Madre Patria. Guayaquil:
Imprenta la Reforma, 1928. Wrote poetry and essays.

1060. Katz, Elsa (? -1968?)

Novel: Eran dos hermanos. 1963.
Drama: La vida en escena. Twelve short plays in three
volumes. Other: Una muchacha como tú. 1963.

1061. de Lamas, Saranelly

Short stories: Cuentos. Essays: Microensayos.
Drama: El viaje y el féretro. Poda.
Poetry: Cantos del amor y de la muerte. Orfeo y otros
cantos. Revenant.
She contributes to El Tiempo, of Bogotá. She writes
for Revista Vistazo and is a columnist for the following: El Tiempo of Quito and El País of Cali (both newspapers), the magazine Momento, and the Revista Nuevo
Suceso. She writes the "Página de Arte" of El Nacional
of Caracas. Is also copy editor for Revista Cuadernos
del Guayas.

1062. Landívar González, Elena
       pseudonym: Mirka

       Lectures: "Derechos de la mujer en el siglo XX."
       "Los derechos de la obrera." "El Divorcio y su
       trascendencia social." Poetry: Noche del mundo.
       Translated from French to Spanish.
       Before her death she burned all of her poetry and
       other unpublished works.

1063. Larrea Borja, Piedad (1912-   )

       Essays: Ensayos. Quito: "Fray Jodoco Ricke," 1946.
       Nombres eternos y senderos. Quito: Editorial Casa de
       la Cultura Ecuatoriana, 1954. Abenhazana el la litera-
       tura arábigoespañola. Quito: Editorial Casa de la
       Cultura Ecuatoriana, 1960. Juglaresca en españa.
       Quito: Editorial Casa de la Cultura Ecuatoriana, 1965.
       Habla femenina quiteña. Quito: Editorial Casa de la
       Cultura Ecuatoriana, 1968. Biografía de la mujer en
       el Ecuador. Italia sin máscara.

1064. Larriva de Llona, Lastenia

       Un drama singular. Guayaquil: Imprenta de la Nación,
       1888. 270 pages. La ciencia y la fe. Guayaquil:
       Imprenta de la Nación, 1889. Oro y escoria. Guayaquil:
       Imprenta de la Nación, 1889. 81 pages. Second part.
       Guayaquil: Imprenta de la Nación, 1890. 153 pages.
       Luz. 1890. Pro patria. Guayaquil: Imprenta de la
       Nación, 1890. 57 pages. Cartas a mi hijo: psicología
       de la mujer. Lima: 1919. Cuentos. Lima: 1919.

1065. Lecumberri, Rita (? -1910)

       Drama: "La embustera arrepentida." In Pedagogía y
       Letras, April and May, Numbers 35 and 36, 1908. Child-
       ren's play in verse. She was educator, poet, and
       dramatist. An educator.

1066. Leon, Teresa

       Poet.

1067. Lizarzaburo, Martha

       Poetry: Aljibe. 1964. Won the First Prize for poetry
       from the Asociación Escuela de Derecho.

1068. López, Zoila (1908–   )
pseudonym: Madreselva

Poet.

1069. Lorena, María

See Varas Calderón de Granja, Carmen

1070. Luna, Violeta (1943–   )

Short stories: Los pasos amarillos. Quito: Casa de la
Cultura Ecuatoriana, 1973.
Criticism: La lírica actual ecuatoriana. Guayaquil:
Casa de la Cultura Ecuatoriana, Núcleo del Guayas, 1974.
Poetry: Poesía Universitaria. Quito: Editorial
Universitaria, 1964. El ventanal del agua. Quito:
Editorial Universitaria, 1964. Y con el sol me cubro.
Quito: Casa de la Cultura Ecuatoriana, 1967. Posible-
mente el aire. Quito: Casa de la Cultura, 1971.
She received a prize for her short stories from Diario
el Comercio in 1969. She received Third Prize in the
Concurso Nacional de Poesía organized by el Diario El
Universo de Guayaquil in 1970. She won First Prize in
the Concurso Nacional de Poesía for the collection
Ayer me llamaba primavera in 1973.

1071. Madreselva

See López, Zoila

1072. Maechler, Zoraida

Short story: "Los verdugos de Beatriz."
Other: La coqueta. Guayaquil: Independencia, 1963.
Madre te necesito tanto. Guayaquil: Independencia, 1963.
Journalist.

1073. Mariño de Carvajal, Elisa C. (1894–   )

Poetry: Procelarias. 1935. She won an award from
Diario El Día in 1937 for the poem "Mi primera desilusión."

1074. Manzano, Sonia

Poet.

1075. Márquez Moreno, Inés (1916–   )

Poet.

1076.   Martínez de Tinajero, Blanca (1897-   )

Novel: En la paz del campo. Quito: Imprenta del
Ministerio de Educación, 1940. Essays: Deberes y
derechos. 1937. Libertad, mujer y domocracia. Quito:
Talleres Gráficos de Educación, 1943.
Other works: Purificación. Quito: Talleres Gráficos
de Educación, 1942. Prosas camperas. Quito: Talleres
Gráficos de Educación, 1943. Luz en la noche. Ambato:
Imprenta de Educación de Ambato, 1950.

1077.   Martínez Acosta, Mercedes (1882-1946)

Alelíes. Quito: 1929. VIII. 128 pages.
Arco iris. Unpublished. She published and directed
the literary magazine Brisas del Carchi.

1078.   Martínez Espinosa, Marianela (1914-   )

Wrote poetry, prose, and literary criticism.

1079.   Martínez, Isabel

Poet.

1080.   Martínez de Vinueza, Angélica

Piezas dramático-educativos. Ambato: Talleres Tipográficos de la Imprenta de Educación Primaria. Volume
I, second edition, 1951.

1081.   La Mayasquerita

See de Veintimilla Marconi, Marieta

1082.   Medina Mena, Yolanda (1931-   )

A selection of her poetry can be found in the anthology
published by the group "Caminos" in 1963 and in
Lírica Hispánica (Caracas).

1083.   Mirka

See Landívar Gonzáles, Elena

1084.   Moncayo de Monge, Germania

La Universidad de Quito: su trayectoria en tres siglos.
Quito: Imprenta de la Universidad de Quito, 1944.
Mariana de Jesús: Señora de Indias. Quito: La Prensa
Católica, 1950.

1085. Montalvo, Lucila

Contributed to La Mujer.

1086. Mora y Riera, Argentina

Adolescencia triste.

1087. Moreno Mora, Rosa Virginia (? -1957)

Poet. Contributed to El Mercurio.

1088. Moscoso Dávila, Isabel

Yo soy mi libertad. Quito: Casa de la Cultura, 1956.
Elegía y glorificación de la maestra. Cuenca: Casa de
la Cultura, Núcleo del Azuay, 1961. Abanico de recuerdos. Cuenca: Editorial Monsalve, 1970, 1974. Two
volumes.

1089. Mosquera, Antonia

Poetry: "Sor Lorenza." In La Mujer, Volume 1, Number 6,
October 1905. Pages 169-7?.

1090. Muñoz de Merchan, Isabel María (1900/10-1954)

Poetry: Auroras de eternidad.
Brumas y zarzas. Unpublished.

1091. Muñoz y Muñoz, Isabel María

1092. Narvaez, Jacinta Amelia

Poet.

1093. Nasch, Felicia Victoria

Poet.

1094. Ofyr Carvajal, Morayma

Poet. Educator.

1095. Orbe Carrera, Lola (1922-   )

Poetry: Voces del corazón.
Founder and director for many years of the Colegio Normal Rural Femenino "San Pablo del Lago." Director of
the Colegio Nacional "Otavalo."

1096. de Orrantia, Violeta

Poetry: <u>Cantos de soledad</u>. <u>Los corceles del miedo</u>.
<u>Verano ardiente</u>.

1097. Ortega Salazar, Francisca

Novel: <u>Vuelta</u>. Unpublished. Poetry: <u>Puente</u>. 1957.

1098. Palacio, Zoila Esperanza (1914-   )

Her first poems were published in the weekly <u>Carretera</u>
in 1932, later in the weekly <u>Sol</u>. She became a professional journalist in 1948, using the pseudonym
Beatriz for eight years in her column on the editorial
page of <u>El Mercurio</u>. She used the pseudonym Ximena
for some poetry in <u>El Sol</u> and <u>El Universo</u>.

1099. Pazos, Lucinda

Poet.

1100. Peñaherrera de Costales, Piedad

1101. Pérez, Estrella

1102. Pérez Chiriboga, Eulalia

1103. Puig, María Eugenia (1921/3-   )

Poetry: <u>Alma en azur</u>. 1949. <u>Cantos de amor</u>. 1957.
<u>Ambito</u>. She published five numbers of <u>Revista Oasis</u>
and directed the cultural group "Oasis." She was
founder of the Mesa Redonda Panamericana de Mujeres
del Ecuador.

1104. Ramíriz Estrada, Isabel

Has published poetry as well as criticism on topics of
theatre and education in newspapers and journals.

1105. Reina de Carbo, Margot (1916-   )

Poetry: <u>Voz de alondra</u>. 1951. <u>Sinfonía en colores</u>.

1106. Rendón de Mosquera, Zoila

Short story: "Tras un idilio, lágrimas." In <u>Los mejores</u>
<u>cuentos ecuatorianos</u>. Quito: Empresa Editora "El Co-
mercio," 1948. Edited by Inés and Eulalia Barrera B.
Pages 403-407. Essays: <u>La mujer en el hogar y en la</u>
<u>sociedad</u>. Quito: Talleres Tipográficos Nacionales,

1923. "La mujer quiteña." In <u>Alas</u>, Volume 1, Number 1,
December 1934. Pages 33-4. "La procesión de Viernes
Santo." In <u>Tradiciones y leyendas del Ecuador</u>. 1947.
Edited by Inés and Eulalia Bacio. Pages 301-5.
"La mujer en los diversos organismos humanos." In <u>Pre-
visión Social</u>, Volume 22, September-December 1948, Jan-
uary 1949. Pages 150-162.

1107. Rodriguez, María Angela (? -1881)

Contributed to <u>La Luciernaga</u>, a literary journal.

1108. Rodriguez de D'Acuña, Rebeca

<u>Palabra estremecida</u>.
Journalist. Writes for radio and television. President
of the Escuela de Periodismo de la Facultad de Filosofía
y Letras de la Universidad de Guayaquil.

1109. Rodriguez Bustamante, Graciela

Poet. Contributed to newspapers and magazines, es-
pecially <u>Mediodía</u>.

1110. Rumazo, Lupe (1935-   )

Short stories: <u>Sílabas de la tierra</u>. 1964. Prologue
by Juana de Ibarbourou. Essays: <u>En el lagar</u>. 1962.
<u>Yunques y crisoles americanos</u>. 1967.
Other prose: <u>Larga carta sin final</u>.
She contributed to <u>Indice literario</u>, <u>El Universal</u>,
<u>Papel Literario</u>, <u>El Nacional</u>, <u>Cuadernos</u>, <u>El Comercio</u>,
<u>El País</u>, <u>Letras del Ecuador</u>, <u>Cal</u>, <u>Cuadernos Hispo-
americanos</u>, <u>Letras Nuevas</u>, <u>Razón y Fábula</u>, <u>Imagen</u>.

1111. de San Ildefonso, Gertrudis (1652-1709)

Wrote on the themes of vocation and worldly temptations.

1112. Soledad

See Castillo de Saavedra, Zaida Letty

1113. Soria, Piedad

1114. Stella

See Jaramillo, María Teresa

1115. Suárez, Matilde

Poetry: <u>Primaveras de ensueño</u>. 1961

1116. Sucre Lavayén, Dolores (1837-1917)

Poetry: <u>Canto a Sucre</u>. Guayaquil: Tipografía Cinco de Junio, 1896. <u>Poesías</u>. Barcelona: Imprenta Elzeviriana, 1914.

1117. Tama de Hidalgo, Colombia
pseudonym: Estela

Poet. She translated <u>Pablo y Virginia</u> and <u>Las aventuras de Telemaco</u> from the French. She contributed to <u>El Guante</u>, <u>Juventud Selecta</u>, <u>La Prensa</u>, <u>Savia</u>, and <u>Universal de Lima</u>.

1118. Tamariz de Salazar, Isabel

Poetry: <u>Versos y Diálogos Infantiles</u>. Cuenca: Editorial "Amazonas," 1958. Children's poetry.

1119. Tinajero Martínez, Eugenia

<u>Leyendas indígenas</u>. Ambato: Imprenta de Educación, 1954.

1120. Ugarte de Landivar, Zoila (1864-1969)

<u>Y va de examenes</u>. Quito: Imprenta de la Universidad, 1923. Journalist, essayist, and critic. She contributed to <u>La Prensa</u> from 1906-1912. She was director of the National Library from 1911-1920.

1121. Vaca de Flor, María Natalia (1878- ?)

"¡Pobre María!" In <u>La Mujer</u>, Volume 1, Number 1, April 1905. Pages 19-23. Volume 1, Number 2, May 1905. Pages 45-50. Volume 1, Number 3, June 1905. Pages 83-7. "Viaje en diligencia." In <u>La Mujer</u>, Volume 1, Number 4, July 1905. Pages 111-8. "Cuento de Navidad." In <u>La Mujer</u>, Volume 1, Number 5, August 1905. Pages 144-54. She contributed to <u>La Mujer</u>, <u>La Ilustración Ecuatoriana</u>, and <u>América</u>. Most of her work is unpublished.

1122. Varas Calderón de Granja, Carmen
pseudonym: Lorena, María

<u>Ofrenda lírica</u>. She publishes frequently in newspapers and magazines in Ecuador.

1123. Vásconez Cuvi, María Victoria (1891-1938)

<u>Ensayos literarios</u>. Quito: 1922. <u>Honor al feminismo</u>. Quito: Talleres Tipográficos Nacionales, 1922. <u>Actividades domésticas y sociales de la mujer</u>. Quito:

Talleres Tipográficos Nacionales, 1925. Problemas
Educativas. Quito: Editorial "Chimborazo," 1936.
Vida de Mariana de Jesús. Quito: Imprenta "Bona Spes,"
1940. She founded and directed the review Alas, where
women's rights were defended, in 1934.

1124. Veintimilla de Galindo, Dolores (1829-1857)

Producciones literarias. Quito: Casa Editorial de
Proaño y Delgado, 1898/1908.
She founded the first Academia del Azuay in Cuenca.

1125. Veintimilla, Josefina

She contributed to La Mujer, which was founded in 1905
and published in Quito.

1126. de Veintimilla Marconi, Marieta (1858-1907)
pseudonyms: La Generalita and La Mayasquerita

Páginas del Ecuador. Lima: Imprenta Liberal de
F. Masias y Ca., 1890. Digresiones Libres. Quito:
Imprenta Municipal, 1904. Conferencia sobre psicología
moderna, 1907.

1127. Velasco de Batallas, Enriqueta (1906-   )

Novel: La profesora. Latacunga: Editorial Cotopaxi,
1965. Other works: Cartilla Cívico-Histórico en
Quichua-Español. Gramática Quichua y Diccionario
Quichua-Español.

1128. de Velasco, Jeronima (1630?- ?)

Lope de Vega praises her in "Laurel de Apolo."

1129. Verdosto de Roma Dávila, Raquel (1910-   )

Prose: Microbiografías. 1951. Manuela Saenz. Quito:
Editorial Casa de la Cultura Ecuatoriana, 1963.
Lecciones de literatura universal. 1962. Second
edition, 1965. Third edition, 1970. La escuela y la
vida. Literatura ecuatoriana y americana. Misión en
el Uruguay. Poetry: Sin mandamientos. 1934. Arrullos.
1951. Patio de recreo. Children's poetry.
She contributed to Grimpola Roja and Avanzada.

1130. de Villares, Isabelle

See Borja, Laura

1131. Viteri, Eugenia (1932-   )

Short stories: <u>El anillo y otros cuentos</u>. Quito: Casa
de la Cultura, 1955. <u>Doce cuentos</u>. Quito: Editorial
Casa de la Cultura Ecuatoriana, 1963. <u>A 90 millas,</u>
<u>solamente</u>. Quito: Casa de la Cultura Ecuatoriana, 1969.
<u>Los zapatos y los sueños</u>. Guayaquil: Editorial Casa
de la Cultura Ecuatoriana, Núcleo del Ecuador, 1977.
Drama: "Vida nueva." In <u>Letras del Ecuador</u>, Volume XI,
Number 105, January-March 1956. "¿Literatura evasion-
ista o literatura comprometida?" In <u>Letras del Ecuador</u>,
Volume XII, Number 107, January-May 1957. <u>El mar trajo</u>
<u>la flor</u>. Quito: Talleres Gráficos del Ministerio de la
Educación, 1962. "Rumiñahui, primer guerrillero de
América." In <u>El Mundo del Domingo</u>, 18 July 1965.
Page 4. "A treinta años de su muerte: Gardel es el
tango." In <u>El Mundo del Domingo</u>, 27 June 1965. Page 3.
"Congreso cultural de La Habana." In <u>Cuadernos del</u>
<u>Guayas</u>, Volume XIII, Numbers 26-27, December 1968.
Page 10. "Nuevas Lianas." In <u>Letras del Ecuador</u>,
Volume 143, August 1969. Page 26. "Correr en un cad-
illac." In <u>Cuadernos del Guayas</u>, Volumes 32-33, May
1970. Page 9. "Los que se van: un libro crucial."
In <u>Letras del Ecuador</u>, Volume 152, August 1972.

1132. Viteri de Huras, Mercedes

1133. Yánez Cossío, Alicia (1929-   )

Novel: <u>Yo vendo unos ojos negros</u>. 1974.
Short stories: <u>El beso y otros fricciones</u>. Bogotá:
Ediciones Paulina, 1975.
Poetry: <u>Luciolas</u>. 1949. <u>De la sangre y el tiempo</u>.
1964. <u>Bruna, soroche y los tíos</u>. Quito: Editorial
Casa de la Cultura Ecuatoriana, 1973.

1134. Alegría, Claribel (1924-   )

Novels: <u>Cenizas de Tzalco</u>. Barcelona: Editorial Seix Barral, 1966. In collaboration with Darwin J. Flakoll. <u>Juego de espejos</u>. In collaboration with Darwin J. Flakoll. Poetry: <u>Anillo de silencio</u>. 1948. <u>Vigilias</u>. Mexico: 1953. <u>Acuario</u>. Chile: 1955. <u>Huésped de mi tiempo</u>. Buenos Aires: 1965. <u>Aprendizaje</u>. El Salvador: Editorial Universitaria de El Salvador, 1970. <u>Pagaré a cobrar y otros poemas</u>. 1973. <u>Angustia y soledad</u>. <u>Auto de fe, comunicación a larga distancia</u>. <u>Suite de amor</u>. <u>Tres cuentos</u>. In collaboration with her husband, Darwin J. Flakoll, she has prepared anthologies of Hispanic-American poetry and short stories in English.

1135. Arias, Ana Dolores (1859-1888)
pseudonym: Esmeralda

"Mis primeras ilusiones." In <u>Guirnalda Salvadoreña</u>. Edited by Román Mayorga Rivas. T. III.
"Mis tristezas." In <u>Guirnalda Salvadoreña</u>. Edited by Román Mayorga Rivas. T. III.
"Recuerdos de mi infancia." In <u>Guirnalda Salvadoreña</u>. Edited by Román Mayorga Rivas. T. III.
She and Rafael Cabrera were known as "the poet lovers of Cuscatlán."

1136. Arrué de, María Teresa

"La niña del jardín." In <u>Parnaso Salvadoreño</u>. Edited by Salvador L. Erazo. "Madre dolorosa." In <u>Sopena</u>. She was known as the Mother of Salarrué.

1137. Arrué de Miranda, Luz (1852- ?)

<u>Composiciones literarias de Luz Arrué de Miranda</u>. Editorial San Salvador, 1933.

145

1138.   Ayala, Prudencia

Payaso literario en combate. San Salvador: Imp.
Arévalo, 1928.

1139.   Brannon de Samonoya, Carmen (1899–1974)

Poetry: Estrellas en el pozo. 1934. Canción redondo.
1937. La casa de vidrio. 1942. Ciudad bajo mi voz.
1946. Romances de norte y sur. 1946. Sonetos. 1946.
Donde llegan los pasos. 1953. Escuela de pajaros.
1955. Fábula de una verdad. 1959. Tierra de infancia.
1959. Prose. Girasol. 1961. Anthology. Was awarded
the second prize in the "Certamen Nacional de Cultura
de El Salvador" (the National Cultural Contest of El
Salvador) in 1961. Antología poética. 1962.
Canciones. 1962. Sobre el ángel y el hombre. 1962.
Was awarded the first prize in the "Juegos Florales
Hispanoamericanos de Quezaltenanzo" (the Hispanic-
American Floral Games of Quezaltenanzo) in 1965.
Del fino amanecer. 1967. Nuestro pulsante mundo.
San Salvador: Dirección General de Cultura del Min-
isterio de Educación, 1969. Tierra de infancia. 1969.
Prose. Cartas escritas cuando crece la noche. 1972.
Obras escogidas. 1973. It is comprised of unedited
books: Apuntes (1970–1972). Tierra de infancia.
1973. Prose.

1140.   Consuegra Martinez, Yolanda

Novel: Sus fríos ojos azules. Short stories: Seis
cuentos. Corazón Ladino. El Salvador: Ministerio de
Educación, 1967.

1141.   Cortez, Maya América (1947–   )

Poetry: "Amigo del café latino." "El porque de mi voz."

1142.   Durand, Mercedes (1933–   )

Short story: "Juego de ocieja." El Salvador: Edito-
rial Universitaria de El Salvador, 1970.
Poetry: Espacios. 1955. Sonetos elementales. 1958.
Poemas del hombre y del alba. 1961. Las manos en el
fuego. 1969. In collaboration with the poet David
Escobar Galindo. It was an honorable mention in the
"Certamen Nacional de Cultura de El Salvador" (the
National Cultural Contest of El Salvador) in 1967.
Las manos y los siglos. It was awarded in the contest
sponsored by the Latin American Community of Writers

and the magazine <u>Revista Ecuador 0° 0' 0"</u> of Mexico
(1970). <u>Todos los vientos: Antología poética</u>. 1972.

1143. Esmeralda
See Arias, Ana Dolores.

1144. Galindo, Antonia (1858–1893)
pseudonym: Antonia Idalgo

"A mi madre." In <u>Guirnalda Salvadoreña</u>. Volume III.
Edited by Román Mayorga Rivas.
"En una altura." <u>La Juventud Salvadoreña</u>.
"Pintura, música y poesia." <u>La Juventud Salvadoreña</u>.

1145. González, Florinda B.

<u>Flora lírica</u>. 1920. <u>Hojas de otoño</u>. 1939.

1146. Guayau, Marie Jean (1854–1888)

<u>Parábolas</u>. San Salvador: Editorial Zenith, 1922.
96 pages.

1147. Guerra, Dora (1925–   )

Poetry: <u>Signo menos</u>. 1958.
Daughter of Alberto Guerra Trigueros.

1148. Gúzman, Rosa Amelia

Poetry: <u>Clavellinas</u>. Santa Ana, El Salvador:
Tip. la Unión, 1917. 75 pages.

1149. Herodier, Claudia (1950–   )

"Volcán de mimbre." Was awarded the second prize in
the "Juegos Florales Centroamericanos y de Panamá, de
Quezaltenanzo, Guatemala" in 1972.

1150. Huezo Paredes, Elisa (1921–   )
"A la hormiga." <u>Revista Cultural</u>, 54.
"Salmo." In <u>Sonetos de poetas de El Salvador</u>, 1968.
Poet and painter. She has not published any books.

1151. Idalgo, Antonia
See Galindo, Antonia.

1152. Jiménez, Liliam (1923–   )

<u>Tu nombre, Guatemala</u>. 1955. <u>Sinfonía popular</u>. 1957.

1153.   Kury, Sonía Miriam (1948-   )

Poetry: "Es preciso juntar lo disgregado."
"Poesía, sabía y misteriosa."
"Quizas es la piedad quien nos rescata."

1154.   Lanzas, Irma (1933-   )

"Deja que crezca el fuego." Revista Cultura, 54.
"Preludio de la hora presente." Tribuna Libre.
"Tiempo de recordar." Revista Cultura, 54.
Translator of poetry.

1155.   Larde de Venturino, Alice (1896/1915-   )

Essay: "Sangre del Trópico."
Poetry: Pétalos de alma. San Salvador: Tip. la Unión,
1921. Alma viril. Santiago, Chile: Editorial Nasci-
mento, 1925. 154 pages. Sangre del Trópico. Santiago,
Chile: Editorial Nascimento, 1925. 48 pages. Prose.
Belleza salvaje. Madrid: Esposa-Calpe, 1927.
125 pages. El nuevo mundo polar. Barcelona: Editorial
Cervantes, 1929. 189 pages. Las mejores poesías líricas de los mejores poetas. Barcelona. Volume 53.
"Soy campesina." In Florilegio del parnaso americano.
Edited by Michael A. De Vitis.
Scientific work: La dinámica terrestre y sus fenómenos
inherentes. 1943. ¿Es la electricidad el origen de
la vida y de la muerte? 1943. Fórmulas gráficas prác-
ticas del vita oculiscopio y oculivitas. 1950.
Didactic work: Mi América: Odisea de un colegial salva-
doreño a través de Centro y Sud-América. 1946.

1156.   Lars, Claudia
See Brannon de Samonoya, Carmen.

1157.   López, Matilde Elena (1922-   )

Cartas a Groza. El Salvador: Ministerio de Educación
Dirección General de Cultura, 1970 . Collection of
letters. "Antifona de Paolo y Francesca: La busqueda."
Revista Cultural, 54. "Diálogo con mi nombre." In
Puno y letra. Edited by Oswaldo Escobar Velado.
Essays: "Dante, cuidadano del futuro." Was awarded
at the Central American contest honoring the great
Florentine poet. "Interpretación social del arte."
1975. "Masferrer, alto pensador de Centro América."
1954.

1158. Loucel, María (1899-1957)

Ilapso. 1936.

1159. de Múñoz Ciudad Real, Mercedes (1910-   )

"Desde que te juiste."
Her work appears in periodicals and magazines.

1160. Posada, Emma (1912-   )

Poemas en prosa. 1935. Published again in 1965 .

1161. Quintero, Mercedes (1898-1924)

Poetry: "Alba." In Florilegio del parnaso americano.
Edited by Michael A. De Vitis. Oasis. 1961.
Oasis. 1964.

1162. Serpas, Lilian (1909-   )

Urna de ensueño. San Salvador: Imp. de José B.
Cisneros e Hijos, 1927. Huésped de la eternidad.
1949. La flauta de los pétalos. 1951. Nácar.
Nivelación.

1163. Soriano, Juanita (1918-   )

Por todos los caminos. 1946. Primavera. 1946.
Más allá de los peces. 1948. Voces sin tiempo. 1949.
La siembra inútil. 1960.

1164. Trisle, Lis

Tristes golondrinas. 1966. Primavera navegable.
Caracas: Impresos Camejo, 1970.

1165. Valiente, Lydia (1900-   )

Raíces amargas. 1951.

1166. Van Severen, Tula

Cuenco de barro. 1962.

GUATEMALA

1167.   Acuña de Castañedo, Angelina

Prose: El llamado de la cumbre. Ed. de Educación Pública, 1960. 97 pages. Poetry: Fiesta de luciérnagas. Ed. de Educación Pública, 1953. Children's poetry. "Dignificación del maestro." In Diario de Centro America, 11 February 1955. Madre América. Ed. de Educación Pública, 1960. Canto de amor en latitud marina. La gavilla de Ruth.

1168.   Aguirre, Lity

Novels: Estigma. Editorial "Landívar," 1957. 158 pages. Guatemala My Beautiful Country. Editorial "Landívar," 1959. 160 pages. It Happened in Guatemala. Short stories: El país de la eterna primavera. 1950. Así es la vida. Editorial "Landívar," 1955. 206 pages.

1169.   Alarcón Folgar, Romelia

Short stories: Cuento de abuelita. Centro Editorial, 1958. 38 pages. Children's stories. El gusano de luz. Children's stories. Sin brújula. Short mysteries. El vendedor de trinos. Short mysteries. Poetry: Isla de novilunios. "Centro Editorial," 1954. Clima Verde en dimensión de angustia. 1957. Viento de colores. Talleres "Días Paiz," 1957. 61 pages. Día vegetal. Number two of Brigadas Líricas. Buenos Aires, 1958. A collection of the best American poets. Vigilia blanca. Imp. Comercial, 1959. 80 pages. Astros y cauces y casa de pájaros. Llamaradas y libel un dios. Pasos sobre la yerba. Plataformas de cristal. Poemas de la vida simple. Tiempo inmóvil.

1170.   América, Rosa

Ulises inmóvil. Guatemala: Ediciones Nuevo Signo, 1968.

151

1171. Barret, Maca

Novel: <u>El caballo rojo</u>. Editorial Universitaria, 1959.
Volume 32. 328 pages.

1172. Batres, Dolores

<u>Ronda de canciones</u>. Editorial de Educación Pública,
1955. Illus. Dagoberto Vásquez. 71 pages. Children's music.

1173. Bernal de Samayoa, Ligia

Drama: <u>Tus alas Ariel</u>. Guatemala: Editorial "Landívar,"
1969. <u>Cafe concordia</u>. <u>Casa de albañil</u>. <u>La niña de
la esperanza</u>. <u>La piedra en el pozo</u>.
Children's drama: <u>Estampas navideñas</u>. <u>Juguetelandia</u>.
<u>El niño Dios de María</u>. <u>El sueño de Renato</u>.
Poetry: <u>Canción de los dos caminos</u>. <u>Los fundamen-
tales</u>. <u>Prosas íntimas</u>.

1174. Carrera de Wever, Margarita

Poetry: <u>Poemas pequeños</u>. Colección Contemporaneos,
Number 24. Ed. del Ministerio de Educación, 1951.
<u>Poesías</u>. 1957. <u>Desde dentro</u>. 1964. <u>Poemas de sangre
y alba</u>. Guatemala: Editorial Universitaria, 1969.
Critiques: <u>Temática y romanticismo en la poesía de
Juan Diéguez</u>. Editorial Universitaria, 1957/58.
114 pages. <u>Corpus poeticum de la obra de Juan Diéguez</u>.
Colección Wyld Ospina. Editorial Universitaria, 1959.
282 pages.

1175. Castejón de Menéndez, Luz (1916-   )

<u>Por ese olor de azucena</u>. Editorial "Landívar," 1958.
259 pages.

1176. Cheves, Adelaida (1846- ?)

"El náufrago." In <u>Parnaso Guatemalteco</u>. Ed. Humberto
Porta Mencos, pages 311-313.

1177. Cheves de Wyld Ospina, Amalia (1896-   )

"Calles de Xelaju." Appears in a book by Osmundo
Arriola. Quezaltenango. Pages 46-47.
Some of her poetry appears in <u>Parnaso Guatemalteco</u>.
Ed. Humberto Porta Mencos, pages 547-550.

1178.   Córdoba de Aragón, María Josefa (1838-   ?)

        "Poesías." In Parnaso Guatemalteco. Ed. Humberto
        Porta Mencos, pages 221-224.
        Some of her poetry appears in Galería poética centro-
        americano. Ed. Ramón Iriarte. Volume II, pages
        295-302.

1179.   Cruz, María (1876-1915)

        Cartas de la India. Paris. María Cruz a través de su
        poesía. Collection of poetry. Some of her poetry
        appears in Parnaso Guatemalteco. Ed. Humberto Porta
        Mencos, pages 419-423. She also published poetry in
        newspapers in Europe and America.

1180.   Díaz, Tania

        See Díaz de Menes, Tatiana

1181.   Díaz Lozano, Argentina (1909-   )

        Novels: Mayapán. Guatemala: Editorial del Ministerio
        de Educación Pública, 1950. 49 días en la vida de una
        mujer. México: Editorial Lealinoamericano, S.A., 1956.
        Fuego en Granada. Mansión en la bruma.
        Short stories: Luz en la senda (sombra). 1935.
        Topacio. 1940. Short stories and poetry.
        Poetry: Perlas de mi Rosario.
        Other works: Peregrinaje. Editorial de Educación Pú-
        blica, 1943. 286 pages. Second edition, Contemporáneo,
        Number 43, 1955. Third edition, 1959. Tenemos que
        vivir. 1963. Aquí viene un hombre. 1968. Biography
        of Clemente Marroquín Rojos. Enriqueta y yo. Auto-
        biography.

1182.   Díaz de Menes, Tatiana
        pseudonym: Tania Díaz

        Los solitarios. Guatemala: Unión Tipográfica. Prose.

1183.   Fernández Hall de Arevalo, Teresa

        Poetry: Saetas místicas. Editorial "Landívar," 1960.
        156 pages.

1184.   Foppa, Alaide (1914-disappeared December 19, 1980)

        Las palabras y el tiempo. México: La Máquina Eléctrica
        Editorial, 1979. Confesiones de José Luis Cuevas.
        Poetry: La sin ventura. Tipografía "America," 1955.
        44 pages.

154 Guatemala

Art critic. Founder of Chair of Sociology of Women in
the School of Political Science. In charge of the radio program "Foro de la Mujer" on Radio Universidad.

1185. García Granados, María Josefa (1796-1848)

"Descripción de la erupción del Cosigüina." Mensual de
Conocimientos Utiles, 3 July 1835.
Poet. She published in El Museo Guatemalteco, which
was in circulation from 1856 until 1859 and consisted
of sixteen issues with 272 pages. Some of her poetry
also appears in Parnaso Guatemalteco. Editorial Humberto Porta Mencos, pages 85-88. She was born in Spain.

1186. Górriz v. de Morales, Natalia
pseudonym: Noel

1187. Hall, Elisa (1892-   )

Semilla de mostaza. Guatemala: Tipografía Nacional,
1938. Mostaza. Guatemala: Tipografía Nacional, 1939.

1188. Herrera, Marta Josefina de

Novel: Espada de remordimiento. Editorial "Landívar,"
1955. 199 pages. Canciones de cuna y luna. Guatemala:
Editorial Istmo, 1968.

1189. Jáuregui Montes, Rosa (? -1967)

Poetry: Para dar forma, vida. Unpublished.
Vida en azul. Guatemala: Tipografía Nacional, 1969.
Published posthumously.

1190. Laparra de la Cerda, Vicenta (1834-1905)

Drama: El ángel caído. Los lazos del crimen.
Poetry: "¡Cuánto sufrir!" Guatemala Ilustrada, I, 12,
1892, page 137. "Pobre niña." Guatemala Ilustrada,
I, 17, 1893, page 201. "Desencanto." Guatemala Ilus-
trada, 26, page 310. "¿Quién es ella?" Guatemala
Ilustrada, 31, page 369. The magazine Guatemala Il-
ustrada was in circulation from 1892 until 1894.
Three of her other poems appear in Parnaso Guatemalteco.
Editorial Humberto Porta Mencos, pages 285-288.

1191. Maldonado, Sor Juana de (1594-1638)

Poetry: "El ángel de los forasteros." "La bondad de
los ángeles." "Cantos de Navidad." "Elegía." "Peca-
dos de la conciencia." "Recuerdos religiosos."
"Triste despedida."

1192. Marquez, Stella

See Rubio de Herrarte, Clemencia

1193. Masferrer de Miranda, Teresa

Prose: <u>Viendo pasar la vida</u>. Imprenta "Gutenberg," 1960.
113 pages. Poetry: <u>Soñando</u>. Centro Editorial, 1957.

1194. Mena, Marta (Maome) O.

Poetry: <u>Estancias del camino</u>. Guatemala: Imprenta
Real, 1956. <u>Canto don viento y frío--Navegación de
invierno</u>. Imprenta Iberia, 1960. 65 pages.

1195. Montenegro de Méndez, Dolores (1857-1933)

<u>Flores y espinas</u>. Guatemala: Imprenta F. Silva, 1877.
<u>Versos</u>. Guatemala: Tipografía Nacional de Guatemala,
1895. <u>Antología de Lola Montenegro</u>. Guatemala: Tipografía Nacional, 1964.

1196. Morales Tinoco de Marroquín, Clemencia

Poetry: <u>Manojo de rimas</u>. Tipografía Nacional, 1960.
124 pages.

1197. Noel

See Górriz v. de Morales, Natalia

1198. Orellana v. de MacDonald, Josefina

<u>Poemario del niño párvulo</u>. Imprenta "Norte," 1952.
Illus. Miguel Angel Ceballos M. 100 pages. Children's poetry.

1199. Paz y Paz G., Leonor

<u>18 cuentos cortos</u>. Imprenta "Norte," 1955. 97 pages.
<u>Hojas de abril</u>. Imprenta "Real," 1957. 150 pages.
<u>Cartas a los maestros</u>. Editorial Universitaria, 1958.
22 pages. Homage to the Guatemalan woman and teacher.
Second edition 1960. 45 pages. <u>La mujer de pelo largo</u>.

1200. del Pilar, María

<u>Sinfonía de luz</u>. Talleres "Díaz Paiz," 1957. 62 pages.

1201. Pilón, Marta

<u>Con las manos vacías</u>. Editorial de Educación Pública,
1958. 161 pages.

.1202. Ponce de Veliz, María Magdalena (1936-   )

Humedad, verdor y aroma. 1964. Second edition, 1965.
She has contributed to Diario Prensa Libre and La Voz
de la Verdad.

1203. Rodríguez, Blanca Luz de

Novel: Los brutos. Guatemala: Unión Tipográfico, 1969.

1204. Rodríguez López, Rosa (1907-   )

El vendedor de cocuyos. México: Imp. Mundial, 1927.

1205. Rubio de Herrarte, Clemencia (? -1959)
       pseudonym: Stella Marquez

"Lo eterno." El Imparcial, 1932. "Una esperanza."
El Imparcial, 1932. Sembradora ausente. Guatemala:
Empresa Editorial Luz, S.A., 1968.

1206. Rubio v. de Robles, Laura

Four of her poems appear in Parnaso Guatemalteco.
Ed. Humberto Porta Mencos, pages 509-511.

1207. Silva, Carmen P. de

Two of her poems appear in Parnaso Guatemalteco.
Ed. Humberto Porta Mencos, pages 303-309. She founded
the periodical El Ideal.

1208. Spinda, Magdalena

Poet.

1209. Valenzuela, Atala

Poet.

1210. Valle, Luz

Drama: El milagro de septiembre. One act. La revancha.
Was awarded a prize in 1920 in the "Juegos Florales de
Quezaltenango." Poetry: Flores de mi alma para Trujillo
y otros poemas. Two of her other poems appear in
Parnaso Guatemalteco. Ed. Humberto Porta Mencos,
pages 555-556.

1211. Villacorta 'Vidaurre, Lola

Breves datos geográficos e históricos de Alta Verapaz.
Hierba mora.

HONDURAS

1212. Abraham, Ada Argentina

Poetry: "Bésame." "Te esperaba angustiada." Poemas
de eternidad y de amor. Unpublished. Sangre de mi
huerto. Unpublished.

1213. Aguilar, Arcenia

1214. Alma, Fiori

See Bertrand, Victoria

1215. Alvarado Montes, Mélida

1216. Antúnez, Felicita

"Quiero amar...." " "Quiero amarte esta tarde...." "

1217. Arbuzú de Guardiola, Ana

1218. Arce, Zulema

See Valladares, Angelina

1219. Argueta de Montesinos, Aurora

"Embriaguez sublime." "Prisionera divina." Serenata
del amor. Unpublished. Sinfonía del rosal. Unpublished.

1220. Arita de Maldonado, Amelia

1221. Banegas de Alvarenga, Martha

1222. Becerra de Lobo, Adela

1223. Bertot, Emilia

Poetry: Nocturno del adios. In prose. "Pasión.... "
"Por mi selva de amor.... " Entre el alma y el tiempo.
Unpublished. La hora de la estrella. Unpublished.

1224. Bertrand, Victoria (1907-1951)
       pseudonym: Fiori Alma

       "Como vislumbres mágicos y ancestrales." "Como vive
       en tí secretamente." "En el pinar." "Nómada."
       Nómada. San José, Costa Rica. "Orgullosa." "Sou-
       venir." "Todavía." "Unica."
       She directed the magazine Norte in New York in 1917.

1225. Cadalso, Zoila Ondina

1226. Cálix, Aura Enoe

       "Plegaria del maestro." In 1966 she was awarded the
       First Prize in the first Honduras Poetry Fair.

1227. Cálix Merren, Judith

1228. Canales, Ela
       pseudonym: Ela Maya Xibalda

1229. Canales, Patricia

1230. Cardona de Angulo, Adilia

       "Así llegaste a mí." Auras campesinas. "Mañanitas de
       mi pueblo." "Me persiguen tus ojos." "La molienda."
       Tesoro infantil. Fontana lírica. Unpublished. La mu-
       jer en la historia. Unpublished. Teatro hondureño.
       Unpublished. In 1961 she was declared folklorist of
       the year by the "Mesa Redonda Pan Americana."

1231. Carrasco v. de Schunder, Josefa

       Some of her poetry appears in Honduras literatura.
       Edited by Rómulo E. Durón, Volume II, pages 255-285.

1232. Castañeda de Machado, Elvia
       pseudonym: Litza Quintana

       "¿Por qué te quise ... ?" "Tu partida ... "
       She belongs to the women's literary association "Ideas."

1233. Cerrato Flores de Díaz Zelaya, Guillermina

1234. Chévez de Grifin, Dolores

1235. Cobos Figueroa, Eugenia

1236. Coello, Joselina

Desengaño. Pasión. She has published verse and prose
in various periodicals in Tegucigalpa and Guatemala.

1237. Contreras, Gilma

"Ensueño.... " "Poema al amor.... "

1238. Contreras, Rafaela (1874?-1893)
pseudonym: Stella

"Sonata." In El Correo de la Tarde, 27 December 1890.
"El oro y el cobre." In El Correo de la Tarde,
8 April 1891.

1239. Cruz, Angelina
pseudonym: Rosario Iris

1240. Díaz Lozano, Argentina (1909-   )
See entry in Guatemala.

1241. Díaz Zelaya, Ilsa

1242. Díaz Zelaya, Martha

1243. Esmeralda
See Ochoa Velásquez, Angelina

1244. España de Esguerra, Ubaldina

1245. Estrada v. de Párez, Lucila (1856- ?)

Some of her poetry appears in Honduras Literatura.
Edited by Rómulo E. Durón, Volume II, pages 266-285.

1246. Falck, María Carlota de

1247. Ferrera, Fausta

1248. Ferrera de Galo, Eva

1249. Fiallos, Melida

"Dos orquídeas." "Lápiz de invierno." "Plenílunio en
mi pueblo." "Soledad la mía." In collaboration with
Lucila Gamero de Medina: "Peregrinaje de la tarde" and
"Corolas sobre el viento." She has written four unpublished books entitled Nuevo sueño a mi canción antigua.

1250. Fiori Alma

       See Bertrand, Victoria

1251. Galindo, Antonia (1858-1894)

       "La tarde." In El Porvenir I, 24, 1878, page 383.
       "La naturaleza." In El Porvenir I, 24, 1878, pages
       383-384. "A Isabel." In El Porvenir II, 41, 1879,
       page 272.

1252. Gallardo, Guadalupe (1853-1894)

       Prose: "Cuatro palabras a los detractores de la mujer."
       In El Porvenir I, 6, 1877, pages 113-114.
       Poetry: "Siéntate al piano." In El Porvenir I, 4, 1877,
       Page 64. "A ti." In El Porvenir I, 9, pages 143-144.

1253. Gamero de Medina, Lucila

       Novels: Aida. El dolor de amar.
       Adriana y Margarita. Amalia Montrel. Amor exótico.
       Betina. Blanca Olmedo. Páginas del corazón. La sec-
       retaría.

1254. Gamero de Vener, Luz

1255. García, Gloria María

       Poetry: "Amor.... " "Celos.... " Orquídeas de mi ti-
       erra. To be published. Her first book of poetry.

1256. García, Graciela
       pseudonym: Ana del Mar

1257. García, Gregoria Martha

1258. González Núñez de Amaya, Delia

1259. Güell de Guillén, Angela

1260. Guillén, Gloria

1261. Guillén de Rodríguez, Marisabel

1262. Gutiérrez de Spilbury, Otilia

1263. Gutiérrez de Ustaris, Dora

1264. Handal, Lydia

1265. Hernández Coello, Margarita

1266. Laínez, Virginia

1267. Laínez de Blanco, Mercedes

1268. Leiva Huete de Padilla, María Cristina

1269. Lis, Flor de
       See Navas de Miralda, Paca

1270. Lobo, Juana Margarita

1271. López, Flor Amanda
       Poetry: "Cuando vuelvas.... " "Mañana.... "

1272. López, Gloria Ninfa
       "Amar.... " "Para entonces.... " Suspiros de mi alma.
       Her first book published.

1273. López, Gohía Isabel

1274. Lozano España de Escorcia, Consuelo

1275. Madrid, Teresa

1276. Mar, Ana del
       See García, Graciela

1277. Martínez M., Celina
       "Amor y Recuerdo.... " "Ruego.... "

1278. Mejía de Halil, Gloria Paul

1279. Mesa Cálex de Fernández, Angélica

1280. Minera de Gutiérrez, Daysi

1281. Mondragón de Consuegra, Aurora
       pseudonym: Fransis de Valencia
       "Fué en una mañana de luz.... " "Tomate ... Amado.... "
       Carabelas de ensueño. To be published. Her first
       book of poetry. She was the director of a weekly pub-
       lication called Sangre y Savia.

1282. Morales, Margarita de

1283. Morejón de Bográn, María Teresa

1284. Midence, Herlinda

Poetry: Desesperanza. Reflexión. Canción floral desde
el jardín del corazón. Unpublished. Exaltación lírica
al sabio José Cecilio del Valle. Unpublished.
Luciernagas de cristal. Unpublished. Venezuela:
Tierra galante y luminosa. Unpublished prose. Summa-
rizes her trip to Venezuela.

1285. Navarro, Inés (1874- ?)

1286. Navas, Ada (Hada) María (1908-   )

Poetry: "Baldón." "Fugaz." "Imposible." "Insegura."
Sin amarras. "Sobre el Lago de Yojoa." "Tengo una
alegría." "Tú y yo."

1287. Navas de Miralda, Paca (1900-   )
pseudonym: Flor de Lis

Poetry: "Bosquejo." "La mañana del puerto." "Torbellino." "Vértigo rojo-azul."

1288. Núñez de Simón, Tilita

1289. Ochoa Velásquez, Angela
pseudonym: Esmeralda

1290. Oyuela de Valásquez, Amelia

1291. Pavón Jovel, Margarita Estela

Poetry: "Desolación...." " "Mi metismo...." "
Poet and journalist.

1292. Pineda, Gladis Isabel

1293. Quintana, Litza

See Castañeda de Machado, Elvia

1294. Rinza, Mirta

See Romero Lozano, Margarita

1295. Romero Lozano, Margarita
pseudonym: Mirta Rinza

1296.   Rosacruz, Juana

"La conquista de Ulúa." In Antología de poetas americanos. Edited by Ramón Sopena. Pages 139-149.
Poet.

1297.   Rosario Iris
See Cruz, Angelina

1298.   Rubí de Moncada, Carmelina

1299.   Rubí, Edda O. de

1300.   Salazar, Sara

1301.   Santos, Uclés Jesús

1302.   Sarmiento de Moya Posas, Emma

1303.   Sevilla, Blanca

1304.   Soriano Alvarado, Juanita

1305.   Stella
See Contreras, Rafaela

1306.   Suárez, Clementina (1906-   )

Poetry: Corazón sangrante. Tegucigalpa: 1930.
Iniciales. México: 1930. Templos de fuego. México:
1931. Engranajes. San Jose, Costa Rica: 1935.
Veleros. Havana: 1937. Creciendo con la hierba. San
Salvador: 1957. Canto a la encontrada patria y su hé-
roe. Tegucigalpa: 1958. To Francisco Morazán.
Clementina Suárez: Selección de críticas y comentarios.
Tegucigalpa: Universidad Nacional Autónoma de Honduras,
1969. El poeta y sus señales. Colección Creación,
Universidad Nacional Autónoma de Honduras, 1969.
"A Juan Ramón Molina." "La grávida." "Nube." "Poema
del amor fuerte."

1307.   Suazo, Alma María

1308.   Suazo, Sumilda

1309.   Tarrius, Cristina B.

1310. Thais, Eva

Novels: <u>Hijos</u>. <u>La paz para nuestros</u>.
Poetry: <u>Agonía del sueño</u>. <u>El canto de todos</u>. <u>Lluvia</u>
<u>de ilusiones</u>. <u>Presentido amor</u>.

1311. Toledo, Lillian

<u>Alegoría</u>. <u>Senos</u>.
She directed the literary magazine <u>Engranajes</u> for many
years. She published two books of poetry and one novel.

1312. Ubizo, Eva Luisa

1313. Valencia, Fransis de

See Mondragón de Consuegra, Aurora

1314. Valladares, Angelina
pseudonym: Zulema Arce

1315. Valle, Angela (1920/27-   )

<u>Miel y acíbar</u>. 1943. Poetry: <u>Iniciales</u>. Tegucigalpa:
Ediciones Pegaso, 1961. <u>Lúnalas</u>. Tegucigalpa: Ediciones de la Escuela Superior del Profesorado Francisco
Marazón, 1969. Was awarded the Juan Ramón Molina Prize
in 1967 in the contest that is sponsored annually by
the Escuela Superior del Profesorado Francisco Morazón.
"Canción y ruego en primavera." <u>Cantos patrióticos</u>.
<u>La celda impropia</u>. Contains <u>Lúnalas</u>, <u>Inicial</u> (<u>Inici-</u>
<u>ales</u>), and <u>Siete</u>. "Pagana." <u>Sinfonía de América</u>.
<u>Valadero de sueños</u>. She wrote a commentary section
entitled "Ojiva" for the daily newspaper <u>El Pueblo</u> in
Tegucigalpa. She belongs to the literary group called
"Ideas de Tegucigalpa."

1316. Vallecillo de López, Aída

"Confesión.... " "Tu y yo.... "

1317. Varela y Varela, Olimpia

1318. Vásquez, Daisy Victoria

"Ausencia.... " "Sóla.... "

1319. Villela, María Teresa

1320. Villela de Castañeda, Sara Ruth

1321. Xibalda, Ela Maya

       See Canales, Ela

1322. Zablach de Matute, Leysla

1323. Zelaya, Herlinda Rubí de

1324. Zelaya, Juanita (1909-1934)

       "A él." "Canción Rosa." "La hermana." "Mucho más te quiero." "Nocturno." "Spleen."

1325. Zelaya Espinal, Elia

1326. Zepeda Acosta, Ena

       "Pasión celeste." "Regreso de mi amor marino.... "

1327. Acosta de Bernal, Catalina

 Griselda la desconocida.

1328. Aguilar de Rosado, Engracia

 Los pájaros eran diferentes entonces. Mérida: Compañía Tipográfica Yucateca, S.A., 1938. Written in
 English to be used as a textbook in the United States
 school where she taught. Translated to Spanish by
 Lic. D. Pastor Esquivel Navarrete.

1329. Aguirre, Ingrid Dolores

 Poetry: Para tí.

1330. Alemán de Quijano, Laura Elena

 Poetry: Vida y sueno. 1945-1951. Six poems.

1331. Alemany, Ofelia

 Alarido infernal. La condesa de Reus.

1332. Almazán de Pérez Barrera, María Helena

 Novels: Clamor de tierra. 1947. Los hombres tienen
 sed. Short stories: Tres horas. México: B. Costa-
 Amic, 1949. El sol camina de noche y otros cuentos.
 Poetry: Caminando. Other: Perfil sociológico de la
 mujer que trabaja a domicilio.

1333. de Alvarez, Gloria

 Es cuestión de alas. México: Gráficas Menhir, S.A.,
 1970.

1334. Alvarez Ponce de Leon, Griselda

 Dos cantos. Editorial Ecial, 1959. Letanía erótica
 para la paz. Editorial Ecuador, 1963. La sombra niña.

Editorial Ecuador, 1965. <u>Anatomía superficial</u>. Editorial fondo de cultura, 1967. <u>Estación sin nombre</u>.
Barcelona: Ediciones Marte, 1972. <u>Cementerio de pá-
jaros</u>. Editorial cuadernos americanos. <u>Desierta com-
pañía</u>. Editorial Ecuador, 0,0'0". "Tiempo presente."
Short story. Won the Sor Juana Inés de la Cruz prize.

1335. Amor, Guadalupe (1920-   )

Novel: <u>Yo soy mi casa</u>. 1957.
Short stories: <u>Galeria de títeres</u>. México: Letras
méxicanas No. 55, Fondo de Cult. Econo., 1959.
Poetry: <u>Puerta obstinada</u>. 1947. <u>Círculo de angustia</u>.
1948. <u>Poesía</u>. 1948. <u>Polvo</u>. 1949. <u>Poesías completas</u>.
Madrid: Aguilar, 1951. <u>Décimas a Dios</u>. 1953. <u>Como
reina de baraja</u>. <u>El zoológico de Pita Amor; 160 dé-
cimas</u>. Other works: <u>Otro libro de amor</u>. 1955. <u>Sir-
viendole a Dios de hoguera</u>. 1958. <u>Todos los siglos del
mundo</u>. 1959. <u>Fuga de negras</u>. <u>Más allá de lo oscuro</u>.

1336. Ancona Ponce, María

Poetry: <u>Arpegios</u>, 1943.

1337. de la Antigua, Madre María (1566-1617)

<u>Estaciones de la pasión del señor</u>.

1338. Arguedas, Sol

<u>Parientes pobres</u>. México: Universidad Veracruzana, 1971.

1339. Arias, Olga

Short stories: <u>Deliaiza</u>. <u>Espirales</u>.
Poetry: <u>Poemas de mayo</u>. 1963. <u>Canción laudatoria</u>.
<u>El elegido</u>. <u>En la espiza del viento</u>. <u>Libro de espejos</u>.
<u>Minima galaxia</u>. <u>Nostalgia en el otoño</u>. <u>Sobreviviente</u>.
<u>Trilogía</u>. Other works: <u>Acusación</u>. <u>A Durango</u>. <u>Cuatro
preludios para una ciudad</u>. <u>Elegías en tu ausencia</u>.
<u>El grito</u>. <u>El portillo</u>. <u>Fragmentario</u>. <u>La mansión</u>.
<u>Las pupilas</u>. <u>Metamorficos</u>. <u>Nocturnos</u>.
<u>Toribio</u>. Children's literature.

1340. Arizmendi Duersch, Elena

<u>Vida incompleta, ligeros apuntes sobre mujeres en la
vida real</u>.

1341.   Arredondo, Inés Amelia Camelo (1928-   )

Short stories: La señal. México: Ediciones Era, S.A.,
1965. Río Subterraneo. México: Joaquin Mortiz, 1979.
Won Xavier Villaurrtia Prize.
She also contributed to Revista mexicana de literatura,
Revista de la Universidad de México, and Cuadernos del
Atlántico.

1342.   Aveleyra Arroyo de Anda, Teresa (1920-   )

El humorismo de Cervantes en sus obras menores. Ed. de
la autora, 1962. Pueblo limpio. Costa-Amic, 1963.

1343.   Baez, Carmen

Poetry: Cancionero de la tarde. Morelia, 1928.
La roba-pájaros. México: Letra mexicanas, No. 34,
Fondo de Cultura económica, 1957.

1344.   Banda Farfán, Raquel (1928-   )

Novels: Valle verde. Editorial los presentes, 1957.
Cuesta abajo. Editorial los presentes, 1958.
Short stories: Escenas de la vida rural. Edición par-
ticular, 1953. La cita. Editorial los presentes, 1957.
Un pedazo de vida. Editorial Comaval, S.A., 1959.
El secreto. Editorial Diana, S.A., 1960. Amapola.
La luna de Ronda. La tierra de los geranios.

1345.   Batiza, Sarah

Novels: Nosotras las taquígrafas.... Won a prize in
the Certamen Cultural de los talleres gráficos de la
nación, 1948. Eso que se llama un niño. México: Organización editorial Novaro, S.A., 1968.
Other: Mis "yos" y Larry. Comedy.

1346.   Bechelani, Mimi

Fuego al sol. México: 1970.

1347.   Bermúdez, María Elena (1916-   )

Novel: Diferentes razones tiene la muerte. 1953.
Drama: La muralla. 1944. Three acts.
Short stories: Los mejores cuentos policiacos mexicanos.
Mexico: Libro-Mex. editories, 1956. Anthology. Ale-
goria presuntuosa (y otros cuentos). Mexico: Federa-
ción Editorial mexicana, 1971. Cuentos fantásticos
mexicanos. Ediciones Oasis.

Poetry: Veintiún poemas. 1936. Canto del viento.
1937. Dos sonetos. 1937. Soledad enemiga. 1944,
1949. Essay: "La vida familiar del mexicano." Psycho-
sociological. In 1948 she began publishing in several
magazines: El Nacional, Excelsior, Mujeres, Nivel, and
Selecciones policiacas y de Misterio.

1348.   Bobes Ortega, Evelina

Novel: El viento de noviembre.
La ciudad y la música. Otoño estéril.

1349.   Bolio de Peón, Dolores (1880-   )

Novel: Días de verano. Other prose: Aroma tropical.
1917. Una hoja del pasado. 1919. Un solo amor. 1937.
Aromas de antaño. El dolor de la vida. La cruz del
maja. Libro de versos. Mamá grande cuenta que....
Ballad. Poetry: A tu oído. Versos. 1912-1917.
La Habana. 1917. De intimidad. 1919. Yerbas de olor.
1924. En silencio. 1936.

1350.   Bravo Adams, Caridad

Poetry: Reverberación. Trópico.

1351.   Brito Sumárraga, Sahara

A través de una vida. Desolación. Manojo de cuentos
y dramatizaciones escolares para el segundo ciclo.

1352.   Brook, Paulita

Drama: Entre cuatro paredes. Los jovenes. Three acts.
Other works: Cartas a Platero. La espiga y el racimo.

1353.   Camarillo de Pereyra, María Enriqueta (1875-   )
        pseudonym: María Enriqueta

Novels: Sorpresas de la vida. Madrid: 1921. El misterio de su muerte. Madrid: Espasa-Calpe, 1926.
Enigma y símbolo. Madrid: Espasa-Calpe, 1927. Lo ir-
remediable. Madrid: Espasa-Calpe, 1927. El arca de
colores. Madrid: Espasa-Calpe, 1929. El secreto.
Madrid: s.f. Poetry: Las consecuencias de un sueño.
1902. Rumores de mi huerto. 1908. Rumores de mi
huerto. Rincones románticos. Madrid: 1922. Album
sentimental. Madrid: 1926. Poemas del campo.
Other works: Jirón de mundo. Madrid: 1918. Entre el
polvo de un castillo. Bs.As.: 1924. Children's
stories. La torre de seda. 1927. Cuentecillos de

cristal. Cuentos Barcelona, 1928. Prose for children.
Brujas, Lisboa, Madrid. Madrid: 1929. Del tapiz de
mi vida. 1931. Fantasía y realidad. Madrid: Espasa-
Calpe, 1933. Mirlitón, el compañero de Juan. Madrid:
1938. Hojas dispersas. México: Editorial Patria,
1950. El consejo del buho. s.f. Dos enemigos.

1354. Campobello, Nellie (1909-   )

Prose: Cartucho. Relatos de la lucha en el norte de
México. 1931, 1940. Las manos de mamá. 1937.
Apuntes sobre la vida militar de Francisco Villa. 1940.
Ritmos indígenas de México. 1940. In collaboration
with Gloria Campobello. Villa. 1940. Mis libros.
Poetry: Yo. Versos por Francisca. 1929. Tres poemas.

1355. Carleton de Millán, Verna

La mujer que quiso ser infiel, José Nicolás y evocación
de Felisa. México: Editorial Senaloa, 1954.

1356. Castaño, Rosa de

Novels: La gaviota verde. 1934. El rancho estradeño.
1936. Transición. 1939. El torrente negro. 1940.
El coyote. México: 1944.
Drama: Fruto de sangre. Pulque.

1357. Castellanos, Rosario (1925-1974)

Novels: Balún Canán. México: Fondo de Cultura Econó-
mica, 1957. Oficio de tinieblas. México: Joaquín
Mortiz, 1962. Short stories: Ciudad real. 1960.
Los Convidados de Agosto. México: Ediciones ERA, 1964.
Drama: El eterno femenino. México: Fondo de Cultura
Económica, 1975. Essay: Juicios Sumarios.
Poetry: Apuntes para una declaración de fe. México:
Revista América, 1948. De la vigilia estéril. México:
Revista América, 1950. Dos poemas. México: Colección
"Icaro," no. 4, 1950. Presentación en el templo.
México: Revista América, 1952. Poemas 1952-1955.
México: Metáfora, 1957. Al pie de la letra. Xalapa:
Universidad Veracruzana, 1959. Judith y Salomé.
México: Jus, 1959. Lívida luz. México: UNAM, 1960.
Material memorable. 1969. Other works: Trayectoria
del polvo. Colección "El crystal fugitivo," 1948.
El rescate del mundo. Tuxtla Gutiérrez: Gobierno del
estado de Chiapas, 1952. Ciudad real. Xalapa: Uni-
versidad Veracruzana, 1960. Won the Xavier Villaruba
prize in 1961. Mujer que sabe latín.... México:

Sep Setentas Diana, 1979. <u>Album de familia.</u> <u>Sobre</u>
<u>cultura femenina.</u>

1358.   Castillo Ledon, Amalia de (1902-   )

Drama: <u>Cuando las hojas caen.</u> Estimated 1929, 1933.
<u>Cubos de noria.</u> 1934.

1359.   Castro, Dolores (1923-   )

Novel: <u>La ciudad y el viento.</u>
Poetry: <u>El corazón transfigurado.</u> 1949. <u>Soles.</u> México: Jus, 1977. 72 pages. <u>Barcos de papel.</u> <u>Can-</u>
<u>tares de la vela.</u> México: Jus. <u>Siete poemas.</u> <u>La</u>
<u>tierra está sonando.</u>

1360.   Cetina Gutiérrez, Rita (1846-1908)
        pseudonym: Cristabela

Drama: <u>Deudas del corazón.</u> Three acts in verse.
Poetry: "Babilonia," "El angel de tu hogar," and "Campeche." In <u>Revista de Mérida,</u> 1869, pages 99, 244, and
279. "La oración de la niña" and "A la Srta. Pilar
Tenorio Zavala." In <u>Album Meridiano,</u> 1869, pages 47
and 25. Teacher in the Instituto Literario de Niñas,
of Mérida. Founder of the group "La Siempreviva" and
editor of the newspaper of the same name.

1361.   Cistis, Laurina

See Hübbe y García Rejón, Cristina and/or
Hübbe y García Rijón, Luisa

1362.   Collagos, Camilo or Emilio

See Urcelay, Mercedes

1363.   Cornejo, María Isabel Eloísa
        pseudonym: Hipalia, Hada

Poetry: <u>Bouquet de papillons.</u> <u>Flores de angustias del</u>
<u>jardín de un alma.</u> <u>Rosas enfermas de colores pálidos.</u>

1364.   Correa Zapata, Dolores

Poetry: <u>Estelas y bosquejos.</u> <u>Mis liras.</u>

1365.   Cox, Patricia

Novels: <u>Umbral.</u> 1948. <u>Amanecer.</u> <u>Cuahtémoc, semblanza</u>
<u>de un héroe.</u> Fiction. <u>El Batallón de San Patricio.</u>

El enemigo está adentro. Ese pequeño mundo. Maximiana. Por los dominios de hierro. Pueblo olvidado.

1366. Cristabela

See Cetina Gutiérrez, Rita

1367. Cross, Elsa

Poetry: La dama de la torre. Naxos. Peach Melba.

1368. Cruz, Sor Juana Inés de la (1651-1695)
       pseudonym: Juana de Asbaje

Prose: El neptuno alegórico. La respuesta e Sor Filotea de la Cruz. Drama: Los empeños de una casa. 1683. Amor es más laberinto. 1689. Poetry: Inundación castálida. 1689. Segundo volumen de la obra de Sor Juana Inés de la Cruz. 1691. Fama y obra póstuma del Fénix de México, Décima musa. 1700. Autos: El divino Narciso. 1690. El cetro de José. El Mártir del sacramento: San Hermenegildo. Other works: 22 villancicos, 18 loas, 3 autos, 2 sainetes, and 1 saroa.

1369. Crysanthème

See Sansores Pren, Rosario

1370. Cuellar, Francisca Carlota (1861- ?)

Poetry: Antología.

1371. Dávila, María Amparo (1928-   )

Short stories: Tiempo destrozado. México: Fondo de Cultura económica, Colección "Letras mexicanas," no. 46, 1959. Música concreta. 1964. Arboles petrificadas. México: Editorial Joaquín Mortiz, S.A., 1977. Poetry: Meditaciones a la orilla del sueño. San Luis Potosí: 1950. Perfil de soledades. San Luis Potosí: 1950. She contributed to several magazines: Ariel y Summa, Estilo y cuadrante, Letras Potosinas, Revista de literatura Mexicana, and Universidad de México y Estaciones.

1372. Dolujanoff, Emma (1922-   )

Novels: Adios, Job. México: Fondo de Cultura Económica, 1961. La calle del fuego. Short stories: Cuentos del desierto. México: Ediciones

Botas, 1959. Drama: Las muñecas. Unpublished. 1957.
She also published in Página Médica and El Universal.

1373.   Domínguez, Berta

Short story: "Ansina María." 1945.

1374.   Dueñas, Guadalupe (1920-   )

Short stories: Las ratas. Abside, 1954. Tiene la
noche un árbol. México: Fondo de cultural económica,
1958. Won the "José María Vigil" prize in Guadelejara
in 1959. Máscara para un ídolo. No moriré del todo.
Semblanzas imaginarias.
She has published work in the magazines and newspapers
of México. Various of her short stories appear in
newspapers and magazines in Costa Rica, Bogotá, Argentina, and Spain. Also in the Texas Quarterly and in
various other newspapers and magazines of the United
States. She figures in the anthology of Emmanuel Car-
ballo that includes modern Mexican short story writers.

1375.   Durand, Luz María

Novel: En busca del espíritu.
Short stories: Ante la vida.
Poetry: Caminos de América. Intensidad. Lo que no
puede callar. Luz y sombra. Mi alma y yo. Perfiles.
Pétalos. Poemas de México. Ráfagas. Poem and stories.

1376.   D'Erzell, Catalina (1897-1950)
        pseudonym: Dulché Escalante, Catalina

Novels: La inmaculada. 1920. Apasionadamente. Short
novels. Drama: Chanito. Estimated 1923. Cumbres de
estío. Estimated 1923. ¡Esos hombres! Estimated
1923, 1927. El pecado de las mujeres. Estimated 1925,
1948. El rebojo azul. Estimated 1925. La sin honor.
Estimated 1926. La razón de la culpa. Estimated 1928.
Los hijos de la otra. Estimated 1930. Lo que sólo el
hombre puede sufrir. Estimated 1936. Maternidad.
Estimated 1937. La ciénaga. Estimated 1941. Cumbres
de nieve. El último charro. Sainete. La hora de
cristal. Xulitl. Opera.

1377.   Erosa, Mercedes

Poetry: Volutas de humo. México: Ediciones de Angel
Chápero, 1938.

1378. Espejo, Beatriz (1937-   )

La otra hermana. México: 1958.
Publishes work in the following magazines: Cuadernos
del Viento, Estaciones, and Filosofía y Letras de
México, D.F. Manages the feminist magazine El rehilete.

1379. Espinosa Riestra, Fina (1890-   )

Novel: Lajas en el sendero. Mérida: Imprenta Oriente,
1937. Other: Hada madrina. Mérida: Compañía Tipográfica Yucateca, 1941.

1380. Farfán, Cristina (1846-1880)

Together with Rita Cetina Gutiérrez and Gertrudis
Tenorio, she founded the literary society, school, and
newspaper called "La Siempreviva." In Tabasco she
founded the school "El Porvenir" and the newspaper
"El Recreo del Hogar." She was a member of the Liceo
Hidalgo in Mexico, D.F., the Liceo of Mérida, and the
Amigos del Estudio in Tabasco.

1381. Farias de Issasi, Teresa (1874-   )

Novels: Ante el gran enigma. Nupcial. Barcelona: s.f.
Drama: Cerebro y corazón. 1907. Comedy. Sombra y
luz. 1912. Comedy. Como las aves. 1919. Comedy.
Fuerza creadora. Comedy. Los frutos del mal. Páginas
de la vida. Comedy. Religión de amor. Comedy.

1382. Febles, Julia Dominga
       pseudonym: Julia

Poesías de Julia D. Febles y Cantón. Mérida: Imprenta
"Gamboa Guzmán," 1900. "Elegías" and "¡Mátala!" in
Arte y Letras, 15 July 1905, page 2, and October 1905.
"Miniatura." In Pimienta y Mostaza, Mérida 3era época,
1905, page 5. She contributed to Arte y Letras, El Eco
del Comercio, Pimienta y Mostaza, and La Revista de
Mérida.

1383. Fernández Castillo, Amalia

Short story: "El señor Don Juan, mi marido." 1935.

1384. Fonsalba, Pablo María

See Izquierdo Albiñana, Asunción

1385. Fontanilles de Rueda, Pilar

Novels: <u>Cuentos blancos</u>. 1915. <u>Arancel</u>. Mérida:
1929. <u>Eva Cantoral</u>.

1386. Formoso de Obregon Santacilla, Adela

Drama: <u>Yanalté</u>. Libro sagrado, 1935.
Other works: <u>Espejito de infanara</u>. 1933. <u>Adolescen-</u>
<u>cia</u>. 1938. <u>La mujer mexicana en la organización so-</u>
<u>cial del país</u>.

1387. Fraire, Isabel (1936-   )

Poetry: <u>Sólo esta luz</u>. México: Era, 1969. <u>Antología</u>
<u>de siete poemas norteamericanos</u>. México: Sep Setentas,
1974. <u>En el regazo de la muerte</u>. México: Joaquín
Mortiz, 1978. Won the Xavier Villarerreitica prize
for poetry in 1978. <u>Quince poemas de Isabel Fraire</u>.

1388. Francis Soriano de Stres, Susana

Poetry: <u>Desde la cárcel de mi piel</u>. <u>Momentos</u>.

1389. García, Soledad

<u>La promesa</u>. <u>Protesta</u>. <u>Rebeldes con causa</u>.

1390. Garcia Iglesias, Sara

Novel: <u>El jagüez de las ruinas</u>. 1944.
Biography: <u>Isabel Moctezuma, la última princesa azteca</u>.
1946. Other: <u>Exilio</u>.

1391. Garcia Roel, Adriana (1916-   )

Novel: <u>El hombre de barro</u>. 1943. <u>Apuntes ribereños</u>.

1392. Garro, Elena (1920-   )

Novels: <u>Los recuerdos del porvenir</u>. Second edition.
México: Joaquín Mortiz, 1979. <u>Los perros</u>.
Short stories: <u>Andamos huyendo Lola</u>. México: Joaquín
Mortiz, 1980. <u>La semana de colores</u>. Drama: <u>Un hogar</u>
<u>sólido</u>. 1958. A collection of her plays is included
in this volume. Other: <u>El árbol</u>. Playwright.

1393. Garza Ramos, Corina

Novels: <u>María o entre las viñas</u>. 1937.
<u>Víctimas</u>. 1942.

1394. Glantz, Margo

Doscientas ballenas azules. Las mil y un calorías.
No pronunciarás.
Critic, journalist, professor of literature.

1395. Godoy, Emma (1920-   )

Novel: Erase un hombre pentáfacico.
Drama: Caín, el hombre misterio trágico.
Other: Pausas y arena. 1948. Sombras de magia.
Vive tu vida y sí un genio: hombre, tú eres un dios
escondido. Poet.

1396. Gómez Mayorga, Ana de (1878-   )

Poetry: "El divino mendigo." In Páginas de mujer, 1941.
"Tres ensayos." In Páginas de mujer, 1941. "Río de
las horas." In Páginas de mujer, 1946. "Rosa de cien
pétalos." In Páginas de mujer, 1946. Primeras y úl-
timas rosas. Other: Cruz de amor. 1939. Minutos del
tiempo. 1939. El libro de la guerra. 1941. Entre-
abriendo la puerta. 1946. Aprovecha tus días. El
mundo mejor.

1397. Gómez Reina, Irene

Poetry: Ofrendas.

1398. Gómez Rul, Ana María

Lol-há. México: Editorial Cultura de México, 1935.
Mayan story. Translated to English by Margaret Park
Redford.

1399. Gómez Ugarte, Elena

Monograph: Bibliografía sumaria del territorio de
Quintana Roo. 1937. In collaboration with Aurora
Pagaza.

1400. González, Beatriz Ofelia

Poetry: Burbujas. Guadalajara: 1937. 5 sonetos de
primer entusiasmo. Guadalajara: 1939.

1401. Greenberg S., Paulina

Poetry: El silencio.

1402. Guzmán, Julia

Novels: <u>Nuestros maridos</u>. 1944. <u>Divorciadas</u>.
Drama: <u>Muérete y verás</u>. Estimated 1945. <u>¡Quiero vivir
mi vida!</u> 1949.

1403. Guerrero, Dolores (1833-1858)

"No más a ti." In <u>Omnibus de poesía mexicana</u>. México:
Siglo XXI editores, S.A., 1971

1404. Hernández, Luisa Josefina (1928-   )

Novels: <u>El lugar donde crece la hierba</u>. 1959.
<u>La plaza de Puerto Santo</u>. 1961. <u>Los palacios desier-
tos</u>. 1963. <u>La cólera secreta</u>. 1964. <u>La primera ba-
talla</u>. Mexico City: Era, 1965. <u>El valle que elegimos</u>.
1965. <u>La memoria de Amadís</u>. 1966.
Drama: <u>Aguardiente de caña</u>. 1951 <u>Afuera llueve</u>. 1952.
<u>Los sordomudos</u>. 1953. <u>Los frutos caídos</u>. 1957. <u>Los
duendes</u>. 1958. <u>Los huéspedes reales</u>. 1958.
Other works: <u>Agonía</u>. <u>La bicicleta de Quique</u>. <u>La calle
de la gran ocasión</u>. <u>Clemencia</u>. <u>Danza del Urogallos
múltiples</u>. <u>La nave mágica</u>. <u>La noche exquisita</u>. <u>Los
trovadores</u>. Playwright and novelist.

1405. Hernández, María de Lourdes

<u>En el nuevo Aztlán</u>.

1406. Hernández Díaz, Celia de

<u>Porque son hijos no deseados</u>. <u>Señor, tú me probaste</u>.

1407. Hernández Terán, Julia

<u>Misterios</u>. México: Colección Tehutli, No. 5, Unidad
mexicana de escritores, 1955.

1408. Hidalgo, María Luisa (1918-   )

Poetry: <u>Prisión distante</u>. Guadalajara: 1937. <u>Retorno
amargo</u>. Guadalajara: 1937. <u>Presagio a la muerte</u>.
Guadalajara: 1938. <u>El angel angustioso</u>. Guadalajara:
1940. <u>Inquietudes</u>. Other works: <u>Estímulos y recom-
pensas</u>. Received first prize in children's theatre,
sponsored by the Department of Education of Jalisco,
1949. <u>Cuentos de cuentos</u>. 1951. <u>Lo cordial de la
mentira</u>. 1955. Won the "Jalisco" prize.
She also contributed to the following publications:
<u>Et Caetera</u>. Guadalajara. <u>Papel de poesía</u>. Saltillo.

Prisma. <u>Summa</u>. Guadalajara. <u>Tierra Nueva</u>. México.
<u>Xallixtlico, revista de Ed</u>. Guadalajara.

1409. Hipalia, Hada

   See María Isabel Eloísa Cornejo

1410. Hortensia

   See Tenorio Zavala, Gertrudis

1411. Hübbe y García Rejón, Cristina (1834- ?)
   pseudonym: Laurina Cistis

   Poetry: "El llanto," <u>Album Meridiano</u>, 1869.

1412. Hübbe y García Rejón, Luisa (1840- ?)
   pseudonym: Laurina Cistis

   "La guirnalda," and "Un sueño," in <u>Repertorio Pinto-
   resco</u>, 1861. Page 117. "La Flor bendita." In <u>Album
   Meridiano</u>, 1869.

1413. Huerta, Delfina

   Essay: "Las cien mejores poesías escogidas por D. Mar-
   celino Menéndez y Pelayo."

1414. Ibargüengoitia, María

   <u>La poesía de López Velarde</u>. 1936.

1415. Issasi, Teresa Farías de (1878-   )

   <u>Ante el gran enigma</u>. Philosophical work. <u>Como las
   aves</u>. Comedy. <u>Nupcial</u>. <u>Páginas de la vida</u>.

1416. Iturbide de Laris Rubio, Sara

   <u>Tres almas de mujer</u>.

1417. Izquierdo Albiñana, Asunción
   pseudonyms: Alba Sandoiz and Pablo María Fonsalba

   Short story: "Taetzani." Other works: <u>Andreïda, el
   tercer sexo</u>. <u>Caos</u>. <u>La ciudad sobre el lago</u>. <u>El gran
   Nayar</u>. <u>La selva encantada</u>.

1418. Julia

   See Febles, Julia Dominga

1419. Krueger de la Torre, Hilda

Malinche. 1947.

1420. Llach, Leonor

Short stories: Gente conocida. México: Editorial
Cultura, 1933. Retratos de almas. México: La Impresora S.T. del Valle, 1939.

1421. de Llarena, Elsa (1921-   )

Prosas. México: Cuadernos del unicornio, No en la serie 8, 1958. She has a column in the newspaper Brecha.
Is on the Board of Directors of El Rehilite.

1422. Lombardo de Caso, María (1905-1964)

Muñecos de niebla. México: Imprenta nuevo mundo, 1955.
La culebra tapó el río. Una luz en la otra orilla.

1423. López Portillo, Margarita

Toña Machetes.

1424. Mabarak, Magda

Poetry: Poemas de oriente. 1940. Sándalo.

1425. Madrigal, Laura

La cosecha. México: Instituto Nacional de Bellas
Artes, D.F., 1955. Yearbook of Mexican stories.

1426. Mairena, Ana

El apostol regresa. Farce. El cántaro a la puerta.
Los extraordinarios. Majakuagymoukeia. Spanish and
English.

1427. Mañon de Vázquez, María

Essay: "Guanajuato histórico y romántico." 1947.

1428. Mar, María del (1903-   )

Prose: La corola invertida. 1930. Cántico del amor
que perdura. 1939. Tres cartas a Hans Castorp. 1939.
Poetry: El alma desnuda. 1925. Luna en zozobra.
1934. En ti, solo distante. 1937. Sombra de flor en
el agua. 1943. Atmósfera sellada. Cántico panorá-
mico de la revolución. Fiel Trayectoria. Horizonte
de sueños. Vida de mi muerte.

1429.   María Enriqueta
        See Camarillo de Pereyra, María Enriqueta

1430.   Marin, Guadalupe
        Novels: La única. 1938. Un día patrio. 1941.

1431.   Márquez, Velia (1924-   )
        Short stories: El cuauhtémoc de plata. México: Los
        Presentes, 87, Ediciones De Andrea, 1962. Antología
        de cuentos de la infancia. Selected and published by
        the magazines Novedades and Diario de la tarde.
        Drama: Una mujer para cada acto. Wrote this play in
        collaboration with her husband Demetrio Aguilera Malta.
        Premiered in Los Angeles, California.
        She contributes to the Mexican magazines Novedades and
        México en la Cultura. She is also a correspondent for
        various South American magazines.

1432.   Martínez, Conchita
        Album onomástico.

1433.   Martínez Ortega, Judith
        Short story: "La isla." México: Ediciones de Letras de
        México, 1938.

1434.   Mastretta, Angeles
        Poetry: La pájara pinta.
        Director of the Museo del Chopo.

1435.   Mauries, Blanca B.
        La vida y yo.

1436.   del Mazo de Graués, Lilia Rosa
        Novels: La brecha olvidada. México: Ediciones Botas,
        1949. Vainilla, bronce y morir. México: Ediciones
        Botas, 1950. Noche sin fin. México: Ediciones Botas,
        1959. She won the Lanz Denet prize for literature in
        1949. She also contributes to the magazines Humanismo
        and El Nacional.

1437.   McDonald, Tica
        Novel: La ciudad dormida. 1945.

1438.	Medina, Elsie Encarnación

El alma de Campeche en la leyenda maya. México: 1947.

1439.	Meléndez de Espinola, Juana (1914-	)

Poetry: Río sin orillas. San Luis Potosí: Perfil de
estilo, 1954. 40 pages. Voces del hombre. San Luis
Potosí: Universidad Autónoma de San Luis Potosí, 1961.
64 pages. Por el tiempo y un pájaro. San Luis Potosí:
Universidad Autónoma de San Luis Potosí, 1965. 81
pages. Prologue by Antonio Castro Leal. En el cauce
del sueño. San Luis Potosí: Academia Potosina de
Ciencias y Artes, 1970. 51 pages. Esta dura nostalgia.
San Luis Potosí: Academia Potosina de Ciencias y Artes,
1970. 59 pages. Mirando bajo el árbol donde los pájaros cantan. San Luis Potosí: Universidad Autónoma
de San Luis Potosí, 1972. 60 pages. Commentary by
Jorge Ruedas. Acto que afirma. San Luis Potosí:
Universidad Autónoma de San Luis Potosí, 1976. 64 pages.
Critiques: Hora de ensayo: asomo a la poesía de Jésus
Orellana. 1967. La suave patria. Guadalajara: De-
partamento de bellas artes, 1971. Second edition,
1975. 94 pages. Transformación de la literatura con-
temporanea. San Luis Potosí: Universidad Autónoma de
San Luis Potosí, 1977. 52 pages.
Teaches in the Preparatoria for the Bachillerato de la
Universidad de San Luis Potosí. Is one of the foun-
ders and teachers in the Taller de Literatura in
Difusión Cultural de la Universidad de San Luis Potosí.

1440.	Melo de Remes, María Luisa

Brazos que se van. México: 1955. Castillos en el aire.
Fiction. Lejanias. Mi amigo el mar.

1441.	Méndez de Cuenca, Laura (1853-	?)

Mariposas fugitívas. Simplezas.

1442.	Méndez Morales, Aurora

Es hora de contar un cuento. México: s.p.i., 1954.

1443.	Mendoza, María Luisa

Allende el bravo. Con el, conmigo, con nosotros tres.
De ausencia.

1444. Mendozo López, Margarita

Una voz alada y ... de un país inexistente. México:
Ediciones de Paloma, 1954.

1445. Meza, Otilia

Novels: Borrasca. La venenosa.
Other: Leyendas aztecas. México: Talleres Gráficos
del Museo Nacional de México, 1934.

1446. Michel, Concha

Prose: Dos antagonismos fundamentales. 1938.
Poetry: Corridos revolucionarios. 1938.

1447. Michelena, Margarita (1917-   )

Poetry: Paraíso y nostalgia. 1945. Laurel del ángel.
1948. Reuniones de imagenes. Tres poemas y una nota
autobiográfica. La tristeza terrestre.

1448. Milan, Elena

Poetry: Circuito, Amores y Anexas.
Interpretor and translator.

1449. Molina Font, Sara

Novels: Desencantadas de occidente. Porqué pecó Magdalena. Unpublished. Siluetas.

1450. Mondragón, Magdalena (1913-   )

Novels: Puede quel otro año. 1937. Novela de la Laguna. Norte bárbaro. 1944. Yo, como pobre. 1945.
Más allá existe la tierra. 1947. Los presidentes dan
risa. Saludo a la vida. History of a voyage. Tene-
mos sed. Drama: Cuando Eva se vuelve Adán. 1938, 1947.
No debemos morir. 1940. La tarántula. 1942. Torbellino. 1947. El mundo perdido. 1948. El día no
llega. ¡Por qué me da la gana! La sirena que llevaba
el mar. Other: Souvenir. 1938. Prose.

1451. Mora, Carmen de

Poetry: Ciudadela del sueño. Mi voz y el agua. Río
abierto. Sonetos, 1968-1973.

1452. Muriel de la Torre, Josefina

Los recogimientos de mujeres. Versos y estampas.

1453. Murillo, Josefa

 Poesías.

1454. Nájara, Indiana E.

 Novels: Páginas íntimas. Tierra seca.
 Short stories: Pasajeros de segunda. Cuentos. México:
 José C. Torres y Cía, 1950.
 Other works: A media voz. Barbas y melenas celebres,
 y uno que otro rasurado. Carne viva. Cruz roja. El
 chulo. El cielo eres tú. Pefias. Poza negra.

1455. Nava, Thelma (1930-   )

 Poetry: Aquí te guardo yo. Colibrí 50, 1962-64. La
 orfandad del sueño.

1456. Nava de Ruisánchez, Julia

 Mis cuentos. México: Editorial cultural, 1923.
 Dramatizaciones de leyendas mexicanas y cuentos popu-
 lares. México: Editorial cultural, 1935.

1457. Nieto de Diez, Catalina

 Sara, la mapuche.

1458. Nieto de Sánchez, Rosa

 De buena ley.

1459. Novelo, Holda

 Al amanecer. México: Tipografía del Boletín Económico,
 1918.

1460. Ocampo, María Luisa (1907-   )

 Novels: Bajo el fuego. 1947. La maestría. 1949.
 Atitlayapan. Ha muerto el Dr. Benavides. Sombras en
 la arena. Una tarde de agosto.
 Drama: Cosas de la vida. Estimated 1923/26. Comedy.
 La hoguera. 1924. La jauría. 1925. Sin alas. 1925.
 Written in collaboration with Ricardo Parada León.
 Sed en el desierto. 1927. El corrido de Juan Saavedra.
 1929. Más allá de los hombres. 1929. Castillos en
 el aire. 1930. La casa en ruinas. 1936. Una vida
 de mujer. 1938. Máscaras. 1941. Farce in three acts.
 La virgen fuerte. 1942.
 Chronicle: Diez días en Yucatán. 1941.

1461. Ochoa, Enriqueta

Los himnos del ciego. Las urgencias de un dios.

1462. Ochoa Sandoval, Eglantina

Novels: Inverosimiles. México: Ediciones Metáfora,
1956. Short novels. Short stories: Complejerías.
México: Unidad Mexicana de Escritores, 1955. Desasi-
miento. México: Los Presentes, No en la serie 73,
1959. Essay: "El humorismo en México." 1956.
Contributes to the following publications: Abside, El
Libro y el Pueblo, Hoja al Viento, Metáfora, Nivel,
¡Siempre!, and Suplemento de el Nacional.

1463. Oliver, Laura

Cuento de aguilas. Durango: Universidad Juárez, 1963.

1464. Olivo Lara, Margarita

Bibliografía de veracruzanos distinguidos. 1931.
Monograph.

1465. Ortega, María del Carmen

Novel: Lilia Montero. Poetry: Floración.
Other: El ramo de amapolas.

1466. Ortiz Angulo, Ana

El regreso a la tierra. México: Editorial Universi-
dades de América, 1951.

1467. Ortuño de Aguiñaga, María Esther (1916-   )

She contributed to the following publications:
Doce cuentistas de San Luis Potosi, 1959; Estilo y
Actualidad; El Heraldo, San Luis Potosí; El Heraldo
del Norte, Saltillo, Coah; Letras Potosinas; El Suplemento Dominical de El Nacional, México, D.F.

1468. Pacheco de Haedo, Carmelinda

El enganchador. Novel of customs.

1469. Pagazo, Aurora

Bibliografía sumaria del Territorio de Quintana Roo.
1937. Monograph written in collaboration with Elena
Gómez Ugarte.

1470.   Palacios, Adela

Novels: Muchachos. 1945. Normalista. México:
Editorial Olimpo, 1953. Cuadros escolares. Dulce y
Hurañi. El hombre. Short stories: El angelito. México:
Talleres Gráficos del Norte, 1949. Three humorous
stories.

1471.   Pardo, María Esperanza

La soñadora y otros cuentos. México: El Universal
Ilustrado, 1924.

1472.   Parodi, Enriqueta de

Novel: Luis es un Don Juan. Short stories: Cuentos y
leyendas. Hermosillo: 1944. Other prose: Alcancía,
prosas para mis hijos. Madre. Mineros, la huelga de
Canancea. Reloj de arenas. Ventana al interior.
Other works: Cuarto de hora. México: Talleres Gráficos
de la Nación, 1936. La princesa Marsrat. México:
S.P.I., 1954.

1473.   Paz Paredes, Margarita (1922-   )

Poetry: Sonaja. 1942. Voz de la tierra. 1946. El
anhelo plural. 1948. Génesis transido. Monterrey:
1948. Andamios de sombra. Canto a México. Casa en
la niebla. Cristal adentro. Dimensión del silencio.
La imagen y su espejo. Lumbre cautiva. 8 volúmenes.
Presagio en el viento. Rebelión de ceniza. Retorno.

1474.   Peniche de Ponce, Beatriz

Poet. Co-founder of the feminist literary society
"Juana de Asbaje."

1475.   Perches, Gabriela del Carmen

Drama: Un drama vulgar. 1937. First prize for prose
in the "Juegos Florales Estudiantiles." La novia de
tinta. 1946. Published in 1963 by the Instituto Po-
tosino de Bellas Artes. Origen del teatro en Grecia.
1960. Sagitario y las moscas. 1960. El tiempo y la
ventana. 1960. Babel en onda corta. 1963.
Short stories: "El poder de la oración." In El Nacional.
1960. "Los pies de oro." Unpublished. "La punta de
la madiga." Unpublished.
From 1946-1953 she was an actress in the theatre and
radio in Mexico. Her stage name was Gabriela Peré.
In 1956 she joined the technical section of the
I.N.B.A. theatre.

1476.   Perea, Luz María

Novel: <u>Mar de pasiones</u>. Other works: <u>Bodas trágicas</u>.
<u>Un gran señor</u>. <u>Incertidumbre</u>. <u>Prisionero</u>.

1477.   Perezcano de Jiménez Arrillaga, Josefina

Novels: <u>Al final del camino</u>. <u>Mañana el sol será nuestro</u>.
Other: <u>Brochazos surrealistas</u>.

1478.   Poniatowski, Elena (1933-   )

Novel: <u>Hasta no verte, Jesús mío</u>. México: Ediciones
Era, 1969. Short stories: <u>Los Presentes</u>. 1954. <u>Los
cuentos de Lilus Kikus</u>. México: Universidad Veracruzana, 1967. <u>De nochebienes</u>. México: Editorial Grijalbo,
1979. Other works: <u>Gaby Brimmer</u>. México: Editorial
México, 1970. <u>La noche de tlatelolco, testimonios de
historia oral</u>. México: Ediciones Era, 1971. <u>Querido
Diego, te abraza Quiela</u>. México: Biblioteca ERA, 1978.
<u>Melés y teleo</u>.

1479.   de la Portilla de Grever, María (1885-1951)

"Volveré." <u>Omnibus de poesía mexicana</u>. México: Siglo
XXI editores, S.A., 1971. Compiled, introduced, and
with notes by Gabriel Zaid.

1480.   Prieto de Landázuri, Isabel A. (1833-1878)

<u>Las dos flores</u>. <u>Isabel Prieto de Landázuri: poesía es-
cogida</u>. <u>Un lirio entre zargas</u>. <u>Obras poéticas</u>.

1481.   Puga, María Luisa

Novel: <u>Las posibilidades del odio</u>. 1978.

1482.   Quijano, Margarita

<u>Manuel M. Flores</u>. <u>Su vida y su obra</u>. 1946. A study.

1483.   Ramirez A., J. Guadalupe

Prose: <u>Querétaro</u>. <u>Visión de mi ciudad</u>. 1945.

1484.   Reyes, Mara
pseudonym: Río, Marcela del

Drama: <u>Claudia y Arnot</u>. <u>El hijo del trapo</u>. <u>Miralina</u>.
Poetry: <u>Trece cielos</u>.

1485. Rico, Carmen de

Amapa.

1486. Rico, Dina

Senderos de pasión.

1487. Riestra, Gloria

Poetry: La soledad sonora. Other works: Celeste anhelo. La noche sosegada. Según tus palabras.

1488. Río, Marcela del

See Reyes, Mara

1489. Rosa, Lilia

Novel: Noche sin fin. Other works: La brecha olvidada.
Vainilla, bronce y morir.

1490. Rosado, Nidia Esther

Cuando la feria acabe. Mérida: Ediciones de la Universidad de Yucatán, 1959.

1491. Rosenzweig, Carmen (1925-   )

Novels: 1956. Los Presentes, 1958. Los presentes.
Short stories: Hojas de un estudiante sin cartera.
1944. Stories, love diary, and reflections. El reloj.
México: Los Presentes, No en la serie 44, 1956. Mi
pueblo. Cuadernos del Univornio, No en la serie 16,
1958. "Chucho, un aprendiz de periodista." Published
in the Toluca newspaper.
She contributed to the following magazines: Revista
Mexicana de literatura; Cuentistas Mexicanos Modernos
(anthology); Ediciones libro-Mexicano, 1956; Estaciones;
Nivel; Suplemento literario de México. She is also on
the editorial staff of the feminist literary magazine
El Rehilete.

1492. Sandoiz, Alba

See Izquierdo Albiñana, Asunción

1493. Sansores· Pren, Rosario (1898-   )
pseudonyms: Crysanthème, Solange

Short stories: Diez años de juventud.
Other prose: Breviario de eros.

Poetry: <u>Del país del ensueño</u>. 1911. <u>Cantaba el mar</u>
<u>azul</u>. <u>Las horas pasan</u>. <u>Mientras se va la vida</u>. <u>La</u>
<u>novia del sol</u>. Other works: <u>Los cien mejores poemas</u>.
<u>Ensueños y quimeras</u>. <u>Fruta madura</u>. <u>Mi corazón y yo</u>.
<u>País del ensueño</u>. <u>Polvo de olvido</u>. <u>Sombra en el agua</u>.

1494. Seligson, Esther (1941-   )

Novel: <u>Otros son los sueños</u>. Won the Villaurrutia
prize in 1973. Short stories: <u>Tras la ventana un árbol</u>.
Writer of novels, short stories, and essays. Translator, professor of History of Theater, and theater
critic for the magazine <u>Proceso</u>.

1495. Sepúlveda, Irma Sabina (1935-   )

Drama: <u>El agiotista</u>. One act farce. <u>Hay sombras que</u>
<u>secan nopaleras</u>. One act play. <u>La luna buena</u>. Mono-
logue. <u>El principe feo</u>. Children's theater.
Short stories: "Agua de las verdes matas." Monterrey:
Editorial Vallarta, 1963. Won the "Flor Natural" in
the Juegos florales de San Luis Potosí. <u>Cuentos de</u>
<u>avaros</u>. Humorous stories. Unpublished. "El pajarito
triste." First published in the magazine <u>Hoy</u>. <u>Siete</u>
<u>colores</u>. Children's stories. Unpublished.
Other: <u>Secretaria ejecutiva</u>. Comedy.

1496. Sierra, Tina

Novel: <u>Oro negro</u>.

1497. Sierra viuda de Urueta, Tarsila

Novel: <u>Sombras</u>. 1932.

1498. Silva, Teresa de

Poetry: <u>Cuatro libros</u>. <u>Niebla</u>. <u>Nueva primavera</u>.
<u>Ocasos</u>. <u>Oro y azul</u>. <u>Sonetos al amor divino</u>.

1499. Solange

See Sansores Pren, Rosario

1500. Solar, Adriana (pseudonym)

<u>Sueños de mujer</u>.

1501. Suárez de Alcocer, María

Poetry: <u>Luz y piedras preciosas</u>. 1944.

1502. Tenorio Zavala, Gertrudis (1843-1925)
       pseudonym: Hortensia

       "Plegaria," "A la Virgen de los Dolores," "La flor del
       desierto," "Mis recuerdos," and "Desengaños," in
       Repertorio Pintoresco, 1863. Pages 332, 362, 398,
       457, and 459. "La flor de un sepulcro" and "Corona
       fúnebre, a su hermana Pilar," in Repertorio Pintoresco,
       1866. Page 19. "A Mercedes" and "Siempre," in Album
       Meridiano, 1869. Pages 10 and 42. "Romance" and
       "Ayer," in Revista de Mérida, 1869. Pages 131 and 224.
       "A la luna," "Quejas," "Romance," and "A.D./Juan Cor-
       dero," in Revista de Mérida, 1870. Pages 47, 103,
       185, and 307. From 1887-1888 she wrote for the news-
       paper Violetas del Anáhuac, which was published in
       Mexico. She belonged to the group "La Siempreviva,"
       as well as to the "Liceo Hidalgo" and the "Sociedad
       Filarmónica." She was co-founder of the newspaper
       La Siempreviva and of the school of the same name.
       She also taught in the Instituto Literario de Niñas in
       Mérida.

1503. Terres, María Elodia

       Paisajes sudamericanos. 1945. Seis cuentos. México:
       Editorial Stylo, 1950. Dos salones. Chronicle.

1504. Toscano, Carmen (1910-   )

       Poetry: Trazo incompleto. 1934. Inalcanzable y mío.
       1936. Other works: Rosario de la Acuña. 1948. Bi-
       ography. Leyendas del México colonial. México:
       Libro-México Editores, 1955. La llorona.

1505. Trejo, Blanca Lydia (1906-   )

       Novels: Un país en el fango. 1942. El padrastro. 1944.
       Short stories: Lecturas de juventud. 1941. La que
       sucedió al nopal. 1945. Other prose: El héroe de
       Nacozari. 1936. Paradojas. 1937. Convenciones y
       convencionistas. Barcelona: 1938. Lo que vi en
       España. 1940 Limones para Mr. Nixon. México: S.P.I.,
       1960.

1506. Unda, Olivera

       Short stories: El pueblo. México: Los Presentes, 1955.

1507.   Urcelay, Mercedes
        pseudonyms: Camilo Collazos, Emilio Collazos

        She wrote prose and poetry and published mainly in El
        salón literario and Pimienta y Mostaza.

1508.   Uribe, Rebeca (1914-1949)

        Poetry: Esfinge. Guadalajara: 1933. Versos. 1937.
        Llovizna. 1940. Poesía. 1949. Poema a modo de una
        suite.

1509.   Urquiza, Concha (1910-1945)

        Poemas y prosas. 1946. Edited by and prologue by
        Gabriel Méndez Plancarte.

1510.   Urueta, Margarita (1913-   )

        Novels: Almas de perfil. 1933. Una conversación sen-
        cilla. 1935. El mar la distraía. Compañía Gen. Ed-
        itora, 1935. Espía sin ser. 1941. Mediocre. 1947.
        Drama: Ave de sacrificio. 1942. Mansión para turistas.
        1943. Duda infinita. 1955. La mujer transparente.
        1958. El señor Reno. 1961. El hombre y su máscara.
        1963. Juanito Membrillo. 1966. La muerte de un sol-
        tero. 1967. Confesiones de Sor Juana Inés de la Cruz.
        1969. Una hora de vida. El nuevo teatro de Margarita
        Ureta. México: Editorial Mortiz. San Lunes.
        Other: Hombre del mar. Movie.

1511.   Valencia, Tita

        El hombre negro. México: Cuadernos del Unicornio,
        1958. Minotauromaquía. México: Editorial Joaquín
        Mortiz, S.A., 1976.

1512.   Vargas, Elvira

        Short stories: Por las rutas del sureste. S.F., 1939.
        México marcha. Reportaje, 1948. A mitad de la jor-
        nada. 1949.

1513.   Vargas Dulché, Yolanda

        Drama: Celos. La solterona.
        Other: Cristal Recuerdos de una muchacha. México:
        B. Costa-Amic, editor, 1965.
        She has published stories in El Universal Gráfico and
        Suplemento Dominical El Universal.

1514. Vasconcelos de Berges, Tina

Homeopatía. 1937. Confetti.

1515. Velázquez, Consuelo (1930?-   )

"Bésame mucho." In Omnibus de la poesía mexicana.
México: Siglo XXI Editores, S.A., 1971.

1516. Vera, María Luisa

Short stories: Cuentos de extramunes. México:
Ediciones de la LEAR, 1936.
Poetry: Poemas de niños tristes. 1939.

1517. Vicens, Josefina (1915?-   )

Writer of prose.

1518. Vidrio, Lola

Short stories: Don nadie y otros cuentos. Guadalajara:
Publicación del Gobierno del Estado, 1952. "A las 7.30
en punto." In Revista Mexicana de Cultura. Suplemento
dominical de El Nacional, no. 354, 10 January 1954.

1519. Vilalta, Maruxa

Drama: Cuestión de narices. México: Fondo de Cultura
Económica, 1972. Los desorientados. México: Fondo de
Cultura Económica, 1972. Un día loco. México: Fondo
de Cultura Economica, 1972. Esta noche juntos,
amándonos tanto. México: Fondo de Cultura Económica,
1972. Tragic farce. El 9. México: Fondo de Cultura
Económica, 1972. Soliloquio del tiempo. México:
Fondo de Cultura Económica, 1972. La última letra.
México: Fondo de Cultura Económica, 1972. El otro día
la muerte. Other works: Antología de obras en un acto
selección de Maruxa Vilalta. Dos colores para el
paisaje.

1520. Villarreal, Concha de

El desierto mágico. Musa mestiza. Tierra de Dios.

1521. Yolosochil, María

Granos de maíz. México: Imprenta Aldina, 1958.

1522. Zambrano, Esperanza (1917-   )

Poetry: La inquietud joyante. 1927. Los ritmos se-

cretos. Guanajuato: 1931. Las canciones del amor
perfecto. 1939. Fuga de estío. Retablos del viejo
Guanajuato.

1523. Zapata, Catalina

Novel: Amor y celos. 1868.

1524. Zendejas, Josefina

Poetry: Poetisas contemporáneas. 1945. Anthology.
Gusanito. Poetry in prose. Other: Vidas mínimas.

1525. Zendijas, Sara Margarita

Plomo.

1526. Zertuche, Sofía

Novel: El infierno está aquí.

1527. Zúñiga, Olivia (1916-   )

Novels: Retrato de una niña triste. Guadalajara:
1951. Entre el infierno y la luz. Guadalajara: 1953.
La muerte en una ciudad distinta. México: 1959.
Poetry: Amante imaginado. Guadalajara: 1947.
Other works: Antología universal de lecturas infantiles.
México: 1952. Los amantes y la noche. México: 1953.
She won the "Premio Jalisco" for novels in 1951. In
1958 she won the José María Vigil medal.

1528. de Abarra, María de la Selva
      See Rostand, Aura

1529. Buitrago, Berta (1886-   )

1530. Glenton, Fanny (1887?-   )
      Poet.

1531. Najlis, Michèle (1946-   )
      Poetry: El viento armado. 1969.

1532. Rostand, Aura (1894/1908-   )
      pseudonym: María de la Selva de Abarra

      "Crochet," "Desolatión," "Entra, entra a mi alma,"
      "Tiene ahora la luna ... ," and "Tuvo miedo ... " in
      the book Generación de 1920. "Arbol" and "Mediodía en
      bluefields" in Nicaragua lírica, pages 199-201.

1533. Sansón, Mariana (1929-   )
      Poetry: Poemas. León: 1959. Poemas de Mariana Sansón
      Argüello. León: 1967. Las horas y sus voces. Un-
      published. Contains selections from both of the pre-
      ceding books.

1534. Sánchez, María Teresa (1918-   )
      Poetry: Sombras. Managua: 1939. Oasis. Managua: 1945.
      Canción de los caminos. Managua: 1950. Canto amargo.
      Managua: 1958. Poemas de la tarde. Managua: 1963.
      Poemas agradeciendo a Dios. Managua: 1964.
      Other: El poeta pregunta por Stella. Managua:
      Editorial Nuevos Horizontes, 1967. Biographic narra-
      tion about Rafaela Contreras.
      She is the founder and director of the Editorial Nuevos
      Horizontes and the magazine of the same name.

1535. Sobalbarro, Carmen (1908–   )

   Poet.

1536. Umaña Espinoza, Rosa (1886–1924)

   "Los ojos de los bueyes" and "Soneto" in Nicaragua
   lírica, pages 176–177.

1537. del Valle, Blanca

   "Mañanita campestre" and "Nocturno" in Nicaragua
   lírica, pages 178–179.

1538. Aguilera Patiño, Luisita (1914-   )

Novel: El secreto de Antatura. Imprenta nacional,
1953. Historical novel. Won "El Premio Miró."
Other prose: Leyendas panameñas. Bs.As.: Editorial
Ulises, 1949. Leyendas y tradiciones panameñas.
Bs.As.: Editorial Ulises, 1952.
Essays: "Diccionario de panameñismos." Boletin de la
Academia de Letras, no. 78, October-December, 1951.
"Refranero panameño." 1957. "El folklore panameño en
función de las teorias freudianas." s.f. "El panameño
visto através de su lenguaje."

1539. Alcazar, Ligia

Eva Definida. 1959. Co-authored by Diana Móran.
Esencia perdurable de la noche y el alba. 1964.

1540. Alvarado de Ricord, Elsie (1928-   )

Essays: "Notas sobre la poesía de Demetrio Herrera
Levillano." 1951. "Estilo y densidad en la poesía
de Ricardo J. Bermúdez." Panamá: 1960. Won first
prize for essays in the Ricardo Miró Contest of 1958.
"La obra poética de Dámaso Alonso." Panamá: Impresora
Panamá, S.A., 1964.
Other prose: Escritores panameños contemporáneos.
Panamá: Imprenta Cervantes, 1962. Bibliography.
Poetry: Holocausto de rosa. México: Ed. Humanismo,
1953. Entre materia y sueño. Panamá: Estrella de
Panamá, 1966. Pasajeros en tránsito. 1973.

1541. Alvarado, Maria J.

Parnaso Panameño. Panamá: Tipografía El Istmo, 1916.
Pages 9-17. Antología Panameña, verso y prosa. Pan-
amá: Tipografía y Casa Editorial la Moderna, 1926.
Page 91.

1542. Alvarez, Rosa Elvira (1915-   )

Indice de la poesía panameña. Rodrigo Miró. Santiago
de Chile: Ed. Ercilla, 1941. Pages 153-58, 186.
Nostalgia. Los Angeles, California: Ed. Darío, 1942.
Alba Perdarable. 1969. Romance de la montuna. 1969.
7 Sonetos al escorial. 1970.

1543. Arosemena de Tejeira, Otilia (1905-   )

Essays: En torno al problema educativo. 1950.
La Educación en Panamá. 1960. Educación y desarrollo.
1966. La mujer en la vida panameña. 1966. Criterio.
1968.

1544. Belli, Ida

Parnaso Panameño. Panamá: Tipografía el Istmo, Octavio
Mendez Pereira, ed., 1916. Pages 377-82. Antología.
Editorial la moderna, Quijano y Hernández, 1926.
Pages 109-10, 350. She published in the magazines
Esto y Aquello (1914-15) and Memphis (1917-19).

1545. Bolaños Guevara, Mercedes G.

Dos poetas panameños. Barcelona: Ivern, 1966.

1546. Camarano de Sucre, Yolanda

Novels: La Doña del paz. Panamá: Ed. del Ministerio
de Ed., 1966. Los capelli. 1967. Both novels won
the Miró prize.

1547. Campodonico de Crespo, Elida L.

La delincuencia de la mujer en Panamá.

1548. Candanedo de Zuñiga, Sydia (1927-   )

Poetry: Una rosada estrella en la vendimia. Panamá:
1971. El girasol caminante. 1973.

1549. Cantoral, Graciela M.

Selección poética. For the first term of teaching
secondary school (in accordance with official programs).
First year. Panamá: Talleres gráficos, 1940. 95 pages.
Selección poética. Second year. Panamá: Talleres
gráficos, 1940. 117 pages.

1550. Caride de Pousa, Patria

Estudios sobre la creación en Cervantes. Panamá: Universidad de Panamá, 1967.

1551. Denis de Icaza, Amelia (1836-1911)
pseudonym: Elena

Parnaso panameño. Panamá: Tipografía El Istmo, Octavio Méndez Pereira, 1916. Pages 43-52. Antología de Panamá, parnaso y prosa. Demetrio Korsi. Barcelona: Casa Editorial Maucci, 1926. 320 pages. Pages 167-71. Antología panameña. Editorial la Moderna Quijano·y Hernández, 1926. 350 pages. Pages 6-7. Hojas secas. Nicaragua: Galleres Gráficos Robelo León, 1927. Page 203. Book of poetry. Contains some of her work. Some of her poetry also appears in El Panameño in 1856. She lived in Guatemala ten years and contributed to the newspapers El Buen Público and El Trabajo.

1552. Díaz de Sohtronn, Zoraida (1881-1948)

Parnaso panameño. Panamá: Tipografía El Istmo, Octavio Méndez Pereira, 1916. 405 pages. Pages 281-3. Nieblas del alma. Panamá: Talleres Gráficos de "El Tiempo," 1922. 66 pages. Antología de Panamá, parnaso y prosa. Barcelona: Casa Editorial Maucci, 1926. 320 pages. Pages 83-4. Antología panameña. Editorial la Moderna Quijano y Hernández, 1926. 350 pages. Page 59. She first published in El Heraldo del Istmo and Nuevos Ritos.

1553. Elena

See Denis de Icaza, Amelia

1554. Fábregra de López, Sofía

Parnaso panameño. Panamá: Tipografía el Istmo, Octavio Méndez Pereira, 1916. Pages 255-7.

1555. Funck de Fernández, María B.

Parnaso panameño. Panamá: Tipografía el Istmo, Octavio Méndez Pereira, 1916. Pages 53-62. Antología. Editorial la Moderna Quijano y Hernández, 1926. 350 pages. Pages 8-9.

1556. Garay, Nicolle (1873-1928)

Parnaso panameño. Panamá: Tipografía el Istmo, 1916. Pages 249-53. Antología. Editorial la Moderna Quijano

y Hernández, 1926. 350 pages. Pages 55-6. Prosas y
versos. Bruselas: 1930. Indice de la poesía panamaña
contemporánea. Santiago de Chile: Editorial Ercilla,
1941. 186 pages. Pages 27-31.
She was director of the National Conservatory for a
few years.

1557.   González Revilla de Clare, María Enriqueta (1943-   )
         pseudonym: Quetita

         Tres de dos a quatro. Costa Rica: Litografía Lehman,
         1971.

1558.   Guardia Zeledón de Alfaro, Gloria (1940-   )

         Novels: Tiniebla blanca. Madrid: Cultura Clásica y
         Moderna, 1961. Juventudes exhaustas. 1963. Despertar
         sin raíces. Won the Miro prize in 1966. Not pub-
         lished in 1970. El último juego.

1559.   Herbruger, Stella y Doris

         Poetry: Inquietud. Panamá: Imprenta del Comercio, s.f.

1560.   Hooper, Ofelia

         Primicias. Panamá: Imprenta Nacional, 1926/27.
         Indice de la poesía panameña contemporánea. Santiago
         de Chile: Editorial Ercilla, 1941. 186 pages. Pages
         111-3. "Vida social rural de Panamá." In Boletín del
         Instituto de Investigaciones Sociales y Económicas,
         Volume II, no. 3, February 1945.

1561.   Hurtado Lancaster, Hermesenda

         Amelia Denis de Icaza, su vida y su obra poética.
         Panamá: 1949.

1562.   Illueca, Ana Isabel (1903-   )

         Poetry: Antología poética. 1973.
         Her poetry is published in newspapers and magazines on
         the Continent.

1563.   López, Griselda (1938-   )

         Writer of short stories (unpublished). Co-editor of
         the literary magazine El Pez Original.

1564.   López Fabrega de Vallarino, Teresa

        Dos poetas en América-Juvencio Valle-Rogelio Linan.
        Santiago de Chile: 1948. La vida y el arte del ilustre
        panameño Hernando de la Cruz. Quito: 1949. San José:
        1950?

1565.   Morán, Diana (1932-   )

        Poetry: Eva Definida. 1959. Coauthored by Ligia Al-
        cazar. Soberana Presencia de la patria. 1964.
        Reflexiones junto a tu piel. 1971. Gaviotas en cruz
        abierta.

1566.   Mosquera de Martínez, Gloria

        Darío Herrera, poeta modernista. Madrid: Imprenta
        Aguirre, 1964.

1567.   Nela, Eda

        See Dora Pérez de Zarate

1568.   Obaldia, Maria Olimpia (1891-   )

        Poetry: Orquidea. Panamá: Imprenta nacional, 1926.
        Breviario lírico. Panamá: Imprenta nacional, 1930.
        Indice de la poesía panameña contemporánea. Santiago
        de Chile: Editorial Ercilla, 1941. Edited by Rodrigo
        Miró. 186 pages. Pages 75-82.
        Other: Antología de Panamá, parnaso y prosa. Barcelona:
        Casa Editorial Maucci, 1926. Edited by Demetrio Korsi.
        320 pages. Pages 241-5. Parnaso infantíl. Panamá:
        Imprenta nacional, 1948. Visiones eternas. Panamá:
        Imprenta nacional, 1961. Antología. Editorial la
        Moderna. Pages 94-5. Prosas Campesinas. Selvática.
        Unpublished.

1569.   Ochoa López, Moravia (1939/41-   )

        Short stories: Las raíces primordiales. Panamá: De-
        partamento de Bellas Artes y Publicaciones, 1960. Won
        first prize in the Concurso Miró in 1958. Yesca.
        Panamá: Editorial del Ministerio de Educación, 1962.
        Abismo. 1965. Multiple voz. Second prize in the
        Concurso Miró in 1966. Largo en crescendo. 1967.
        El espejo. Panamá: Editorial del Ministerio de Edu-
        cación, 1968. Honorable mention in the Concurso Miró
        in 1964. Las savias corporales. Honorable mention in
        the Concurso Miró.
        Poetry: Donde transan los ríos. Panamá: Editorial del

Ministerio de Educación, Colección Onda, 1967. <u>Cantos</u>
<u>para decir la noche</u>. 1973. <u>Cuerdas sobre tu voz</u>.

1570.   Osses, Esther María (1906/14/16-   )

Poetry: <u>Mensaje</u>. Guatemala: Imprenta Nacional, 1946.
<u>La niña y el mar</u>. Panamá: 1956. <u>Poesía en limpio</u>.
1965. <u>Crece y camina</u>. 1971. <u>Más allá de la rosa</u>.
<u>El Rastro de Fuego</u>. Collection of sonnets. Unpublished.
She contributed to the literary group called "Gaspar
Octavio Hernández" which edited the literary magazine
<u>Pini Ibe</u>.

1571.   Pérez de Zarate, Dora (1912-   )
        pseudonym: Eda Nela

Drama: <u>La fuga de Blanca Nieves</u>. Panamá: Talleres de
la Escuela Profesional, 1950. <u>Niebla al amanecer</u>.
Panamá: Imprenta Nacional, 1956. In six acts.
Poetry: <u>Parábola</u>. Bs.As.: Imprenta López, 1941.
Other: <u>Panorama de literatura infantil</u>. 1947. <u>La no-</u>
<u>vela en Panamá</u>. 1948. <u>La décima y la copla en Panamá</u>.
1953. In collaboration with her husband Manuel F.
Zarate (1899-   ). <u>Nanas, rimas y juegos infantiles</u>
<u>que se pratican en Panamá</u>. 1957. <u>La pollera panameña</u>.
1966. Also in collaboration with her husband Manuel
F. Zarate. <u>Alrededor de nuestro folklore</u>.

1572.   Peralta, Bertalicia (1939-   )

Short stories: <u>Largo en crescendo</u>. Panamá: Ediciones
Quijote, 1967. <u>Casa partida</u>. 1971. <u>Crecimiento</u>.
1971. <u>Un lugar en la esfera tenestre</u>. 1971. <u>Mexico:</u>
<u>Siglo XXI</u>. 1971.
Was coeditor of the literary magazine <u>El Pez Original</u>.

1573.   Perigault, Manuela

<u>Antología Panameña</u>. Editorial la moderna, Quijano y
Hernández, 1926. 350 pages. Pages 124-5.

1574.   Quetita

See González Revilla de Clare, María Enriqueta

1575.   Quirós de Martin, Rosa

<u>Florecillas de montaña</u>. Madrid: Ediciones Ibero-
americanas, S.A., 1963. Fifty-three stories.

1576.   Ramos de Argote, Hersilia

Versos para niños y por los caminos de un apostolado.
1950. Tregua. 1956. Alegría para niños. 1959.
Rosales al viento. Panamá: Don Bosco, 1963.

1577.   Real de González, Matilde (1926/28-   )

Poetry: Detrás queda la noche. Panamá: Imprenta
Nacional, 1949, 1950, 1960. Estas son mis voces.
Madrid: Ediciones Areyto, 1961. Poemas Fragmentarios.
1965. 15 sonetos para existir. Panamá: Editorial
Universidad de Panamá, 1966. Poemas rituales. Won
third prize in the Concurso Miró, 1969. Presencia de
un río. Other: Octavio Méndez Pereira. 1960. A
critical study.

1578.   Recuero, María T. (1869-1953)

Breve historia del periodismo en Panamá. 1935.

1579.   Rojas Suere, Graciela (1904-   )

Novel: Terruñadas de lo chico. 1931.

1580.   Salvat, Angélica de

Parnaso panameño. Octavío Méndez Pereira. Panamá:
Tipografía el Istmo, 1916. 407 pages. Pages 133-5.

1581.   Sandoval de Korsi, Eloísa M.

Poetry: Primeros versos. Panamá: Tipografía y Casa
Editorial la Moderna, 1941. 23 pages. Poesía negra
panameña. Panamá: Editorial del Ministerio de
Educación, 1960.

1582.   Sarasqueta de Smith, Acracia (1914-   )

Novels: El Señor Don Cosme. 1955. El Guerrero. 1962.
Valentín Corrales, el panameño. 1967.

1583.   Sierra, Mauela

Parnaso panameño. Octavio Méndez Pereira. Panamá:
Tipografía el Istmo, 1916. 406 pages. Pages 357-9.

1584.   Sierra, Stella (1919-   )

Poetry: Indice de la poesía panameña contemporánea.
Rodrigo Miró. Santiago de Chile: Editorial Ercilla,
1941. Pages 179-81, 186. Sinfonia jubilosa en 12

sonetos. Bs.As.: Imprenta López, 1944. Won first
prize in the Concurso Miró in 1942. Libre y cautiva.
México: Editorial Stylo, 1947. Cinco poemas. Madrid:
Ediciones Cultura Hispánica, 1949. Poesía. San Sal-
vador: 1962. Presencia del recuerdo. Panamá: Edi-
ciones Caribe, 1965. Canciones de mar y luna. Panamá:
Imprenta de la Academia. Other: Palabras sobre poesía.
Panamá: Imprenta Nacional, 1948. Text of a conference.

1585.   Ycaza de Briceño, Maria Magdalena de

Recitaciones y cantos escolares. Panamá: Editorial la
Moderna, S.A., 1934. 24 pages. Valores. Panamá:
Tipografía y Casa Editorial la Moderna, 1937. 162
pages. Prose and verse. Acuarelas. Panamá: Escuela
Tipografía Salespianci, 1941. 50 pages.

1586. Almeyda, Marcelina

Novel: Por una fortuna una cruz. 1860.
Poetry: La pecadora.

1587. Artecona de Thompson, Marialuisa (1927-   )

Sueño heroico. 1954. Grito en los Andes. 1964.
Viaje al país de las campanas. 1965. Canción para
dormir a una rosa. 1966. El metal y la espuma. 1966.
Memorias a Bolívar. El viento niño.

1588. Cazal Ribeiro, C.

1589. Chavez de Feneiro, Ana Iris (1923-   )

Historia de una familia. 1966. Novelistic chronicle.

1590. Gómez Bueno de Acuña, Dora

Poetry: Flor de caña. 1940. Barro celeste. 1943.
Luz en el abismo. 1954.

1591. Gómez Sánchez, Enriqueta (1900-   )

Poetry: Oro y acero. Buenos Aires: 1936. Ofrendas.
Asunción: 1939. Other: Cumbres de América. Orquídeas
del ensueño.

1592. Guanes de Brujada, Leviliana

Poetry: "Canto a las palmeras de Rio de Janeiro."
"Los crepúsculos del sembrador." "Cromo lírico."
"Cuando pasan las banderas del dolor universal."
"Fiat lux." "La madre pobre." "Sor Anita Simon Miltos."
All in Indice de la poesía Paraguaya. Ed. Sinforiano
Buzó Gómes. Asunción: Editorial Tupa, 1943.
She was the first known woman poet in Paraguay.

1593.   Ivaldi, Juanita

Poet (in Guaraní).

1594.   Lamas de Rodríguez-Alcala, María Teresa (1889/97-   )

Prose: <u>Tradiciones del hogar</u>. Part I. 1921/25.
<u>Tradiciones del hogar</u>. Part II. 1928. <u>Huerta de</u>
<u>odio</u>. 1944. <u>La casa y su sombra</u>. 1955. <u>Tradiciones</u>
<u>paraguayas</u>.

1595.   Leyes de Chaves, María Concepción (1889-   )

Novel: <u>Madama Lynch</u>. 1947. Historic novel.
Drama: <u>Urataú</u>. 1951. Poetry: <u>Río lunado</u>. 1951.
Other: <u>Tavaí</u>. 1941. Folkloric.

1596.   Matto, Rivarola

Drama: <u>El fin de Chipí González</u>. The English translation is included in <u>Three Pieces with Angels</u>, an
anthology organized by W.K. Jones.

1597.   Pane de Frutos, Ana María

Poet.

1598.   Pla, Josefina (1909-   )

Drama: <u>Episodios chaqueños</u>. 1963. In collaboration
with Centurión Miranda (<u>Desheredado</u>, <u>La hora de Caín</u>,
<u>María Immaculada</u>, and <u>Un sobre en blanco o Paréntesis</u>).
<u>Historia de un número</u>. Antología de teatro corto
americano. Madrid: Aguilar, 1970. Madrid: Escelier,
1970. <u>Ah, che memby cuera</u>. <u>Aquí no ha pasado nada</u>.
Comedy. <u>Hermano negro, la esclavitud en Paraguay</u>.
<u>La hora de Caín</u>. <u>La humana impaciencia</u>. In collabo-
ration with Roque Centurión Miranda. <u>Sobre en blanco</u>.
Short stories: <u>La mano en la tierra</u>. 1963.
Poetry: <u>El precio de los sueños</u>. 1934/35. <u>La raíz y</u>
<u>la aurora</u>. 1960. <u>El polvo enamorado</u>. <u>Rapsodia de</u>
<u>Eurídice y Orfeo</u>. Other: <u>Invención de la muerte</u>.
1965. <u>Satélites oscuros</u>. 1966. <u>Fiesta en el río</u>.
<u>Rostros en el agua</u>.
She and Herib Campos Cevera (1908-1953) began the
"Grupo del 40."

1599.   Singafa, Dulce

Poet (in Guaraní).

1600. Talavera de Fracchia, Ida

Poetry: "El alma de las piedras," "Extasis," and "Nubes," in Indice de la poesía paraguaya. Edited by Sinforiano Buzó Gomes. Asunción: Editorial Tupa, 1943.

1601. Torcida, Teresita

Farsa de una farsa. 1971

1602. Torres, Celestina

Lucia Miranda. Rosario: 1883. National episode.

1603. Wiezell, Elsa (1927-   )

Poetry: El canto y la haz. Eco tridimensional. Mensaje para hombres nuevos. Orbita de visiones. Palabras para otra planeta. Poema ultrasónico. Poemas cieglo. Poemas de un mundo en brumas. Por las calles de Cristo. Puente sobre el Tapecué. Sembradores de sol. Tiempo de amor. Tronco al cielo.

1604. Alarco de Dammert, Juana

1605. Alayza de Camio, Amalia

El pastorcito de los Andes. Lima: 1964. Children's story.

1606. Alba de Suárez Olivos, Elena Mercedes

Poetry: Flores marchitas. Caraz: 1923.

1607. Aldunate de Alba, María Luisa

Poetry: Songoipi t'idachisgay. (Florencío en mi cora- In quechua.

1608. Allison, Esther (1918-   )

Alba lírica. Lima: 1935. 56 pages. Alleluia. Lima: Editorial Rimac, 1946.

1609. Alvarado Rivera, María J.

Novels: Amor y gloria. Nuevas cumbres. La Perricholi.

1610. Amarilis

Poetry: Epistola a Belardo, cartapoética silva. Madrid: 1621. Also appears in La Filemena of Lope de Vega. Discurso en Loor de la poesía. Tercets.

1611. Aramburú Lecaros, Helena

Como árbol milenario. Lima: Editorial Andrés Avelino Aramburú, 1948. 126 pages.

1612. Araoz Ocampo, Aurora

Flores silvestres. Cuzco: Tipografía de la Juventud, 1896. El oriente del Peru y tradiciones serranas. Cuzco: Tipografía La Perla, 1900. Second edition.

1613.   Arce Valdez, María E.

Poetry: Día de primavera. Arequipa: 1936. Prologue
by Fernando Pérez de Arce y Briceño.

1614.   Arciniega, Rosa (1906/08/09-   )

Novels: Engranajes. Madrid: Editorial Renacimiento,
1931. Awarded best book of the month. Jaquemate.
Madrid: Editorial Renacimiento, 1932. Mosko-strom.
Madrid: Editorial C.I.A.P., 1933. Vidas de celuloide.
Madrid: Editorial Cenit, 1934. Francisco Pizarro.
Madrid: Editorial Cenit, 1936. Santiago de Chile:
Editorial Nascimiento, 1941. Biographical. Don Pedro
de Valdivia. Santiago de Chile: Editorial Nascimiento:
1944. Dos rebeldes españoles en el Perú. Bs.As.:
Editorial Sudamericana, 1946. Pedro Sarmiento de Gamboa, el Ulises de América. Bs.As.: Editorial Sud-
americana, 1956. Short stories: Playa de vidas. Manizales, Colombia: Editorial Zapata, 1940.

1615.   Arroyo de Llorente, María

Ensayos poéticos. Lima: Imprenta Liberal, 1864.

1616.   Bejarano, Carmen Luz (1933/5-   )

"Abril y lejanía." In Cuadernos del Hontamar. Lima:
1961. Giramor. Lima: 1961. Poemas. Lima: 1961.

1617.   Bermúdez de Casgro, Carola

S.O.S. Ica: Imprenta Calle Moquegua, 1945. 176 pages.

1618.   Blanco, María Teresa

Poetry: Clave trémula.

1619.   Buendía, Adriana

She contributed to La Alborada, a weekly magazine,
around 1890.

1620.   Bullon y Lamadrid, Sara A. (1867-1952)

Poet. Teacher. Director of the only school in
Ferrenafe. In 1897, she founded the "Instituto
Chiclayo" in Chiclayo, Perú.

1621. Bustamonte, Cecilia (1932-   )

Tres poetas. Antología. 1956. Altas hojas. Lima:
1961. Sí bolos del corazón. Lima: 1961. Poesía com-
pleta. Lima: 1964. Aquí es la tierra. El nombre de
las casas. Nuevos poemas y audiencia.

1622. Cabello de Carbonera, Mercedes (1845-1909)

"La Poesía". In El correo del Perú. Lima: Dic., 1875.
Sacrificio y recompensa. Lima: Imprenta de Torres
Aguirre, 1886. Los amores de Hortensia. 1887.
Eleodora. 1887. "La novela realista." In La Revista
Social. Lima: 28 July 1887. Also in volumes. Lima:
1892. 31 pages. Second edition, Lima: 1948. Blanca
sol. Lima: Carlos Prince Impresor y Librero, 1889.
189 pages. Fourth edition, 1894. Las consecuencias.
Folletín de La Nación. Imprenta de Torres Aquirre,
1889. 245 pages. El conde Leon Tolstoy. Lima:
Imprenta de El Diario Judicial, 1892. El conspirador.
Lima: Imprenta de "La Voce D'Italia," 1892. 290 pages.
La Religion de la humanidad. Lima: Torres Aguirre,
1893. 62 pages. She wrote radical articles for
Revista de Lima. In 1887, Manuel Gonzalez Prada pre-
sided over the "Circulo literario" that in 1851 became the political party "Unión nacional."

1623. Cabrejos, Adriana

El viento y el mar. Lima: Compañía de Impresiones y
Publicidad, 1938. 28 pages. Prologue by Enrique Peña
Barrenechea.

1624. Cáceres, Zoila Aurora (1880-1959)

Essays: Mujeres de ayer y de hoy. París: Garnier, 1909.
Oasis de arte. París: 1919. La campaña de la Breña.
Lima: Imprenta Americana, 1921. Memoirs of Mariscal
A. Cáceres. Mi vida con Gómez Carrillo. Madrid:
Renacimiento, 1929. 302 pages. Las perlas de Rosa.
París: Garnier, 1910. La rosa muerta. París: 1914.
La princesa Suma Tica "narraciones peruanas." Madrid:
Editorial Mundo Latino, 1929. 260 pages.

1625. Campo y Plata, Graciela del

Hontanares. Santiago de Chile: Imprenta Leblanc, 1940.
Prologue by Blanca Luz Brum de Beeche. 86 pages.

1626. del Carpio, Rosa (1933-   )
       Poet.

1627. Carranza y Caballero, Celia Yabriela (1879-1962)
       Poet. Teacher. Director of the Primera Escuela de
       Monsefu and in Ciudad Eten of the Centro Escolar de
       Mujeres Number 229.

1628. Carvallo de Nuñez, Carlota (1915-   )
       Short stories: Rutsí, el pequeño alucinado. Lima:
       1947. El arbolito y otros cuentos. Lima: 1962.
       El pájaro niño y otros cuentos. Lima.
       Drama: La tactita de plata. Lima: 1946. El niño de
       cristal. Lima: 1955. Florisel. 1959.

1629. Castellanos Argüellos de Mollay, Lucila
       Poetry: Burbujas. Lima: 1935. 143 pages.

1630. Cavero Mariátegui, Amalia (1918-   )
       Cantos de primavera. Lima: 1938. 59 pages.

1631. Cerna Guardia, Rosa (1935-   )
       pseudonym: Diana y Zinnia
       Poetry: Imagenes en el agua. Lima: Talleres Gráficos
       P.L. Villanueva, 1957. 55 pages. Figuras en el
       tiempo. Lima: Talleres Gráficos P.L. Villanueva, 1958.
       41 pages. El mar y las montanas. Lima: Talleres
       Gráficos P.L. Villanueva, 1959. 50 pages. Desde el
       alba. Lima: Talleres Gráficos P.L. Villanueva, 1966.
       79 pages. Los días de carbon. Lima: Editions of the
       Seccion Peruana of the Organización Internacional del
       Libro Juvenil, 1966. 50 pages. Children's literature.

1632. Cheme, Rosa Felicia
       pseudonym: Rosa de Lima
       Jardín de Lima. Lima: Editorial Múltiple, 193?. Pro-
       logue by J.A. Guimet and Carlos Ríos Pagaza. 61 pages.

1633. Claussen, Gloria (1932-   )
       Poet.

1634. Clarinda
       Loor dantescos.

1635. Codesido, Julia

1636. Colmenares Herrero de Fiocco, Delia (1901-   )

Novel: Con el fusil al hombro, epistolario del soldado
desconcido, 1879-1883. Short stories: Cuentos peruanos.
Poetry: Iniciación. Lima: E. Rosay, 1922. VI-167 pages.
"Palabras limirrares" by Jose Santos Chocano and "Prosa
sincera" by Abraham Valdelomar. Meteoros, versos. Lima:
Tipografía T. Scheuch, 1926. 192 pages. Puñales de
Oro. Lima: Sanmartí y cia, 1943. 99 pages. En medio
del mundo. Quince Colapsos.

1637. Cortes, María Natividad.

Poet.

1638. Diana y Zinnia

See Cerna Guardia, Rosa

1639.. Eguren López, Mercedes (1949-   )

Búsqueda. Lima: 1961.

1640. Elguera, Alida

Cruces del camino. Lima: Imprenta Torres Aguirre,
1947. 81 pages.

1641. Elías Surco, Zena

Ica de ayer y de hoy. Ica: 1959. 4 pages.

1642. Fernández, Trinidad (1830-1873)

Poetry: Páginas del recuerdo. Lima: Imprenta del
Católico, 1857. 32 pages. Violetas silvestres. Lima:
Imprenta del Editor, 1867.

1643. Fonseca, Carlos Alberto

See Fonseca, Nelly

1644. Fonseca, Nelly (1920-   )
pseudonym: Fonseca, Carlos Alberto

Rosas matinales. Lima: 1934. 107 pages. Heraldos
del porvenir. Lima: Imprenta El Universal, 1937.
225 pages. Luz en el suedero. Lima: Imprenta El
Universal, 1936. 255 pages. El Poema de América.
Lima: Imprenta El Universal, 1938. 29 pages. Voces

de América. Lima: La Crónica, 1940. 281 pages.
Sembrador de estrellas. Lima: Imprenta Lux, 1942.
215 pages.

1645. Freyre de Jaymes/Freire de Jaimes, Carolina (1844-1914)

Drama: María de Vellido. Tacna: Imprenta de la Revista
del Sur, 1878. 58 pages. Historic drama in four acts.
Blanca de Silva. La Paz: Imprenta de El Nacional,
1883. 58 pages. Story from the time of the viceroys.
Drama in four acts. Premiered in the main theatre of
Lima in 1879. Poetry: A mi hojo. Flores sobre su tumba.
Sucre: Tipografía del Progreso, 1887. Her poetry was
published in the newspapers Bella Tacneña and La Amé-
rica. Un amor desgraciado. Tacna: Imprenta de la
Revista del Sur, 1868. El regalo de boda. Sucre:
Tipografía del Progreso, 1887. Sin esperanza. La Paz:
Imprenta de El Nacional, 1883. 22 pages. Legend.

1646. Fuente, Isabel de la

Poet.

1647. Gallagher de Parks, Mercedes (1881/3-1980)

Introduction to Keyserlins: An account of the Man and
his Work. London-Toronto: 1934. Studies on modern
aesthetics. Shadows on the Road. London: 1935.
La realidad y el arte. Lima: 1937. Mentira azul.
Lima: 1948. Essays on literary, pictorial themes and
musicals.

1648. García de Bambaren, Carolina

Justa's sister. Wrote essays and poetry. Published
in Cosmorama.

1649. Garcia Robledo, Justa

Carolina's sister. Wrote poetry. Newspapers that
published her poetry were Casmorama, Comercio, and
Nacional. In 1857 she entered the convent.

1650. Golondrina

See Saavedra Contreras de Rivera Caballero, Leonor

1651. González de Fanning, Teresa (1836-1918)
       pseudonyms: Clara del Risco and María de la Luz

Novels: Ambición y abregación. Lima: Imprenta Torres

Aguirre, 1886. 21 pages. <u>Regina</u>. Lima: Imprenta
Torres Aguirre, 1886. 35 pages. Awarded a silver
medal in the Concuro Internacional del Ateneo of Lima.
<u>Lucecitas</u>. Madrid: Imprenta Ricardo Fe, 1893. <u>His-</u>
<u>toria de un hombre</u>. Lima: Tipografía "El Lucero,"
1904. <u>Indomita</u>. Lima: Tipografía "El Lucero," 1904.
<u>Roque Moreno</u>. Lima: Tipografía "El Lucero," 1904.
36 pages. <u>Jueves</u>. <u>Lermina</u>.
She published in <u>El Comercio</u>, <u>El correo del Perú</u>, <u>El</u>
<u>Perú Ilustrado</u>, <u>La Alborada</u>, and <u>El semenario del</u>
<u>Pacífico</u>. She was a member of the "Ateneo de Lima."

1652. Gonzalez García de Reinoso, María (1915-   )

Poetry: <u>Canto de soledad</u>. Bs.As.: Imprenta Abaco,
1947. 89 pages.

1653. González Olaechea, María Eugenia (1926-   )

<u>33 escalones de esperanza</u>. Lima: 1956.

1654. Guizado, Carmen

Poetry: <u>Arcilla</u>. Lima: 1961.

1655. Helfgott, Sarina (1931/3/5-   )

Drama: <u>Antígona</u>. <u>Carta de Pierrot</u>. <u>Entrar y salir</u>
<u>por el espejo</u>. <u>Intermedir</u>. <u>Un río para Lomas Negras</u>.
<u>La señorita Canario</u>. <u>La sentencia</u>. <u>Un sillón de ter-</u>
<u>ciopelo rojo</u>. <u>Tengo hambre</u>. <u>El verdugo</u>.
<u>La versión</u>. <u>El vestido de baile</u>.
Poetry: <u>La luz pródiga</u>. Lima: 1956. <u>El libro de los</u>
<u>muertos</u>. Lima: 1962. <u>Ese vasto resplandor</u>. 1974.
"Poema II." In <u>Poesía</u>. Sotoguren.
Journalist. In 1961 she won the prize for the Best
Author of the Year for "La gaula."

1656. Helguero de Aramburú de Letzer, Teresa

Poetry: <u>Poemas</u>. Santiago de Chile: Empresa Editora
Zig-Zag, 1946. 53 pages. In Spanish and French.

1657. Herrera de Angeles, I. Orfelinda

Poetry: <u>Dimensión sencilla</u>. <u>Gracia de amor</u>. <u>Infinitud</u>
<u>horizontal</u>. <u>Poemas de mayo</u>. <u>Voz para mi hija</u>.

1658. Huangui, Lourdes (1935-   )

<u>El motivo de amar</u>. Madrid: 1962.

1659. Ibañez Rosazza, Mercedes (1942–   )

Explicación de los días. Trujillo: Editions "Casas de
la Poesía," 1964.
She belongs to the Group "Trilce" of Trujillo.

1660. Izaguirre León, Berta

Cuaderno de versos. Lima: Companía de Impresiones y
Publicidad, 1947. 44 pages. Prologue by Felipe
Cossío del Pomar.

1661. Jodorowsky, Raquel (1934/5–   )

La ciudad inclemente. Lima: 1955. En la pared de los
sueños alguien llama. Lima: 1957. En sentido inverso.
Lima: Ed. El Oso y la Pajarita, 1961. Alnico y Kemita.
México: 1964.

1662. Joffre de Ramón, Sara (1935–   )

Drama: "Se administra justicia." Grupo: Los Grillos,
1967. "Pre-texto." Grupo: Universidad de Lima, 1968.
"Los tocadores de tambor." Grupo: Los Grillos, 1976.
Una obligación.

1663. Joice, Brunilda

Poet.

1664. Kun, Carmen de

Drama: Lamento de Ranrahirea, la mujer rapada y Arga.
Lima: Editorial "Cooperativa de Publicación Artística
Trilce," 1962. 31 pages.

1665. Laña Santillana, Pilar

Novels: Más allá de la trocha. Lima: 1943. En el
valle de Huanchar. Lima: 1948.
Poetry: Espirales. Lima: Imprenta Torres Aguirre,
1933. 174 pages.

1666. Larrabure de Esueles, Lucila

Mis doce cuentos de colores. Lima: 1938. Children's
literature.

1667. Larrabure, Sara María (1920–1962)

Novel: Río ancho. Barcelona: 1949.
Short story: La escoba en el escotillón. Lima: 1954.

1668.   Larriva de Llona, Lastenia (1848-   )

Drama: <u>Un drama singular</u>. Guayaquil: Imprenta de la
la Nación, 1888. A story of a family.
Short stories: <u>Cuentos</u>. Lima: Imprenta del Estado
Mayor del Ejercito. 1919. 210 pages. Illustrations
by Cárdenas Castro. Poetry: <u>Fe, patria y hogar</u>.
Lima: Libreria y Imprenta Gil, 1902. Collection.
<u>Oro y escoria</u>. Guayaquil: Imprenta de la Nación, 1880.
<u>Lus</u>. Guayaquil: Imprenta de la Nación, 1890. Second
part of <u>Oro y escoria</u>. <u>Hasta el cielo</u>. Guayaquil:
Libreria Gutenberg, 1907. 9 pages. En la muerte de
mi esposo, Numa P. Llona. <u>Cartas a mi hijo</u>. Lima:
Imprenta y libreria del Estado Mayor del Ejercito,
1919. 263 pages.

1669.   Llona Gastañeta, Teresa María (1911-   )

Poetry: <u>Celajes</u>. Madrid: Talleres Poligráficos, 1930.
109 pages. <u>Encrucijada</u>. Lima: Editorial Rimac, 1939.
XIV-162 pages. Prologue by Gabriela Mistral. <u>Nuestra
casona era asi</u>. Lima: 1962. Memoirs.

1670.   Luna López, Estela

<u>Eva no estuvo en el Paraíso</u>.
She also wrote twenty works for children.

1671.   Macedo de Camino, María Rosa (1912-   )

Novel: <u>Rastrojos</u>. Lima: Imprenta Gmo. Lenta, 1944.
209 pages. Short stories: <u>Ranchos de caña</u>. Lima:
1941 and 1942. <u>Hombres de tierra adentro</u>. Lima: 1948.
<u>Panorama hacia el alba</u>. <u>Ranchos de barro</u>.
She wrote for the magazines <u>Variedades</u> and <u>Social</u> and
for the daily newspapers <u>La Crónica</u> and <u>El Comercio</u>.

1672.   Málaga de Cornejo B., Hortensia (1911-   )

Poetry: <u>Cactus</u>. Arequipa: 1936.

1673.   María de la Luz

See González de Fanning, Teresa

1674.   Marquez, Manuel Antonia

She published in <u>Cosmorama</u>.

1675. Martínez Pineda, María P.

Short story: Oro en polvo. Ica: Imprenta Moquegua,
1944. 134 pages. Poetry: Poemas episódicos.
Resinos. Lima: Imprenta Lux, 1960.

1676. Martínez García, Herminia María

Poetry: Multicolor. Lima: Compañía Editora El Universal, 1940. 167 pages.

1677. Matto de Turner, Clorinda (1854-1909)

Novels: Don Juan de Espinosa Medrano, o sea el Doctor
Lunarejo. Lima: Imprenta del Universo, 1887. Studied
bibliography. Aves sin nido. Lima: Imprenta del
Universo, 1889. 300 pages. Indole. Lima: Imprenta
Bacigalupi y Ca, 1891. 225 pages. Herencia. Lima:
Imprenta Masias, 1895. 343 pages.
Drama: Hima-Sumac. Lima: Imprenta La Equitative, 1892.
225 pages. Three-act play. Premiered in the Teatro
de Arequipa on October 16, 1884 and was presented in
the Olimpo de Lima on April 27, 1888.
Tradiciones, Leyendas, Hojas Sueltas. Arequipa: Imprenta "La Bolsa," 1883. Tradiciones Cusqueñas.
Arequipa: Imprenta "La Bolsa," 1886. Twenty legends,
biographies, and miscellaneous writings. Bocetos al
lápiz de americanos célebres. Lima: Imprenta Bacigalupi, 1890. 275 pages. Boreales, miniateros y por-
celanas. Bs.As.: Imprenta de J.A. Alsima, 1902. 320
pages. Cuatro conferencias sobre la América del Sur.
Buenos Aires: J.A. Alsina, 1909. 58 pages. Viaje de
recreo. Valencia: Sampere y Cía, 1909. 321 pages.
Illustrations. Tradiciones cuzqueñas y leyendas. Cuzco:
Librería Impresor de H.G. Rojas, 1917. Prologue by
Sr. Dr. José Gabriel Cossio.

1678. Mayer, Dora (1868-1969)

Journalist on social and literary topics.

1679. Medrano de Sanguinetti, Nelly

Poet.

1680. Menéndez, Leonor E. de

Novel: Zarela. Arequipa: Tipografía Franklin.

1681.   Mora Risco, Estrella (1932-   )

Wrote poetry, short stories, and plays.

1682.   Morales, Eva
pseudonym: de la Valliere, Luisa

Poetry: Poemas. Lima: Empresa Tipografía Unión, 1919.
86 pages. Poems in prose. Prologue by Ernesto More
and César A. Rodriguez.

1683.   Mori, María Salomé

Poetry: Espigas. Lima: 1934. 57 pages.

1684.   Moscoso de Chaves, Felisa (1847-189?)

Poetry: Flores silvestres. Barcelona: Pons y Ca, 1892.
Violetas mistianas. Barcelona: Pons y Ca, 1898. Second
part of Flores silvestres. Ligeros pensamientos con-
sagrados a la mujer. Barcelona: Pons y Ca, 1901.
Second edition.

1685.   Myriam

See Wiesse de Sabogal, María

1686.   Navarrete Risco, Renée (1920-   )

Wrote poetry and prose. Also painted.

1687.   Negrón Ugarte, María

Versos de ayer y de hoy. Madrid: Imprenta de Mario
Anguiano, 1924. 87 pages.

1688.   Nieri de Dammerit, Graciela

Short stories: Cuentos infantiles del Perú. Lima:
Edición de la Sección Peruana de la Organización
Internacional del Libro Juvenil, 1964. 123 pages.

1689.   Nieves Bustamante, María (1887-1947)

Jorge o el hijo del pueblo. Arequipa: Imprenta "La
Bolsa," 1892.

1690.   Ordoñez, Elvira

Poetry: La palabra y su fuego. Lima: Icaro, 1960.

1691.   Palacios, Mercedes P.

¡Hónrote madre! Lima: Editorial Lumen, 1938. 16 pages.
Prologue by Germán D. Alvarado.

1692.   Palma y Román, Angélica (1883-1935)

Novels: Por senda propia. Lima: Edición Rosay, 1921.
211 pages. Prologue by J. de la Riva Aguero.
Coloniaje romántico. Barcelona: Editorial Cervantes,
1923. 108 pages. Tiempos de la patria vieja. Bs.As.:
Editorial Nuestra América, 1962 and 1929. 160 pages.
Historic novel. Uno de Tantos. Madrid: Espasa-Calpe,
1926. 217 pages. La sombra alucinante. Lima: Im-
prenta C.I.P., 1939. Hareus. Biographies: Fernán
Caballero, la novelista novelable. Madrid-Barcelona:
Espasa Calpe, S.A., 1931. Ricardo Palma. Madrid:
Figuras de la Raza, 1917. 52 pages. Bs.As.: Ed. Cón-
dor, 1933. Vencida. Lima: 1916. Barcelona: P. Salvat,
1918. 272 pages. Illustrations. El Azar. Lima:
C.I.P., 1939. Dos Hipótesis. Lima: C.I.P., 1939.

1693.   Pazos, Manuelita

1694.   Podestá, Catalina (1920-   )

Short story: "La voz del caracol."

1695.   Portal, Magda (1901-   )

Novel: La trampa. Lima: Ediciones Raíz, 1957. 138 pages.
Essays: El nuevo poema y su orientacion: hacia una
nueva estetica. México: 1928. Hacia la mujer nueva.
Lima: 1934. Flora Tristán. Santiago de Chile: Im-
prenta Nueva, 1944. ¿Quiénes tradicionaron al pueblo?
Lima: Imprenta Salas, 1950. Poetry: Anima absorta.
Lima: Editorial Minerva, 1923. Una esperanza y el mar,
varios poemas a la misma distancia. Lima: Editorial
Minerva, 1928. 92 pages. Costa sur. Santiago de
Chile: Imprenta Nueva, 1945. 130 pages. El aprismo y
la mujer. Constancia del ser.
El desfile de las miradas. Lima: 1926. El derecho de
matar. La Paz: 1928. In collaboration with Serafín
del Mar. América Latina frente al imperialismo. Lima:
Editorial Cahuide, 1931. Frente al momento actual.
Lima: 1931.

1696.   Portocarrero Barandieran, Elena (1934-   )

Novels: La espada de madera. 1961. La corcova. 1963.
Founder of Grupo Teatral Obrera. Journalist.

1697. Porras Cáceres, Rosa (1910–   )

Ciudad recóndita. Lima: 1957.

1698. del Prado, Blanca (1908/10–   )

Poetry: Caima. Bs.As.: Talleres Gráficos Porter Hnos.,
1933. 75 pages. Los días de sol. Córdoba:
Establecimiento Gráfico A. Biffignaudi, 1938. 89 pages.
En todos los olvidos. Córdoba: Imprenta Litvack, 1946.
71 pages. Cuentos poemáticos. Córdoba: Talleres
Biffignaudi, 1947. 51 pages.
She performed in the group "Arrauta."

1699. Puga de Losada, Amalia (1866–1962/3)

Prose: La literatura en la mujer. Lima: 1891. Speech.
La madre Espinach, vidente y profetisa. Lima: 1891.
Biography. Ensayos literacios. Lima: 1893. Prose
and verse. El voto. Lima: 1923. Zrajedia inédita.
Lima: 1948. El jabón de hiel. Lima: 1949. Los
Barzúas. Lima: 1952. Poetry: Poesías. Barcelona:
Editorial Cervantes, 1925/7. 77 pages.
She participated in the "Salon Literario" of the
writer Juana Gorriti de Belzu. She was also director
of La Revista Ilustrada of New York.

1700. Ramírez de Gonzalez, Maruja (1940–   )

Novel: Mi lucha.
Poet.

1701. Ramírez de Torres Luna, Consuelo (1900–   )

Poetry: La india peruana. Lima: 1941.

1702. Ramos, Ángela (1910–   )

Poet.

1703. Ramos de Dantolaya, Carlota (1910–   )

Poetry: Poesía Dispersa.

1704. Recavarren Ulloa de Zizold, Catalina (1904/8–   )

Short story: La ronda en el patio redonda. Lima: 1941.
Children's story. Poetry: Inquietud. Lima: 1933.
Cantos y cuentos. Lima: 1934. Children's literature.
Vórtice-Vértice. Lima: Literario y Tipografía T.
Scheuch, 1937. Verses of 1935–36. La mujer Mesianica.

Lima: <u>Flora Tristán</u>, 1946. <u>Los ángeles</u>. Lima: Compañia de Impresiones y Publicidad, 1949. 14 pages. Printing of sculpture work of Victoria Macho.

1705. del Rimac, Flor

    See Villarán, Consuelo María Eufrosina

1706. del Risco, Clara

    See González de Fanning, Teresa

1707. Rivas Martina, Lila Rosa (1936-   )

    Poet.

1708. Rodriguez Parra de Garcia Rosell, Elisa

    <u>Ideas ... (motivos, recuerdos, comentarios)</u>.

1709. Rojas, Rosa María

    Poetry: <u>La alcancía de cristal</u>. Lima: 1932. 208 pages. <u>El panal de los días</u>. Lima: Compañia de Impresiones y Publicidad, 1936/7. IV-162 pages.

1710. Romero de Valle, Emilia (1902-   )

    Essays: <u>Corpancho, un amigo de México</u>. México: 1949. <u>México en la poesía y la vida de Chocano</u>. San Luis Potosí, México: 1949 and 1965. <u>El romance tradicional en el Perú</u>. México: 1952. <u>El Mercurio Peruano y los ilustrados limeños</u>. México: 1964. <u>Diccionario de la literatura peruana</u>. In publication.

1711. Rosa de Lima

    See Cheme, Rosa Felicia

1712. Rose, Andrea

    <u>Voces del silencio, con una ofrenda de Carlos Alberto Fonseca</u>. Lima: 1942. 56 pages.

1713. Saavedra Contreras de Rivera Caballero, Leonor (1927-   )
    pseudonym: Golondrina

    Poet. Has doctorate in education.

1714. Saks, Yepéz, Katia (1939-   )

   Novels: <u>La mojigata</u>. Lima: 1958. <u>Los títeres</u>. Lima: 1960.

1715. Sánchez de Plenge, Yolanda Elizabeth (1928-   )

   Poetry: <u>Retazos de anhelos</u>. <u>Rosedal</u>.

1716. Sánchez Concha, María Isabel

   <u>Crónica limeña</u>. Lima: Tipografía de la Opinión Nacional, 1913. Prologue by C. Palma. <u>Belsarina</u>.

1717. Santa Cruz, Victoria

   Drama: <u>Cierta servidumbre</u>. 1962. A Black musical comedy. <u>Espanta pájaros</u>. 1962. A dramatic fantasy.

1718. Sauri, Leonon

   Poet.

1719. Dunbar Temple, Ella (1915-   )

   Researched the literature of the colony and republic.

1720. Thorne, Lola (1930-   )

   <u>De lunes a viernes</u>. 1961.

1721. Torres de Vidaurre, Salesa

   Short stories: <u>El payaso</u>. Lima: 1960. Children's stories.

1722. Tristán, Flora (1803-1844)

   <u>Pérégrinations d'une paria</u>.

1723. Ugaro de Fox, Lucía (1930-   )

   Poetry: <u>Aceleración multiple</u>. <u>El aullido de los Mazos</u>. <u>Imagenes de Caracas</u>. <u>Latinoamerica en evolución</u>. <u>Multiples</u>. <u>Odisea del pájaro o el sol brilla en todas partes</u>. <u>Redes</u>. <u>Tiempo otoñal</u>. <u>Tragaluz</u>.

1724. Ungaro Z., Lucía

   <u>Preludios íntimos</u>. Lima: 1945. 76 pages. Prologue by Beatriz Cimeros.

1725.   de la Valliere, Luisa

        See Morales, Eva

1726.   Varela, Blanca (1926-   )

        Poetry: Ese puerto existe y otros poemas. Xalapa,
México: Universidad Veracruzana, 1959. Fiction 12.
Prologue by Octavio Paz. Luz del día. La rama
Florida. Lima: 1963. Primer baile. Valses y otros
falsas confesiones.

1727.   Varela de Vildozo, Manuela

        Poet.

1728.   Villarán, Consuelo María Eufrosina
        pseudonym: Flor del Rimac

        Novel: Neurosis. Poetry: Voces múltiples. Lima:
Librería francesa científica de E. Rosay, 1916.
IV-249 pages. A mi padre. Lima: 1927. 4 pages.

1729.   Villarán de Plancia, Manuela

        Published in Zéfiro, Tiempo, and Comercio.

1730.   Wiesse de Sabogal, María
        pseudonym: Myriam

        Drama: La torre bermeja. Lima: 1955. Children's
literature. Short stories: Croquis de viaje. Lima:
Librería Rosay, 1922. José María Córdova. Lima:
Librería Rosay, 1922. Santa Rosa de Lima. Lima:
Librería Rosay, 1922. Quipus. Lima: 1936. Mariano
Melgar. Lima: Taller Gráfico Barrantes, 1939. José
Carlos Mariátegui. Lima: 1945. José Sabogal. Lima:
1957. Poetry: Trébol de cuatro hojas. Lima: Compañia
de Impresiones y Publicidad, 1932. 58 pages.
Canciones. Lima: Imprenta Luz, 1934. 54 pages.
Glosas franciscanas.

PUERTO RICO

1731. Adorno, Josefina

Fantasía en azul. Río Piedras, Puerto Rico: Star
Printing Co., 1954.

1732. Agostini, Amelia (1896-   )

Essayist, poet and writer of short stories.
Short stories: Puertorriqueños en Nueva York.
Viñetas de Puerto Rico. En el porche. 1928. Ironic
social comedy. Poetry: Hasta que el sol se muera.
A la sombra del arce.

1733. Agostini de Del Río, Amelia

Literary critic.

1734. Aguayo, Benicia

Essay: "A la virgen."

1735. Albornoz, Aurora de

Poetry: Brazo de niebla. 1955. Brazo de niebla.
1957. Second edition. Poemas para alcanzar un segundo.
1961.

1736. Angelis, María Luisa de (1891-1953)

Antología portorriqueña. 1918. Written with her
father Pedro.
Biographic Essays: "Biografías de puertorriqueños
ilustres ya fallecidos." 1908. "Diccionario histórico,
biográfico, geográfico, botánico y estadístico de
Puerto Rico." Written with her father Pedro. Part 1
of volume 1 is published as a pamphlet with no edition
date. "Mujeres puertorriqueñas que se han distinguido
en el cultivo de las ciencias, las letras y las artes
desde el siglo XVII hasta nuestros días." 1908.

1737. Arce de Vázquez, Margot (1904-   )

   Literary analyst. She belongs to the "grupo Meñique"
   which was founded at the University of Puerto Rico
   in 1930. Garcilaso de la Vega. 1930. La égloga
   segunda de Garcilaso. 1949. Impresiones. 1950.
   La égloga primera de Garcilaso. 1953. Gabriela
   Mistral, persona y poesía. 1958. La obra literaria
   de José de Diego. 1967. Garcilaso, contribution to
   the study of the Spanish liric of the 16th century.

1738. Arjona de Muñoz, Gloria

1739. Armstrong Emilia V.

   "Nupcial." In Las mejores poesías de amor antillanas.
   Barcelona: Editorials Bruguera, 1971. Edited by Jorge
   Montagut.

1740. Arocho Rivera, Minerva

   Poetry.

1741. Arzol(n)a, Marina (1939-   )

   Poet. She belongs to the "Grupo Guajuana". She
   published in the university magazine in 1962.
   Palabras vivas.

1742. Ayala viuda de García, Elena (1924-   )

   Her verses are gathered in four unpublished collections.
   Some of her work has been published in magazines and
   periodicals.

1743. Babín, María Teresa (1907(10)-   )

   La hora colmada. 1960. Two act theatrical fable.
   Poetry: Las voces de tu voz. 1962.
   Essays: "Fantasía boricua." 1956. "Panorama de la
   cultura puertorriqueña." 1958.
   She belongs to the "grupo Meñique" which was founded
   at the University of Puerto Rico around 1930.

1744. Bahr de Vincenty, Valy

   Poet.

1745. Barbosa Muñiz, Carmen Milagros

   Poet.

1746. Benítez y de Arce de Gautier, Alejandrina (1819-1879)

She contributed to the Aguinaldo Puertorriqueño in
1843.
Poetry: "Buscando a Dios." "La cabana afortunada."
Exaltation of Rousseau. "El cable submarino en Puerto
Rico." "Mis ilusiones." "La patria del genio."
Won prize awarded by the Sociedad Económica de Amigos
del País (Economic Society of Friends of the Country)
in 1843.

1747. Benítez, María Bibiana (1783-1873)

Journalist. She was the first woman poet in Puerto
Rico.
Poetry: La ninfa de Puerto Rico. Written in 1832 to
celebrate the installation of the Real Audiencia
Territorial (Royal Territorial Court) in San Juan.
La cruz del Morro. 1962. Drama.

1748. Berio, Blanca Teresa

De 13 a 19. El paso.

1749. Berrocal de Iranzo, Betty

Poet.

1750. Berthélemy, Selma

See Jesús Díaz, Selma de.

1751. Bonnin Armstrong, Ana Inés (1902-   )

Poetry: Fuga. 1948. Poema de las tres voces y otros
poemas. 1949. Luz de blanco. 1952. Compañero de
ruta. 1956.
Short Stories: Dos corbatas y un perro. Un hombre.
1956.
Theater: El mendigo y otros diálogos. 1960.
Dialogues. La difícil esperanza. 1965. Two-act
comedy.

1752. Bozello de Huyke, Carmen (1859?-1885)

She wrote prose and poetry. "Abnegación y sacrificio."
Arroyo, 1876. Two acts in prose.

1753.   Burgos, Julia de (1914(16)-1953)

Poetry: <u>Poemas exactos a mí misma</u>. 1937. <u>Poemas en
veinte sa(u)rcos</u>. San Juan: Imprenta Venezuela,
1938. <u>Canción de la verdad sencilla</u>. San Juan: Casa
Baldrich, 1939. <u>El mar y tú y otros poemas</u>. San
Juan: Puerto Rico Printing and Publishing, 1954.

1754.   Caballero Balseiro, Pepita (1890-   )

<u>Bajo el vuelo de los alcatraces</u>. 1956. Document of
customs and local color.

1755.   Cabanillas, Isabel (1905-   )

<u>Lota</u>. 1954. Post-modernist poetry.

1756.   Cadilla de Martínez, María (1886-1951)

Folklorist.
Poetry: <u>Cantos y juegos infantiles de Puerto Rico</u>.
1940. <u>La poesía popular en Puerto Rico</u>. 1933.
Prose: <u>Alturas paralelas</u>. 1941. Critical
biographical essays on the personalities and works
of Don Rafael del Valle Rodríguez and Don Manuel
M. Corchado Juarbe. <u>La campesina en Puerto Rico</u>.
1937. <u>Costumbres y tradicionalismos de mi tierra</u>.
1938. <u>Hitos de la raza</u>. 1945. <u>El hogar
puertorriqueño y el deber de nuestras escuelas
para él</u>. 1929. <u>La mística de Unamuno y otros
ensayos</u>. 1934. <u>Raíces de la tierra</u>. 1941.
<u>Semblanza de un carácter</u>. 1936. Biographic notes
on Lola Rodríguez de Tío. <u>Un factor desconocido
en nuestra economía agrícola</u>. 1938.
<u>Las candelarias</u>. <u>Cuentos a Lillian</u>. 1925.
<u>El pródigo</u>. <u>Del sendero florido</u>. <u>El tesoro de don
Alonso</u>. Legend of Puerto Rico.

1757.   Cadilla de Ruibal, Carmen Alicia (1908-   )

Poet and journalist. Editor of <u>Alma Latina</u>. She
sympathized with "Atalayismo".
Poetry: <u>Ala y ancla</u>. Havana: Ediciones "La Vermica",
1940. <u>Alfabeto del sueño: Poesía niña</u>. 1956.
<u>Antología poética</u>. San Juan: Imprenta Venezuela,
1941. <u>Canciones en flauta blanca</u>. San Juan:
Imprenta Venezuela, 1934. <u>Cien sinrazones</u>. San
Juan: Editorial Culb de la Prensa, 1962. <u>Entre
el silencio y Dios</u>. San Juan: Ediciones Juan Ponce
de León, 1966.

Litoral del sueño. San Juan: Imprenta VEnezuela, 1937.
Lo que tú y yo sentimos. San Juan: Imprenta Venezuela,
1933. Los silencios diáfanos. San Juan: Imprenta
Venezuela, 1931. Raíces azules. San Juan: Imprenta
Venezuela, 1936. Voz de las islas íntimas. Santo
Domingo de Guzmán: Editora Montalvo, 1939. Zafra
amarga. San Juan: Imprenta Venezuela, 1937.
Prose: Mundo sin geografía: Monólogos de un
muchacho campesino. 1948.

1758. Capetillo, Luisa (1880?-1922)

Essayist.
Essays: Ensayos libertarios. 1909. La humanidad en
el futuro. 1910. Mi opinión sobre las libertades,
derechos y deberes de la mujer. 1911. Influencia
de las ideas modernas. 1916.

1759. Cardona de Quiñones, Ursula (1836-1875)

Poet. Major theme was love of country and the land.
Poetry: Fantasía. Sympathy for the tropical countryside. Mis amigos bardos de San Germán.

1760. Caro de Delgado, Aida R.

Historian.

1761. Casanova-Sánchez, Olga (1947-   )

Raíz al aire.

1762. Casas, Myrna (1934-   )

Theater: Absurdos es soledad. 1963. Cristal roto
en el tiempo. 1960. Two acts. Eugenia Victoria
Herrera. 1963. Three acts. La trampa. 1964. Two-
act tragic comedy.

1763. Cassares, Marcella y Gómez del Prado, Carlos

Dos voces a la luz y el viento. 1959.

1764. Castro Pérez, Elsa (20th century)

Literary critic.

1765. Ceide, Amelia (1908–   )

Poetry: Interior. 1936. Cuando el cielo sonríe.
1946. Puertas. 1946.
Prose: Mi cantar de cantares.

1766. Cifre de Loubriel, Estela

Historian.

1767. Claudio de la Torre, Josefina A.

Poetry: Mi sinfonía rosa.

1768. Colón Pellot, Carmen María (1911–   )

Ambar mulato. 1938. Poetry.

1769. Coll, Edna

Literary critic.

1770. Collazo, Paula (1917–   )
Pseudonym: Poliana

Forma clara. 1954. Versos del amor amargo. 1966.

1771. Cruz de Rivera, Lydia

She wrote her doctoral thesis on insular Spanish under
the direction of Rubén del Rosario.

1772. Cuchí Coll, Isabel (1904–   )

Novels: Frutos de mi pensamiento. Historia de la
esclavitud en Puerto Rico. Mujer. 13 novelas cortas.
1965.
Theater: La familia de Justo Malgenio. 1961. La
novia del estudiante. 1962. El seminarista. 1967.

1773. Cuevas, Clara Luz (1937–   )
Pseudonym: Ysa de Rivel

Canto al amor profundo. Mayagüez, Puerto Rico:
Tipografía Comercial, 1956.
She has published some short stories in El Mundo.

1774. Cuevas de Marcano, Concepción

Literary critic.

1775. Curet de Anda Miriam

1776. Daliza, Flor

       See Moll Boscana, Josefina.

1777. Dávila, Angelita María

       Poet. She contributes to the University of Puerto
       Rico magazine and belongs to the "grupo Guajana".

1778. Deliz, Monserrate

       Renadío del cantar folklórico de Puerto Rico. 1951.

1779. Demar, Carmen (1911-   )
       Pseudonym: Carmen Porrata Doria de Aponte

       Alas plegadas. San Juan: Biblioteca de Autores
       Puertorriqueños, 1941. Alturas del silencio. 1960.
       Derrumbe. San Juan: Imprenta Venezuela, 1948.
       Lucideces de angustia. 1966. Vuelo íntimo y mar
       de sargazo. San Juan: Imprenta Venezuela, 1954.

1780. Doria de Aponte, Carmen Porrata

       See Demar, Carmen.

1781. Durán, Ana Luisa

       Prose: Prometeo y el estreno. Toro de minos.

1782. Eulate Sanjurjo, Carmela (1871-1961)

       Novels: Bocetos de novela. Desilución. El asombroso
       doctor Jover. El ingeniero de Quebec. La muñeca.
       1895. Las veleidades de Consuelo. Marqués y
       marquesa. 1911. Teresa y María. 1927. Una mano
       en la sombra. The undated books were published in
       Spain during the 1920's and 1930's.

1783. Fagot, Altamira

       See Matienzo Román, Amelia.

1784. Feliciano Mendoza, Ester (1917-   )

       Essayist, poet and writer of short stories.
       Essays: Voz de la tierra mía. 1956.
       Poetry: Arco iris. 1951. Cajita de música.
       Coquí. 1957. Nanas. 1945. Nanas de la adolencia.
       1963. Nanas de la Navidad. 1959.

1785. Fernández de Lewis, Carmen Pilar (1925-   )
       Literary critic.
       De tanto caminar. 1960. Allegory with three scenes.

1786. Fernández Muñoz, Maria Manuela (1865-1903)
       She translated narratives.
       From Paul Bourget: La primera amiga. From Anatole
       France: La resedá del cura. From Aureliano Scholl:
       El espejo de azurita.

1787. Ferré, Rosario
       Papeles de Pandora.

1788. Figueroa, Loida (1917-   )
       Writer and historian.
       Novel: Arenales. 1961.
       Poetry: Acridulces. Yauco, Puerto Rico: Tipografía
       Rodríguez Lugo, 1947.

1789. Figueroa de Cifredo, Patria
       Literary critic on insular authors.

1790. Figueroa Morales, Doris Catalina
       Poet.

1791. Forastieri de Flores, Marinés
       Poet.

1792. Gallego, Laura (1924-   )
       Literary critic.
       Poetry: A Hugo Margenat. 1957. Celajes. 1959.
       Presencia. 1952.

1793. García de Gaztambide, Agustina
       Literary critic.

1794. Gardón, Margarita
       Literary critic.
       Poetry: Con ojos de mochuelo enloquecido. La alondra
       se fue con la tarde. Tres cánticos en la aurora.

1795. Garrastegui, Anagilda (1932-   )

Poetry: <u>Desnudez</u>. 1956. <u>Niña íntima</u>. 1961.
<u>Siete poemas a Hugo Margenat</u>. 1957.

1796. Garriga, María Mercedes (1908-   )

<u>Canto al bohío</u>. <u>Grito indio</u>. <u>Poema de tierra a
tierra</u>. <u>Siembra mayor</u>.

1797. Gaya de García, María Cristina

<u>Desde la hacienda</u>. <u>Raíz y cielo</u>.

1798. Girón de Segura, Socorro (1919-   )

Literary critic.
Poetry: <u>A la sombra de la ceiba</u>. 1959.

1799. Gómez Tejera, Carmen (1890-   )

<u>La novela en Puerto Rico</u>. 1947 (written in 1929).
<u>Programa de lengua española para las escuelas
elementales</u>. 1933. <u>Programa de lengua y literatura
españolas para las escuelas superiores</u>. 1938.
<u>Suplemento de lengua española para la escuela elemen-
tal</u>. 1937.

1800. González, Nilda

1801. González de Rosa, Edelmira

Literary critic.

1802. Guevara Castañeira, Josefina (1918-   )

Poet, novelist and essayist.
Essays: <u>Del Yunque a los Andes</u>. 1959. <u>Nuestra
América</u>. 1962.
Novel: <u>Los encadenados</u>. 1966. Poetry: <u>Siembra</u>.

1803. Guiscafré, Rosario

Poet. <u>Oleaje íntimo</u>. Barcelona: Rumbos, 1961

1804. Gutiérrez del Arroyo, Isabel

Essayist. Historic-geographic research on the topic
of historical characteristics in Puerto Rico.
Literature and history. Politics relative to the
island's environment.

1805. Guzman, Julia M.

Literary critic.

1806. Hamilton, Pura de

Psiquis sin vuelo. San Juan: 1954. Romantic story.

1807. Hernández de Araújo, Carmen (1832–1877)

Theater: Hacer el bien al enemigo es el mayor
castigo. 1866. Los deudos rivales. 1863 (written
in 1846).
Poetry: Agonía de Jesús en el huerto. A la Santa
Cruz. Tres coronas.

1808. Jesús Díaz, Selma de (1935–   )
Married Name: Selma Berthélemy

She uses her married name for the works that she
contributes to the periodicals El Imparcial and El
Mundo under the general headings "Correo de París"
and "Mis puntos de vista". She contributed to these
two periodicals during the 1960's.

1809. Jimenez de Baez, Yvette

Literary critic.
La décima popular en Puerto Rico. 1964. Folklore.

1810. Karlo, Alma

Poetry.

1811. Lair, Clara

See Negrón Muñoz, Mercedes.

1812. Lergier, Clara Luz S. de

Poetry: Con los ojos del alma.

1813. Licelott Delgado, Edna

Poetry: Y cuando digo todos.

1814. Lomar, Martha (1893–   )

Poetry: La canción de la hora. San Juan: Club
de la Prensa, 1959. Por aquí pasa un hombre.
San Juan: Editorial Prensa Libre, 1939. Silabario
de espuma. 1928. Vejez sonora. 1928.

Theater: He vuelto a buscarla. 1940.
La hormigüela. 1942. Ese hombre se ha suicidado.
Unpublished.
She joined the "diepalismo" movement founded by
Diego Padró and Luis Pales Matos.

1815. López Suria, Violeta (1926-   )

Poetry: Amorosamente. Madrid: Ediciones Areyto,
1961. Diluvio. San Juan: Imprenta Venezuela,
1958. Biblical myth. Elegía. San Juan: Editorial
Caribe, 1953. En un trigal de ausencia. San Juan:
Casa Baldrich, 1954. Hubo unos pinos claros. San
Juan: Imprenta Venezuela, 1961. La piel pegada al
alma. San Juan: Imprenta Venezuela, 1962. Injus-
tice of racial prejudice. Las nubes dejan sombras.
1965. Essence of things and beings. Me da la vida.
1965. In search of God. Poemas a la Cáncora. 1963.
The perishable essence of man. Poema de la yerma
virgen. San Juan: Casa Baldrich, 1956. Resurrección
de Eurídice. San Juan: Ediciones Juan Ponce de León,
1963. Riverside. San Juan: Casa Baldrich, 1955.
Sentimiento de un viaje. Río Piedras, Puerto Rico:
Universidad de Puerto Rico, 1955. Unas cuantas
estrellas en mi cuarto. San Juan: Imprenta
Venezuela, 1957.
Short Stories: Cuentos sin cuentos. Became known
through the literary page of the periodical El Mundo.
8 escenas y yo. Gotas en mayo. San Juan: Imprenta
Venezuela, 1953. Poems and short stories. In the
section entitled "El cuarto y otros cuentos" there are
14 short stories. Prosas verdes.

1816. López de Victoria y Fernández, Magda (1900-   )

Amor. 1956. Clarinadas en tiempos de mi isla. 1966.
De mi templo interior. 1957. De Puerto Rico al
corazón de América. 1943. Hijos. San Juan:
Imprenta Venezuela, 1940. ¡Tú hombre! 1959.

1817. López de Victoria de Reus, María

See Lomar, Martha.

1818. Llorens Torres, Soledad (1880-1968)

Poetry: Antares mío. Río Piedras, Puerto Rico:
Universidad de Puerto Rico, 1946. Entre las
azucenas olvidado. Barcelona: Rumbos, 1960.

1819. Marrero, Carmen (1907-   )

Literary critic.
Poetry: Fémina. 1939. Mujer sin isla. ¿Por qué
no se casa, señor senador? 1953. Sonetos de la
verdad. 1964. Tierra y folklore. 1967. Dedicated
to the children of Puerto Rico with a song composed
in decimas, "Canto a San Juan Bautista".

1820. Mathéu (Matthew) de Rodríguez, Fidela (1852-1927)

El marino. El pescador. La nave. La vida y la
muerte. Mañana tropical. Mi aguinaldo a Yaulo.
Muerte del alma. Oriental. Sola.
Common themes are oblivion and death.

1821. Matienzo Román, Amelia (1913-   )
Pseudonym: Altamira Fagot

A Don Antonio. Avemaría. Canope. De nieta a nieta.
Gabriela Mistral. Mamá Carmen.
She contributed to magazines around 1937.

1822. Matos, Susana I.

She belongs to the "Grupo Guajana".

1823. Matos Bernier, Eulalia

Novel: Felicidad. 1902.

1824. Mauleón, Carmen Cecilia

She wrote her doctoral thesis on insular Spanish under
the direction of Rubén del Rosario.

1825. Meléndez, Concha (1895/96/1904-   )

Essayist, critic and student of literature.
Amado Nervo. 1926. Antología de autores
puertorriqueños III: El cuento. 1957. Asomante.
1943. De frente al sol. 1960. Notes about the
poetry of Luis Muñoz Rivera. El arte del cuento
en Puerto Rico. 1961. Entrada en el Perú. 1941.
Evaristo Ribera Chevremont. 1946. Ficciones de
Alfonso Reyes. 1956. Figuración de Puerto Rico
y otros estudios. 1958. José de Diego en mi
memoria. 1966. La generación del treinta: Cuento
y novela. 1960. La inquietud sosegada: Poética
de Evaristo Ribera Chevremont. 1946.

La novela indianista en Hispanoamérica. (1832-1889).
1934. Pablo Neruda: Vida y obra. 1936.

1826. Melón de Portalatín, Esther

Literary critic.

1827. Mellado de Hunter, Elena

She wrote her doctoral thesis on insular Spanish under
the direction of Rubén del Rosario.

1828. Molina, Marina L. (1898-   )

Teatro escolar. 1932. Written in collaboration with
Cesáreo Rosa-Nieves. Jardín de las emociones. Prose and poetry.

1829. Moll Boscana, Josefina (1887?-   )

Poet.

1830. Mora de Nochera, María Teresa

Poet.

1831. Morales Blouin, Egla (1930-   )

Poetry: Carne y sombra. 1957.

1832. Morfi, Angelina (20th century)

Literary cirtic on insular authors.

1833. Negrón Muñoz, Angela (1892-1961)

Mujeres de Puerto Rico.

1834. Negrón Muñoz, Mercedes (1895?-1973)
Pseudonym: Clara Lair

Poetry: Arras de crystal. San Juan: Biblioteca
de Autores Puertorriqueños, 1939. Dos sonetos de
lo irreparable. Más allá del poniente. 1950.
Trópico amargo.
She protested the social position of women
in Puerto Rico.

1835. O'Neill, Ana María (1894-   )

Ethics for the Atomic Age. 1948. Written 10 years
before with the title The Intagible Frontier.
Etica para la era atómica. 1960. The translated
version of Ethics for the atomic age.

1836. Ortiz, Stella Cruz

Poet.
Misa del alba. San Juan: Editorial Club de la
Prensa, 1960.

1837. Ortiz Vázquez, Ramona

She wrote her doctoral thesis on insular Spanish
under the direction of Rubén del Rosario.

1838. Padilla de García Nieves

Literary critic.

1839. Padilla Viuda de Sanz, Trinidad (1864(68)-   )

Poet and art critic.
Cálices abiertos. Ponce, Puerto Rico: Revista
Gráfica del Sur, 1943. "La hija del Caribe." In
De mi collar. Paris: Editorial París-América, 1926.

1840. Pagán, Gloria María

See Palma Marigloria.

1841. Palma, Marigloria (1921-   )
       Pseudonym: Gloria María Pagán

Agua mansa. Agua suelta. 1942. Arboles míos. 1965.
Canto de los olvidos. 1965. Cuentos de la abeja en-
cinta. La razón del cuadrante. Saludando la noche.
Tragic comedy. San Juan entre dos azules. 1965.
Voz de lo transparente. 1965.

1842. Pérez, María de los Milagros

She published poetry at the Colegio de Agricola y
Artes Mecánicas in Mayagüez around 1960.

1843. Pérez-Marchand, Lilianne (1926(18)-   )

Essays: Dos etapas ideológicas del siglo XVIII en
México: A través de los papeles de la Inquisición.
1945. La historia de las ideas en Puerto Rico. 1960.
Her essays deal with Puerto Rican literature and cul-
ture.
Poetry: Tierra indiana. 1962.

1844. Pérez-Marchand, Monalisa L. (20th century)

Writer and philosopher.

1845. Poliana

See Collazo, Paula.

1846. Polo Taforá, María Dolores (1887-1963)

Novel: (Two volumes) Angélica. 1925. Aurora. 1927.
Unpublished: Almas miserables. Amor y sacrificio.
Antonio de Montaraz. Corazones destrozados. De la
vida moderna. El padre Miguel. El rosario perdido.
La casa de Dios. La isla de los soldaditos de plomo.
La niña y la paloma. Ligio. Los peligros del
divorcio. Sor María de los Dolores.

1847. Puigdollers, Carmen (1925-   )

Poetry: Dominio entre alas. 1955.

1848. Ramírez de Arellano, Diana (1919-   )

Literary critic.
Albatros sobre el alma. 1955. Angeles de ceniza.
1958. El ora de la tormenta. El sombrero de plata.
Un vuelo casi humano. 1960. Privilegio. 1965.
Yo soy Ariel. 1947.

1849. Ramírez de Arellano, Haydée (1912-   )

Poemas. 1951.

1850. Ramírez de Arellano de Nolla, Olga (1911-   )

Poet.
Poetry: A la luz del flamboyán. 1962. Cada ola.
1966. Cauce hondo. 1947. Dos veces retoño. 1965.
El rosal fecundo. 1962. Escucha mi alma un canto.
1966. La tierra de la diafanidad. 1962. Mar de
poesía. 1963. Orbe.

Te entrego, amor. 1962.
Diario a la montaña. 1967. Lyrical prose and
artistic essays.

1851. Ramos Mimoso, Adriana
Literary critic.

1852. Reyes Jiménez, Rosa M.
Poetry.

1853. Riancho, Providencia
Crucero lírico. 1939. Blasón. Unpublished. Some
of the poems have appeared in magazines.

1854. Rincón Doria de, Providencia Porrata
See Rubens, Alma.

1855. Rivel Ysa de
See Cuevas, Clara Luz.

1856. Rivera de Alvarez, Josefina
Diccionario de literatura puertorriqueña. 1955.

1857. Rivera de Ríos, Trina
Short stories on realistic aspects of urban slums.

1858. Rivera River, Eloísa
La poesía en Puerto Rico antes de 1843. 1965.

1859. Robles de Cardona, Mariana
"Búsqueda y plasmación de nuestra personalidad." In
Antología crítica del ensayo puertorriquño desde sus
orígenes hasta la generación del 30. 1958.

1860. Rodríguez Forteza, Adela
Literary critic.

1861. Rodríguez López, Josefina (1908-1948)

1862. Rodríguez de Tió, Lola (1843-1924)
Poet and essayist.
Poetry: Claros del sol. Claros y nieblas. 1885.

Mi libro de Cuba. 1893. Mis cantares. 1876.
Noche buena. Ofrendas. Poesías patrióticas
religiosas.

1863.   Roqué de Duprey, Ana (1853-1933)

Educator, journalist, novelist and short story
writer.
Novels: Luz y sombra. 1903. Novelas y cuentos.
1895. Pasatiempos. 1894. Novelettes. Sara la
obrera. 1895.
Short Stories: El rey del mundo. El secreto de una
soltera. La fiesta de Reyes. Un ruso en Puerto
Rico. 1919.
Founded the literary review La Mujer.

1864.   Rubens, Alma (1910-   )
Pseudonym: Providencia Porrata Doria de Rincón

Poet.
Corazón. 1953. Nieblas. San Juan: Biblioteca de
Autores Puertorriqueños, 1939. Puesta de sol.
San Juan: Imprenta Venezuela, 1948. Senderos de
cristal. Barcelona: Ediciones Rumbos, 1960.

1865.   Sáenz, Mercedes (20th century)

Universidad de Puerto Rico: Historia y recuerdos.
Manatí: Imprenta Rodríguez, 1978. 70 pages.
She directs the Biblioteca and Hemeroteca
Puertorriqueña.

1866.   Saez, Antonia (1889-1964)

Caminos de recuerdo. 1967. El currículo de la
escuela elemental. El teatro en Puerto Rico. 1950.
Written in 1930. Fundamentos esenciales de la
enseñanza del español. 1959. La enseñanza del
vernáculo. 1951. La lectura, arte del lenguaje.
1948. Las artes del lenguaje en la escuela
elemental. 1944. Las artes del lenguaje en la
escuela secundaria. 1952.

1867.   Salgado, Teresina

De mi ayer romántico. 1928. Rimas del sendero.
1931.

1868.   Santos de Robert, Carmen

        She wrote her doctoral thesis on insular Spanish
        under the direction of Rubén del Rosario.

1869.   Serrano de Ayala, María Teresa (1925-1967)

        She published some short stories in magazines
        and periodicals.

1870.   Silva, Margarita

        Los aventureros de los siete mares.

1871.   Silva de Muñoz, Rosita (1907-   )

        Short story writer.
        El cántico de Asís.   1933.

1872.   Soto, Venus Lydia

        Literary critic.

1873.   Suárez Díaz, Ada

        Historian.

1874.   Sulsona, Elia

        Poet.
        Hija del árbol.   1949.

1875.   Tió, Elsa Josefina (1952?-   )

        Poet.

1876.   Torregrosa, Angela Luisa (1920-   )

        Journalist.
        Angela Luisa.   1959. Collection of articles of
        commentary and critique about the island's socio-
        cultural envionment.
        Some of her work has been published in El Mundo
        and more recently collected in books.

1877.   Urrutia, Norma

        Literary critic.

1878.   Vicéns de Madrazo, Nimia (1914-   )

Poet.
Anémona nemorosa. 1950. Canciones del mundo. 1957.

1879.   Vientós Gastón, Nilita (1908-   )

Essayist, critic and student of literature.
Indice cultural. Volume I, 1962. Last collection of
her articles of commentary and critique before the
cultural development of the country. The articles
were published in El Mundo beginning in 1948.
Introducción a Henry James. 1956.

1880.   Vilariño de Olivieri, Matilde

Literary critic.

1881.   Vizcarrondo, Carmelina (1906-   )

Poet.
Poetry: Poemas para mi niño. San Juan: Imprenta
Venezuela, 1938(7). Pregón en llamas. San Juan:
Imprenta Venezuela, 1935.
Short Stories: Minutero en sombras. 1941.

1882.   Zavala, Iris M. (1936-   )

Literary critic.
Poetry: Barrio doliente. Escritura desatada.
Poemas prescindibles.

1883. Aguiar, Marta

Poetry: El espejo azul. El mar y la rosa. Gaviotas
sobre la ciudad. Poemas.

1884. Aguiar de Mariani, Maruja

Short stories: Aventuras del gnomo 24 horas.
Poetry: Alas. Los paisajes iluminados. Poemario.
Trilogía de la maternidad: poemas de la madre.

1885. Agustini, Delmira (1886-1914)

Poetry: El libro blanco. 1907. Cantos de la mañana.
1910. Los cálices vacíos. 1913. El rosario de Eros.
1924.

1886. Alondra

See Sáenz, María Luisa L. de

1887. Arzarello de Fontana, Sofía

Poetry: Oro y sombra.

1888. Bacelo, Nancy

Poetry: Barajando. Cantares. Cielo solo. Círculo
nocturno. El pan de cada día. Razón de la existencia.
Tránsito de fuego.

1889. Bardesio, Orfila

1890. Berenguer, Amanda (1924-   )

Poetry: El río. 1952. A través de los tiempos que
llevan a la gran calma. Contracanto. Declaración
conjunta. La invitación. Materia prima. Quehaceres
e invenciones.

1891. Bidart Zanzi, Blanca

Nacarino. Tragedy. Una mujer está bordando.

1892. Bollo, Sarah

Poetry: Ciprés de púrpura. Diálogos de las luces
perdidas. Diaria transfigurada. Espirituales.
Antología lírica. Ariel prisionero, Ariel libertado.
Baladas del corazón cercano. Los nocturnos del fuego.
Pola Salvarrieta. Tragedy. Regreso. Tierra y cielo.
Las voces ancladas.

1893. Brindis de Salas, Virginia

Cien cárceles de amor. Pregón de Mari morena.

1894. Cáceres, Esther de (1903-   )

Poetry: Antología. Canción de Esther de Cáceres. El
alma y el ángel. Evocación de lanxar, tiempo y abismo.
Las insulas extrañas. Los cantos de destierro. Los
cielos. Libro de soledad. Mar en el mar; madrigales,
trauces, saetas. Paso de la noche.

1895. Castellanos de Etchepare, Delia
       (late 19th-early 20th century)

Mariposas.

1896. Castellanos de Gallinal, Elina

Poetry: Alas en el viento. Florecillas. Poesías.
Viajar.

1897. Etchepare de Henestrosa, Armonía (1917-   )
       pseudonym: Armonía Somers

Del miedo en miedo. La calle del viento norte. Todos
los cuentos. Un retrato para Dickens.

1898. González de León, Ulalume

Short stories: A cada rato lunes. México: Joaquín
Mortiz, 1970. Essays: El uno y el innumerable quien.
1978. An essay on e.e. cummings and a translation of
an anthology of his poems. The Mexican edition of
this book only includes a part of the essay that,
translated into English, was published in Review, New
York. El riesgo del placer. 1978. Won the Xavier
Villaurrutia prize. Marco Antonia Montes de Oca.
Selection of the work of this poet with an introductory

study, soon to be released. Poetry: <u>Plagio</u>. México:
Joaquín Mortiz, 1973. <u>Ciel entier</u>. 1978. A French
anthology of her poems, with a prologue by Octavio Paz.
She contributed stories, essays, and translations to
the <u>Revista de la Universidad de México</u>, <u>Diálogos</u>,
<u>La Cultura en México</u>, and <u>Marcha</u>.

1899.   Herrera, Silvia (1927-   )

Poetry: <u>Ayer y azul</u>. <u>Biegelrot</u>. <u>Cinco reinos</u>.

1900.   Ibáñez, Sara de (1909/10-1971)

Poetry: <u>Canto</u>. 1940. <u>Canto a Montivideo</u>. 1941.
<u>Hora ciega</u>. 1943. <u>Pastora</u>. 1948. <u>Artigas</u>. 1951.
<u>Las estaciones y otros poemas</u>. 1957. <u>La batalla</u>.
1967. <u>Apocalipsis XX</u>. 1970. <u>Canto póstumo</u>. 1973.
<u>Poemas escogidos</u>. México: Siglo Veintiuno Editories,
1974. Prologue by Pablo Neruda. 175 pages.

1901.   Ibarbouru, Juana de (1895-   )

Short stories: <u>Chico Carlos</u>.
Drama: <u>Los sueños de Natacha</u>. Five children's plays.
Poetry: <u>Azor</u>. <u>El cántaro fresco</u>. <u>El dulce milagro</u>.
<u>Elegía</u>. <u>Juan Soldado</u>. <u>Juana de Ibarbouru: sus mejores</u>
<u>poemas</u>. <u>Las lenguas de diamante</u>. <u>Oro y tormenta</u>.
<u>La pasajera: Diario de un isleña</u>. <u>Raíz salvaje</u>.
<u>Romances del destino</u>. <u>La rosa de los vientos</u>. <u>Tiempo</u>.

1902.   Izcua Barbat de Muñóz Xeménez, María del Carmen

Poetry: <u>Alma</u>. <u>Atena de pájaros</u>. <u>Frutal</u>. <u>Fábulas</u>.

1903.   Lago de Firpo, Sylvia (1932-   )

Novel: <u>Trajano</u>. Short stories: <u>Detrás del rojo</u>.
<u>Las flores conjuradas</u>. <u>Tan solos en el balneario</u>.
<u>La última razón</u>.

1904.   Lamas de Sáenz, María Teresa

See Sáenz, María Luisa L. de

1905.   Luisi, Clotilde (20th century)

<u>El regreso y otros cuentos</u>. 1953.

1906.   Luisi, Luisa

<u>Sentir</u>.

1907.   Llana Barrios, María Esther

Cielo en el agua. La montaña horizontal. Rondas de
muerte y vida. Tierra y sol.

1908.   Machado Bonet de Benuvenuta, Ofelia

Novels: La emboscada del sueño. Mujeres y nadie.
Poetry: Allegro scherzando. Poetry and prose. Andante.
Circuntanciales. Un ángel del bolsillo.

1909.   Medeiros, María Paulina

Novels: Corazón de agua. Río de lanzas. Romance.
Short stories: Miedo, su servidor.
Poetry: Fronda sumergida. Párpados de piedras.
Bosque sin dueño: Extraordinaria historia de una recien
casada. El faetón de los Almeida. Felisberto Hernández y yo. Un jardín para la muerte. Las que llegaron
después. Otros iracundos. El posadero que hospedaba
sueños sin cobrarles nada.

1910.   Menenghetti, Cristina

Poetry: Juego abierto.

1911.   Orgaz de Correa Luna, Delia (1921-   )

Poetry: Calle hacia el mar; poemas intemporales y
sonetos al correr del tiempo. Mínimo cielo. Parábola
de la voz amarga.

1912.   Peri Rossi, Cristina (1941-   )

Novels: Descripción de un naufragio. Diáspora.
Evohé. Indicios pánicos. El libro de mis primos.
Los museos abandonados. La tarde del dinosauro.
Viviendo.

1913.   Plaza, Angélica

Dramatist.

1914.   Porro Freire, Alicia (1908-   )

Short stories: Eva. Poetry: Savia nueva.

1915.   Russell, Dora Isella (1925-   )

Poet.

1916.   Sáenz, María Luisa L. de
        pseudonyms: Alondra and Lamas de Sáenz, María Teresa

        Poetry: <u>Pitanzas y sina-sina</u>. <u>Sinfonía en rosa y azul</u>.
        <u>Voz y silencio</u>. <u>With Raquel Sáenz</u>.

1917.   Sáenz, Raquel

        Poetry: <u>Bajo el hichizo</u>. <u>Estos versos míos</u>. <u>La almo-
        hada de los sueños</u>.

1918.   Silva, Clara (1910/5-   )

        Novels: <u>La sobreviviente</u>. 1951. <u>Aviso de la población</u>.
        Poetry: <u>Antología</u>. <u>El alma y los perros</u>. <u>Guitarra en
        sombra</u>. <u>Habitación testigo</u>. <u>Las bodas</u>. <u>La cabellera
        oscura</u>. <u>Los delirios</u>. <u>Memoria de la nada</u>. <u>Preludio
        indiano y otros poemas</u>. <u>Prohibido pasar</u>.

1919.   Silva Vila, María Inés

        Short stories: <u>La mano de nieve</u>. 1951.

1920.   Somers, Armonía

        See Etchepare de Henestrosa, Armonía

1921.   Vaz Ferreira, María Eugenia (1875/80-1924/5)

        Drama: <u>La piedra filosofal</u>. <u>Los peregrinos</u>.
        Poetry: <u>Isla de los cánticos</u>. <u>La otra isla de los
        cánticos</u>.

1922.   Vilarino, Idea (1928-   )

        Poetry: <u>La suplicante</u>. 1945. <u>Cielo cielo</u>. <u>Letras
        de tango</u>. <u>Paraiso perdido</u>. <u>Pobre mundo</u>. <u>Poemas de
        amor</u>. <u>Por aire sucio</u>. <u>Treinta poemas</u>.

1923.   Vitale, Ida (1925-   )

        Poetry: <u>La luz de esta memoria</u>. 1949. <u>Cada uno en
        su noche</u>.

1924.   Zani, Geselda (1909-   )

        Short stories: <u>Por vínculos sutiles</u>. 1958.
        Poet.

VENEZUELA

1925.   Abreu Rescaniere, Conchita

        Poet. Editor of Moriche.

1926.   Angulo Pelaez, Ligia

        Poet and teacher. She contributed to newspapers in
        Medellin.

1927.   Antillano, Laura

        Short story: La bella época. 1969.

1928.   Arce de Saavedra, Alicia Emma (1917-   )

        Poetry: Claro acento. Espigas.

1929.   Aristeguieta, Jean (1925-   )

        Poetry: Bolivar. Catedral del alma. Guasipati, vi-
        tral de hechizo. Jardin de Arcangeles. Laurel de
        fuego. Los espejismos. Me hundo en tu fiebre.
        Poemas venezolanos. Vitral de Jean.
        Alas en el viento. 1942. Abril y ciclo marino.
        Clamor del corazón. Destino de quererte. Enbriaguez
        de mi pulso. Identidad mágica. Idioma original.
        Intento de diálogo. Las puertas del sécreto. Libro
        de amor. Manifiesto poético. Memoria alucinada.
        Paisajes venezolanos. Rostros de cuenca. Taller de
        magia. Tránsito y vigilia. Vitral de fábula.

1930.   Arnao

        See Machado de Arnao, Luz

1931.   Arvelo Larriva, Engueta (1901-   )

        Poetry: Voz aislada. Caracas: Cuadernos Literarios de
        la A.E.U. Editorial Elite, No. 47, 1939. Poemas una
        Pena. Caracas: 1942. Canto del ecuento. Caracas:

251

Tipografía Lopez y Bosque, 1949. Mandato del canto, poemas 1944-1946. Caracas: Tipografía "La Nación," 1958. Poemas perserverantes. 1965. El cristal nervioso. Biblioteca Femenina Venezolano.

1932. Avila, Juana

Novel: La otra voz. 1949.
Journalist.

1933. Bencomo, Carmen Delia (1923-   )

Short stories: "Flora de mí país." In Tópicas Shell, Number 208. Caracas: September 1956. Page 39. Muñequitas de aserrin. Buenos Aires: Macagno, Landa y Cia, 1958. 48 pages. "Sueno de Navidad." In Momentico, 19-XII. Caracas: 1958. "El reloj." In Educación, Number 92, Year XXI, Etapa III. Caracas: March 1961. Page 56. "Estampas de la niña en la ventana." In Revista Nacional de Cultura, Number 151 and 152. Caracas: March-June 1961. Page 197. "Mi gato." In Caminos (a third-grade reading book). Madrid-Caracas: Edime, 1962. 18 pages. Rf. Luis Eduardo Equi. "La tercera caida." In Suplemento de El Nacional, 15-IX. Caracas: 1963. Pages 11-12. "Manitas rosadas." In Vida y letras. Caracas: February-March 1964. Rustro de soledad. Caracas: Pensamiento vivo, 1964. "El niño ya viene." In Momentico (children's supplement to the magazine Momento), Number 1. Caracas: Kapeluz venezolana, 1965. 65 pages. "El reloj." In Hermanitos (a third-grade reading book). Caracas: Kapeluz venezolana, 1965. 95 pages. Rf. Blanca Graciela Arias de Cabellero. "Hora señalada." In Cultura universitaria, Number 88. Caracas: July-September 1965. Page 83. "Los luceros cuentan niños." In Tricolor, Number 173. Caracas: September 1965. Page 11. "Sueno campesino." In La revista de El Nacional, 3-I. Caracas: 1965. Page 6. "Los luceros cuentan niños." Caracas: Oficina téchnica de Ministerio de la defensa, 1967. "Los años de la hierba, ebreidad de tierra y cielo." In Papel literario de El Nacional, 13-X. Caracas: 1968. Page 2. "Delina y los tres reinos." In Revista Shell, Number 25. Caracas. Pages 52-5. "El soldadito del plomo." In Tópicos Shell, Number 219. Caracas: Página piñata. Poetry: "Mi gatito" and "El niño pintor." In Poesía Infantil venezolano. Caracas: Edics. Cuantricentario de Caracas, 1967. Pages 8, 9, and 61. Rf. Efraín Subero. "Pesebre merideno." In Poemas para alumbrar

la Navidad. Caracas: Banco del libro. 8 pages.
She directed the children's supplement Momentico of
the magazine Momento in 1958. She also edited "Piñata,"
the children's page in the magazine Tópicas Shell.

1934. Bermúdez de Belloso, Mercedes (1915-   )
       pseudonym: Inés Montalvo

       Short story: El polvo de las horas. Caracas: 1951.
       Poetry: Perdidos unos, otros inspirados. Caracas:
       1946. Penumbra. Maracaibo: 1949. Antología poética.
       Caracas: 1951. Valle de niebla. Maracaibo: 1951.
       Espectro de la espuma. Maracaibo: 1958.

1935. Betancourt Figueredo, María (1876- ?)

       Novel: ¿Castijo o redención?
       Drama: El cuarto mandamiento. Children's comedy.
       Manojo de flores. Children's comedy.

1936. Bosch, Velia

       Arrunango. Caracas: 1946. Dadme una Rosa Pura. Quito:
       Editorial de la Casa de la Cultura Ecuatoriana, 1959.

1937. Brigé, Carmen

       Carmen.

1938. Bruzual, Marcisa (1895-   )

       Novels: Bettina Siena, historia de una provinciana.
       Guillermo Mendoza, historia de un hombre atormentado.
       La leyenda del estanque.
       Drama: Amor y dolor. Horas sentimentales. La cause
       del mal. Los náufragos. Veneno del pecado.
       "Etica del sexo." In El Tiempo. Coro: May 1932.
       "Diferenciación sexual" and "El don juanismo y la
       mujer moderna." In El Heraldo. Caracas: August 1932.
       "El matrimonio y su fracaso." In El Heraldo. Caracas:
       September 1932. "Abolicismo, paz y trabajo." In El
       Universal. Caracas: December 1932. "A miel y don
       juan." In El Universal. Caracas: June 1933. "El
       trabajo de muestra mujer fuera del hogar." In El Uni-
       versal. Caracas: 1934. "Educación y saneamiento del
       sexo." In El Heraldo. Caracas: April 1936. "El delito
       sanitario." In El Heraldo. Caracas: April 1936.
       "El peligro de la ignorancia." In Ahora. Caracas:
       June 1936. "En qué consiste la ética sexual?" In
       Oriente. Caracas: May 1937. "Feminismo." In El Uni-

versal. Caracas: July 1940. "El noviazgo." In Elite.
Caracas. First edition of the magazine. "La mortali-
dad infantil." In El Heraldo. Caracas.

1939. Carillo, Morita (1921-   )

1940. Carvajal de Arocha, Mercedes
      pseudonym: Lucia Palacios

      Novels: Los Buzos. Caracas: Cooperativa de Artes Grá-
      ficas, 1934 and 1938. Rebeldía. Caracas: Editorial
      "Elite," 1940. Tres palabras y una mujer. 1944.
      El corcel de las crines albas. 1950. Cubil. 1951.
      El día de Caín. 1958. Tiempo de siega. 1960.
      Drama: La gran serpiente.
      Short stories: Trazos de la vida. 1942. Mundo en
      miniatura. 1955. Cinco cuentos del ser.
      Ayer violento. La piedra en el vacío. Reducto de
      soledad. Signos en el tiempo.
      She contributed to the magazines Elite and Biliker
      and to the newspapers El Unare and El Luchador.

1941. Cova Fernández, María (1874-1947)

      Poet.

1942. Cubillán, Ofelia

      Poet.

1943. Espinoza de Pérez, Matilde (1912-   )

      Poet.

1944. Ferrero de Tinoco, Cristina

      Novel: Silvia, una muchacha de provincia. Caracas:
      Imprenta Nacional, 1956. 276 pages.

1945. Franco Farías, Lydda

1946. Fuenmayor de Hogreul, Emerita (1942-   )
      pseudonym: Sylvia Sorel

      Poetry: El elegido. Maracaibo: Imprenta de la Univer-
      sidad del Zubia, 1962.
      Historia. Unpublished. Itinerario para los héroes.
      Unpublished. Je ne suis donc pas. Unpublished.
      Los seres. Unpublished.

1947. de la Fuente y Media, Marquesa

See Vivas Briceño, Clara

1948. Gamboa, Margarita (1899-   )

Poet.

1949. Gil de Hermoso, Virginia (1856-1912)

Novels: Sacrificios. Bs.As.: Editorial "América,"
1908. Incurables. Caracas: Editorial "Las Novedades,"
1944.

1950. Gramcko, Ida (1924-   )

Drama: La hija de Juan Palomo, Belén Silvera.
María Lionza. Poetry: Umbral. Caracas: Tipografía La
Nación, 1942. Contra el desnudo corazón del cielo.
Caracas: 1944. Cámara de Cristal. Caracas: Ediciones
Suma, 1945. La vara mágica. México, D.F.: Editorial
Orbe, 1948. Poemas 1947-1952. México, D.F.: Editorial
Atlante, 1952. El jinete de la brisa. Este canto
rodado. Poetry and prose. Lo máximo murmura. Magia
y amor del pueblo. Poemas de una psicótica. Sol y
soledades. Juan sin miedo. Narrative. La andanza y
el hallazgo. Anthology. Cero grados norte franco.
La dama y el oso.
She was a journalist, essayist and diplomat.

1951. Guerrero, Mary

El espejo negro. 1969.

1952. Guevara, Mireya (1923-   )

Short story: "La cuerda floja."

1953. Hernández, Ana Teresa

1954. Larralde, Trina

Guataro. Santiago de Chile: Ediciones Ercilla, 1938.
272 pages.

1955. Larrazábal, Luisa Esther
pseudonym: Hira Lira

Her first poems appeared in the "Papel literario" of
the daily newspaper El Nacional.

1956.   Lerner, Elisa

        Una sonrisa detrás de la metáfora, crónicas.

1957.   Lira, Hira

        See Larrazábal, Luisa Esther

1958.   López Contreras, Blanca Rosa
        pseudonym: Elinor de Monteyro

        Novel: Hechizo y emboscada. Bs.As.: Artes Gráficas
        Miguel Briuolo, 1951. 234 pages.
        Caminos. Santiago de Chile: Talleres Zig-Zag, 1936.
        77 pages. Illustrations by Gloria Pérez Gerevara.
        Entre la sombra y la esperanza. Caracas, C.A.: Artes
        Gráficas, 1944. 87 pages. En aquellas islas del
        Caribe. Bs.As.: Imprenta Balmes, 1947. 209 pages.

1959.   Machado de Arnao, Luz (1916-   )
        pseudonym: Arnao

        Poetry: Ronda. Caracas: Editorial Elite, 1941.
        Variaciones en tono de amor. Caracas: Editorial Elite,
        1943. Thirteen poems. Vaso de Resplandor. Caracas:
        Artes Gráficas, 1946. Won the Municipal de Poesía
        prize. Poemas. La Habana: Editorial Lex, 1948.
        La espiga amarga. Caracas: Editorial Ávila Gráfica,
        1950. Poemas. Bs.As.: Pellegrim Imprenta, 1951.
        Canto al Río Orinoco. Santiago de Chile: Editorial
        Nascimento, 1953. Chant a Lórenoque. Paris: 1955.
        Sonetos nobles y sentimentales. Santiago de Chile:
        Ediciones del "Grupo Fuego," 1956. Cartas al señor
        tiempo. Caracas: Tipografía Velásquez, 1959. Note-
        book Number 101 of the Association of Venezuelan
        writers. La casa por dentro, 1946-1965. 1976.
        La ciudad instanea.
        She was a journalist and diplomat.

1960.   Marciano, Alecia

        Novels: Bruja del Avila. México: Editorial Gráfica
        Panamericana, 1957. 186 pages. Las coquetas. México:
        Gráfica Panamericana, 1957. 188 pages.

1961.   Mendoza Sagarzaau, Beatriz

        Poetry: Cielo elemental. 1948.
        Al sexto día. Concierto sin música. Viaje en un
        barco de papel.

1962. Meneses, Gladys

1963. Monserrat, María de

Novel: <u>Con motivo de vivir</u>. Short stories: <u>Cuentos mínimos</u>. Poetry: <u>Aniates en flor</u>. <u>Los habitantes</u>. <u>Los lugares</u>. <u>El pais secreto</u>.

1964. Montalvo, Inés

See Bermúdez de Belloso, Mercedes

1965. de Monteyro, Elinor

See López Contreras, Blanca Rosa

1966. Morales, Lourdes (1912-   )

Short stories: <u>Delta en la soledad</u>. Caracas: Impresores Unidos, 1946. 105 pages. <u>Marionetas</u>. Caracas: Ediciones Ancla, 1952. 26 pages.

1967. Navas, Dyana

<u>Candelabro de Hierba</u>. 1968.

1968. del Nilo, Mariela

See Arce de Saavedra, Alicia Emma

1969. Núñez, Felicia Mercedes

Poet. In 1925 she was named Director of Escuela Number 8 de Caicara de Maturín. In 1940 she was Director of Colegio Ricardo Zuloaga. She contributed to "Horizontes." She founded Colegio Claret.

1970. Ontiveros y Henera, María G. (1909-   )

Poetry: <u>Destellos</u>. <u>Primicias</u>.

1971. Palacios, Antonia (1908/12-   )

<u>Ana Isabel, una niña decente</u>. Bs.As.: Editorial Losada, 1949. 216 pages. <u>Viaje al frailejón</u>. Paris: Ediciones Imprimeries des Poetes, 1955. 65 pages. <u>Crónica de las horas</u>. 1967.

1972. Palacios, Lucia

See Carvajal de Arocha, Mercedes

1973. Parra, Teresa de la (1891-1936)

Novels: <u>Ifigeria: Diario de una señorita que escribío porque se fastidiaba</u>. Paris: 1924. <u>Las memorias de Mamá Blanca</u>. Paris: 1929. <u>Tres conferencias</u>. Unpublished.

1974. Pereira, Rita

1975. Pérez de Guevarra de Boccalancho, Ada (1905/8-   )

Short stories: <u>Tierra talada</u>. La Nación, 1937. 203 pages. <u>Pelusa y otros cuentos</u>. Caracas: Editorial "Elite," 1946. 154 pages.
Poetry: <u>En ausencia tuya</u>. Caracas: Empresa El Cojo, 1926. 135 pages. <u>Horizontes</u>. Caracas: Editorial "Elite," 1931. 157 pages.
<u>Flora Méndez</u>. Caracas: Editorial "Elite," 1934. 22 pages. <u>Lo que deben saber las futuras madres venezolanas</u>. Caracas: Tipografía Americana, 1936. 27 pages. "Apuntes de la vida y de la lírica de Mercedes de Pérez Freytes." In <u>Revista Nacional de Cultura</u>, Ano II, Number 17. Caracas: April 1940. Pages 65-76. <u>Yo cuidé a mi hermanito</u>. Caracas: Editorial Taller Offsett, 1942. 151 pages. <u>Sufragio femenino</u>. Caracas: Impresores Unidos, 1944. <u>São Paulo: "No soy guiando, guío."</u> Caracas: Tipografía Vargas, 1955. 63 pages.

1976. Pérez, Ana Mercedes (1910-   )

<u>El charco azul</u>. Caracas: Editorial Elite, 1931. <u>Pascua de 1931</u>. Caracas: Editorial Elite, 1931. <u>Iluminada Soledad</u>. Bs.As.: Editorial El Ateneo, 1949. <u>Botella al Mar</u>. Bs.As.: 1953. <u>Cielo Derrumbado</u>. Bs.As.: 1953.
She was a journalist and diplomat.

1977. Ramos, Dinorah

<u>Seis mujeres en el balcón</u>. Caracas: Tipografía La Nación, 1943. 67 pages.

1978. Rincón-Calcaño de Pepper, Graciela (1904-   )

Poetry: <u>Los joyeles del corazón</u>. Caracas: Tipografía Londrés, 1932. 33 pages. <u>Al amor de la tierra</u>. Caracas: Tipografía La Nación, 1940. 52 pages. <u>Clamor</u>. Caracas: Editorial Elite, 1942. 90 pages. <u>Vesperal</u>. Valencia: Editorial "Actualidad," 1943. 76 pages. <u>Canto a Maracaibo</u>. Caracas: 1945. 7 pages. <u>Elegía e</u>

invocación a Roosevelt. Caracas: 1945. <u>Venezuela
dentro de la órbita soviética</u>. Ciudad Trujillo, R.D.:
Editora Montalvo, 1947. 176 pages. Co-author was
José Vicente Pepper.

1979. Rivas, Reyna

1980. Russo, Nery (1918-   )

Novels: <u>La mujer del caudillo</u>. Caracas: Editorial
Ávila Gráfica, 1952. 181 pages. <u>Zory</u>. Madrid:
Agora, 1956. 283 pages.
Poetry: <u>Norte y sur de mi mundo</u>. Caracas: Librería
Editorial Las Novedades, 1947. 67 pages.

1981. Salas, Irma

Poet.

1982. Salmeron Acosta, Cruz (1892-1930)

Poet.

1983. Schon, Elizabeth

Drama: <u>La aldea</u>. Poetry: <u>La grueta venidera</u>.
<u>El abuelo, la cesta y el mar</u>.

1984. Sorel, Sylvia

See Fuenmayor de Hogreul, Emerita

1985. Stak/Stoik, Gloria (1918-   )

Novels: <u>Amargo el fondo</u>. Tipografía Vargas, 1956.
201 pages. <u>Cuando la luz se quiebra</u>. 1961. <u>Bela
Vargas</u>. Caracas-Madrid: Ediciones Edime. 201 pages.
Short stories: <u>Los miedos (10 literary short stories)</u>.
Caracas-Madrid: Ediciones Edime, 1955. 122 pages.
<u>Angel de piedra</u>. Poetry: <u>Rescate y otros poemas</u>.
Caracas: Edime, 1955. 81 pages.
<u>Catorce lecciones de belleza</u>. Caracas: Ediciones
Edime, 1953. 114 pages. Illustrated by the child
Glorita. <u>Treinta y siete apuntes de crítica literaria</u>.
Caracas-Madrid: Ediciones Edime, 1955. 259 pages.
<u>Teresa de la Paria</u>. Epistolario íntimo. Carta de
Gloria Piñedo de Stak, 1898-1936.
Journalist.

1986. Tayldardat, Concepción de (1855-1953)

Poetry: <u>Flores del alma</u>. 1890. <u>Arpegios</u>. Caracas:
Tipografía El Cojo, 1895.

1987. Terán, Ana Enriqueta (1919/20-   )

Poetry: <u>Al norte de la sangre</u>. Caracas: Ediciones
Suma, 1946. <u>Presencia terrena</u>. Montevideo: Imprenta
Central, 1949. <u>Verdor secreto</u>. Montevideo: Imprenta
Central, 1949. <u>Testimonio</u>. Ateneo de Valencia:
Cadernos Cabriales, Number 1, Valencia, 1954.
She is a diplomat.

1988. Terán, Cora de

<u>En sueños de un album rosado</u>.

1989. Urdanta, Josefina

1990. De Valencia, Angela

Poetry: <u>Rumor de frondas</u>. Quito: Editorial de Chimborazo, 1936. She contributed to <u>Ariel</u>, <u>Belalcázar</u>,
<u>Universidad</u>, <u>El Cauca</u>, <u>El Liberal</u>, <u>Grandad</u>, <u>Hogar y
Patria</u>, <u>Lumen</u>, <u>Lotos</u>, <u>El Deber</u>, and <u>Renacimiento</u>.

1991. Valle Silva, Luisa del (1902-1962)

Poetry: <u>Amor, 1929-1940</u>. La Habana, 1941. <u>Humo, 1926-
1929</u>. La Habana, 1941. <u>Voz, 1929-1940</u>. La Habana,
1941. <u>Poesía</u>. Cuadernos literarios de la Asociación
de Escritores Venezolanos, 1962.
<u>Ventanas de ensueño</u>. 1931. "En silencio." En <u>Lírica
Hispana</u>. 1961. <u>Sin tiempo y sin espacio</u>. 1963.

1992. Velázquez, Lucila (1928/9-   )

Poetry: <u>Color de tu recuerdo</u>. Caracas: Editorial Ávila
Gráfica, 1949. <u>Amada Tierra</u>. Caracas: Tipografía
Vargas, 1951. <u>Poesía Resiste</u>. México: Cuadernos
Americanos, 1956.
Journalist. She wrote the "Para la mujer y el hogar"
section of <u>El país</u>.

1993. Vivas Breceño, Clara (1896/7-   )
       pseudonym: Marquesa de la Fuente y Media

Poetry: <u>Ofrenda Lírica</u>. Mérida: Tipografía El Lápiz,
1923. 4 pages. <u>La quimera imprevista</u>. Caracas:
Editorial Sur America, 1924. 185 pages. <u>Hostias</u>

Líricas. Caracas: Imprenta Bolivia, 1928. 129 pages.
El romance del abuelo. Caracas: Literario y tipografía
Casa de las especialidades, 1935. 14 pages. Anagrama
del Libertador. Caracas: 1938. El cántaro vacío.
Caracas: 1939. Ala y musgo. Caracas: Imprenta del
Ministerio de Educación, 1956. 132 pages. A la sombra
de nuestros heroes. Caracas: Imprenta Nacional, 1956.
77 pages. Anake. Caracas: Ministerio de Educación,
1956. 132 pages. Gratia plena. Caracas: Tipografía
La Nación, 1941. 32 pages. Plenitud. Caracas: 1941.
Dicha fugaz. Caracas: Ministerio de Educación, 1962.
La carta.
"Esa hermana que se llama," "La canción futura," "Sólo
entonces," "Amor como transformas mi vida," and "Haz
que ser puros." In Los Andes, Number 133-138, Año VII,
17-V. Mérida: 1922. Page 6. "María Armas Méndez,"
"María Teresa Nucite," "Juanita Spinetti Dini,"
"Juventud," and "Voz panteísta." In Los Andes, Number
121-125, Año VII, 6-II. Mérida: 1922. Page 1.
"Mi confidencia lírica," and "La respuesta a la abuela."
In Los Andes, Number 249-252, Año IX, 23-X. Mérida:
1923. Page 4. "Plegaria del perdón y del olvido."
In Luz, Number 3, Año 1, 10-XI. Mérida: 1923. Pages 3-4.
"Infancia." In Ecos de Torondoy, Number 13, Año 1,
17-II. Torondoy: 1924. "En Mérida." In Juan Rodriquez
Suarez, Number 74, Año 11, 12-XII. Mérida: 1925.
"La respuesta a la abuela" In Patria, Number 3.109,
Año XIX, 3-IX. Mérida: 1925. Page 1. "Mañana." In
Patria, Number 72, Año I, 11-XI. Mérida: 1925. Page 1.
"María Ruiz de Salas." In Ecos de América, Number 5,
Año II. Caracas: August 1925. Page 27. "Quiéreme
así ... " In Patria, Number 50, Año I, 16-X. Mérida:
1925. Page 3. "Cariño santo." In Patria, Number 59,
Año I, 27-X. Mérida: 1926. Page 1. "Tríptico." In
Patria, Number 446, Año II, 26-II. Mérida: 1927.
Page 1. "Dávida lírica." In Id, Number 898, Año IV,
29-IX. 1928. Page 1. "Poema decembrino." In Patria,
Number 50, Año IV, 24-XII. Mérida: 1928. Page 1.
"Homenaje." In Patria, Number 2.140, Año VIII, 22-XI.
Mérida: 1932. Page 1. "Romance del Pico Bolívar."
In Id, Number 2.234, Año VIII, 8-III. 1933. Page 1.
"El romance del abuelo." In Patria, Number 3.109,
Año XIX, 31-I. Mérida: 1936. Pages 1-2. Simón Bolívar.
Caracas-San Cristóbal, se: Libertador de América, 1939.
42 pages. "No aprisonas las alas." In Revista Nacional
de Cultura, Number 28. Caracas: July-August 1941.
Page 89. "Primer viernes en Santiago de la Punta."
In El Vigilante, Number 2.507, Año XVII, 12-IX.

Mérida: 1941. Page 3. "Levedad" and "De regreso."
In El Espectador, Number 10, Año II, 5-VIII. Mérida:
1944. Page 3. "Libre como los pájaros crecí en la
casa antigua." In Revista nacional de cultura, Number
84. Caracas: January-February 1951. "Siete cantos de
Navidad." In Revista nacional de cultura, Number 102.
Caracas: January-February 1954. Pages 82-85.
"Diciembre." In Revista nacional de cultura, Number
112-113. Caracas: September-December 1955. Pages
180-182. "La nuevas figuras del retablo." In Revista
nacional de cultura, Number 119. Caracas: November-
December 1956. Pages 85-87. "Romancillo de Navidad."
In Revista nacional de cultura, Number 125. Caracas:
November-December 1957. Pages 63-66. "Mensaje a Safo."
In Patria, Number 266, Año II. Mérida. Page 3.

1994. Yarza, Pálmenes

Poetry: Pálmenes Yarza. 1936.
Espirales. 1942. Instancias. 1947. Amor. 1950.
Ara. 1950.

INDEX OF NAMES

284 Index